15283.

# LETTRES CHOISIES

De Mr.
## SIMON TYSSOT,
DE PATOT;

Profeſſeur Ordinaire en Mathematiques,
dans l'Ecole Illuſtre de *Deventer* en
*Over-Yſſel.*

*Ecrites depuis ſa jeuneſſe juſqu'à un âge fort
avancé, à differentes perſonnes, & ſur
toutes ſortes de ſujets*

## TOME SECOND.

A LA HAYE,
Chez MATTHIEU ROGUET,
M. DCC. XXVII.

# AVERTISSEMENT

à Mr. Le Vicaire Général de St. Omer Tyssot.

## MONSIEUR,

La matiere des Lettres n'est pas moins vaste, qu'est grand le nombre des différens objets qui frapent nos sens: il n'y a point de sujets, dont on ne puisse parler, & je n'en connois aucun à l'occasion duquel il ne soit aisé de même d'écrire.

Les affaires domestiques, qui comprennent achats, ventes, gains, pertes, naissances, morts, maladies, rétablissemens, alliances &c. & les nouvelles du tems, qui renferment paix, guerres, batailles, pestes, famines, naufrages, inondations, embrasemens, tremblemens de terre, & mille autres inci-

# AVERTISSEMENT.

incidens semblables, sont les principaux motifs, au sujet desquels l'interêt, l'humanité, la proximité, la coutume, nous engagent réciproquement, à nous féliciter, à nous plaindre, à nous consoler; & tout cela à proportion des circonstances. Or il est certain qu'étant innombrables, ces circonstances, elles doivent si prodigieusement faire varier le contenu, je ne dis pas des Lettres en général, mais de celles qui sont d'une espèce, en particulier, qu'il est évident que pour se rendre expert à ce métier, il en faut absolument faire son étude. Ce n'est pas l'affaire de tout le monde, peu de gens en ont le loisir, & il y en a infiniment moins, qui en soient capables.

Tel charme par la langue, qui a de la peine à s'exprimer sur le papier; ce sont des talens différens, mais où l'Art le cède de beaucoup à la Nature. Comme je ne prétens point exceller en celui-là, je suis
fort

# AVERTISSEMENT.

fort éloigné de vouloir tirer vanité des avantages que j'ai reçus de celle-ci, tant à l'égard de la forme, que par raport à la matiere, puis que ce sont des graces qu'elle distribue dans un tems, où l'on ne sauroit les meriter; mais il est constant que dès ma naissance, j'ai passé pour n'être rien moins que mal tourné, à tous égards, dans l'esprit de ceux, qui avoient libre accès dans notre maison: rarement, de leur propre aveu, ils m'ont examiné de près, que l'agrément joint à la vigueur, d'un côté, & la vivacité accompagnée d'une heureuse conception, de l'autre, ne se disputassent tellement le prix, qu'ils ne savoient absolument à qui donner la preference.

En effet, pour ne rien dire de la beauté, qui n'est pas la principale des qualitez, dont un homme doive faire parade, je n'avois pas ateint l'âge de quatre ans, que je lisois couramment; je me servois

peu

# AVERTISSEMENT.

peu après, assez adroitement, de la plume & du crayon; & il n'est pas moins vrai que je vous le dis, qu'avant que la semaine de mes années fut accomplie, il y avoit peu de jours que quelques pauvres ignorans n'implorassent mon secours, & ne m'employassent effectivement pour se communiquer à leurs parens, ou amis absens.

Quoi que ces commencemens fussent puerils, ils ne laisserent pas de m'accoutumer petit à petit à m'énoncer méthodiquement, & à representer avec évidence les images de mes pensées. Bien des gens en paroissoient étonnez, & mon pere, qui m'aimoit à la folie, y trouvoit dequoi former des conjectures si fort à mon avantage, & étoit tellement prévenu en faveur de tout ce que je faisois, qu'il n'entreprenoit presque rien sans me consulter. Il n'eut pas la patience de me voir au bout de ma douzieme année, qu'il ne se déchargeat sur moi de la direction

de

# AVERTISSEMENT.

de ses effets. Il m'envoyoit à des quinze, vingt, trente lieues de chez nous, pour régler des affaires, où il s'agissoit quelquefois de sommes assez considerables, sans que souvent, à mon retour, il me demandât compte de quoi que ce fut.

J'avois beau être sage & économe, il y avoit, si je ne me trompe, de l'imprudence dans le procédé de ce bon homme.

Je n'ai point eu cette confiance en mes enfans, quoi qu'ils ne manquassent, ni de bon sens, ni de conduite. J'aurois craint qu'ils n'eussent abusé de ma crédulité, & que l'abondance ne les eut excitez à la débauche. Avec moi, il en arriva tout autrement ; plus le fardeau que l'on m'avoit imposé, devenoit pesant, plus il me paroissoit léger. L'ambition, dont je me piquois, me rendoit infatigable ; je ne me donnois de repos, ni jour, ni nuit. Cependant, Monsieur, comme j'é-

tois

# AVERTISSEMENT.

tois vraisemblablement destiné au soin, au travail, à la peine, il faut vous avouer qu'au plaisir que je ressentois d'entendre approuver la moindre de mes actions, succéda bien tôt l'inclination pour le mariage : j'étois positivement accordé avant quinze ans, & je n'en avois pas vingt que je n'eusse vendu ma liberté.

Mon pere & ma mere me voyant partir, & ne pouvant vivre sans moi, me suivirent. Ne se mêlant plus de rien, & moi, d'autre part, ayant des liaisons fort étroites avec bien des honnêtes personnes, on peut juger de la quantité prodigieuse de Lettres, que je devois avoir écrites, lors que j'eus été une dixaine d'années en ménage. Je ne m'en trouvois pourtant que trois ou quatre cents entre les mains, & parmi les papiers de mon pere, qui s'étoit fait un plaisir de conserver celles que je lui avois fait tenir, toutes les fois que nous nous trouvions

# AVERTISSEMENT.

ons éloignez l'un de l'autre, à cause qu'il s'en faloit bien que j'eusse fait une minute, ou tiré une copie de toutes celles qui étoient sorties de mon Cabinet. Souvent je n'en avois pas le tems, & beaucoup n'en valoient pas la peine.

Mes meilleures connoissances, auxquelles il m'arrivoit par occasion de faire la lecture de quelques-unes, vouloient unanimement que je les fisse imprimer, & ils m'en rompirent tant la tête, qu'en ayant choisi environ une centaine, je résolus, par cet echantillon, de commencer à les exposer au jour.

Dans ces entrefaites il me vint tout d'un coup dans l'esprit de travailler à un ouvrage de mathematiques, que je croyois me devoir faire honneur, & me procurer une vocation dans une autre Academie, mais qui, aussi-bien que trois ou quatre autres, est resté enseveli dans l'oubli, faute d'avoir trouvé des Libraires, qui à cause de la grande

# AVERTISSEMENT.

de quantité de figures, dont il étoit rempli, ayent voulu en entreprendre l'édition. Ce cours de Géométrie m'occupa tellement, que je ne pensai plus à mon desſein. Cinq ou six ans après, mon frere l'Officier m'en ayant entretenu de nouveau, je repaſſai ce Volume de Lettres; mais ſoit que l'âge, ou la ſcience, que je cultivois avec beaucoup d'attachement, eut en quelque façon, changé ma conſtitution, ou que j'enviſageaſſe les choſes de plus près qu'auparavant, je le trouvai en général, ſi licencieux, pour un homme de mon caractere, que j'en fus ſurpris moi-même; & de le publier ſans le nom de ſon Auteur, comme on me le conſeilloit, c'eſt à quoi je ne pouvois pas non plus me déterminer: ainſi mon projet échoua pour la ſeconde fois. Preſentement la reſolution en eſt priſe, je l'expédierai pour ce coup, après en avoir pourtant retranché ce qui en apparence, auroit ſcandaliſé bien des gens,

## AVERTISSEMENT.

gens, & sur tout les personnes du beau sexe.

En récompense, je l'ai augmenté d'un suplément de plus nouvelle date, qui n'en diminuera nullement le prix. J'ai eu beau faire néanmoins; j'apréhende bien qu'il ne s'y trouve encore des endroits, qui vont me rendre suspect d'intrigues avec quelques Belles, auxquelles j'écris un peu librement. Mais que cette fausse aparence ne vous engage pas, Monsieur, à faire un jugement téméraire, & entièrement opposé à la verité; il n'en est rien, sur ma parole. Je jure par le Ciel, & j'en prens à témoin la Terre, que j'ai éternellement haï le vice, & que comme je serois au desespoir qu'on me pût reprocher de m'avoir vû une seule fois trop chargé de boisson, je mourrois de douleur & de confusion, si depuis le moment que j'ai eu une femme, j'avois jamais souillé ma couche avec une autre. On pourroit m'accuser, comme

# AVERTISSEMENT.

me je le dis dans la preface de mes Oeuvres poëtiques, d'avoir des sentimens éloignez de ceux du vulgaire, par raport à la Religion, mais je n'en ai point de contraires aux regles d'une bonne Morale, & je ne sache rien, qui m'ait été plus cher, jusqu'à present, que la pratique de la vertu.

J'ai eu beaucoup d'enfans, & par consequent, bien des Commeres, qui étoient pour la plûpart, filles. Elles savoient par experience que j'étois enjoué, galant & badin, mais honnête & trop prudent pour rien entreprendre qui fût capable de flétrir ma reputation, & de ruiner ma famille, de sorte q'encore que nous folatrassions, & qu'elles eussent peu de parties exposées à la vûë, où je ne portasse les mains, il ne se passoit rien de criminel entre nous. Cependant, de peur que ma maniere libre de m'exprimer ne donne lieu au soupçon, & n'interesse l'honneur de ces

Da-

# AVERTISSEMENT.

Dames, j'ai affecté de ne les nommer nulle part, au lieu que je n'ai fait aucun scrupule de faire connoître la meilleure partie des autres, qui ne trouveront dans ces copies, que ce que les originaux, que j'ai eu l'honneur de leur faire tenir, contiennent mot à mot ; car il n'y a rien de déguisé ici, tout s'est passé en particulier, comme il paroît en public, sans aucune difference.

Pour ce qui est de l'ordre des tems, il vous sera aisé de remarquer, pour peu que vous y fassiez d'attention, que je ne l'ai point observé à la rigueur; cela n'était point nécessaire dans un Traité, où il n'est nullement question d'histoire, ni de chronologie, & où il n'est fait mention d'aucun évenement digne de remarque, que l'on ne trouve dans les Mercures ou Journaux de ceux qui font profession d'en instruire les Curieux.

J'ai à dessein diversifié la matiere,

## AVERTISSEMENT.

re, afin de point fatiguer le Lecteur par un stile trop uniforme. L'enjoué, le burlesque, le galant & le sérieux, se trouvent, en quelque façon par tout entremelez.

En un mot, mon but principal est ici de divertir les personnes âgées, comme vous l'êtes, & de donner aux jeunes gens un modele de Lettres, qui leur serve à en composer eux-mêmes. Je n'ose pas me flater que les uns, ou les autres, en tirent aucune utilité. Si vous prenez la peine d'en faire la lecture d'un bout à l'autre, vous y trouverez en abrégé, l'histoire de la vie d'un Particulier, auquel vous avez donné plus d'une fois des marques autentiques de votre estime, & qui conservera jusqu'à la mort le zele avec lequel il est fort sérieusement,

### MONSIEUR,

Votre très humble & très obéissant serviteur,

S: TYSSOT DE PATOT.

# LETTRES CHOISIES
## DE
## M. TYSSOT
## DE PATOT.

### LETTRE I.

*Ecrite de l'autre monde, par les manes de Mr. de Blois, à Mad. D: de R.*

DE toutes les traverses, & des fâcheux contretems, que j'ai eus au monde, il n'y a rien, qui me tuë, Mademoiselle, comme le regret, que j'ai d'être sorti de votre maison sans vous avoir proprement dit adieu. Le secret que je vous ai toûjours fait de la cause de ma sortie du

Royaume de France, ne me chagrine pas tant, quoique j'aye pourtant bien du plaisir de ne vous l'avoir pas communiqué: il est vrai que j'avois résolu de vous en faire ouverture à votre premiere instance, ou d'abord que vous m'en auriez donné l'occasion; mais hélas! vous savez le funeste accident, qui vient de m'en oter la puissance. Qui l'eût jamais cru, Mademoiselle, qu'un champignon, un fruit, qui faisoit une partie de mes délices, dût me causer un jour le plus grand de tous les malheurs, sans avoir eu même le tems de me confesser. Encore si je l'avois cueilli pour moi seul, j'excuserois le sort d'avoir puni ma gourmandise, mais vous n'ignorez pas que c'étoit ordinairement un bien, dont nous jouïssions en commun: cependant de quelle angoisse mon cœur ne se sentit-il pas saisi, lors que j'apperçus le danger, autant évident pour vous que pour moi-même. D'un côté, j'aurois bien voulu, sous quelques prétextes spécieux, échaper aux embuches de la mort, de l'autre, je ne pouvois soufrir de vous voir malheureusement enlassée dans un peril, dont vous n'étiez véritablement que l'innocente cause. Je vous avoue pourtant qu'aussi-tôt, que je remarquai

que

que les antidotes, les priéres & les combats ne pouvoient me conserver la vie, je commençai à souhaiter de vous voir déloger avec moi: je fis cent efforts pour vous attendre, & à mesure que votre vigueur diminuoit, je tachois de prendre de nouvelles forces, afin de demeurer toûjours dans un état à peu près égal à celui, où vous étiez. Enfin, il me sembla tout d'un coup vous voir défaillir, & comme je ne desirois pas moins de vous accompagner, que j'apréhendois de partir sans vous, je ne voulus plus faire de résistance, & il me sembloit si naïvement qu'un même moment nous silloit les yeux, que je ne doutois nullement que nous ne partissions ensemble. Mais, bons Dieux! je fus bien surpris de me trouver seul errant, & si nouveau dans la route, que je devois tenir pendant mon voyage: j'en pris tellement l'épouvante que si le desespoir avoit lieu parmi les riens, je veux dire les choses non étenduës, comme parmi celles, qui ont de l'extension, je courois risque d'entrer dans le plus horrible qu'un cerveau blessé seroit capable de choisir pour se détruire soi-même.

Peu après je fus surpris de me sentir conduire par un guide, qu'il m'étoit impos-

impossible d'apercevoir; jamais route ne me parut plus affreuse dans les commencemens. Ce n'étoient que brouillards, obscuritez, ténébres, je ne comprenois rien avec distinction, & mon ame, qui étoit accoutumée de sentir tous les objets par la voye des sens, étoit tellement troublée de ne se trouver plus en leur compagnie, que toutes les pensées, qu'elle avoit, étoient confuses au supréme degré. Enfin pourtant je m'accoutumai peu à peu à cette maniere d'exister, qui consiste proprement en un mouvement simple & uniforme. Celui, qui me menoit, & qui suivant un ordre exprès, lequel subsiste de tems immémorial dans notre Empire, avoit été envoyé pour me prendre, & me servir de conducteur, voulant savoir de moi le rang que j'avois tenu parmi vous, prit occasion de me le demander, lorsque je m'étois je ne sai comment engagé, en passant une ruë de maréchaux, dans une petite enclume, qui avoit les pores si extrémement petits, qu'on eut dit que c'étoit un fourreau, qui m'étoit propre. Il s'atacha de même à une vieille lame d'épée, & détermina tellement la matiere subtile, qui environnoit ces deux corps, que nous les emportions

tions d'une vitesse inconcevable. Il ne falut que cette seule avanture pour me rendre savant à mouvoir ce qui est étendu, parce qu'étant accoutumé à déterminer le cours des esprits animaux, & à les envoyer dans les muscles pour faire mouvoir les membres du cadavre, que j'avois animé autrefois, suivant qu'il étoit necessaire, ou pour éviter quelque mal, ou pour jouïr de quelque bien, cela ne me parut nullement nouveau; j'en conclus même que, quoique tous les esprits nous paroissent d'un même genre, il doit nécessairement, à en juger par leurs opérations, y en avoir de plusieurs espéces. L'un par exemple, est infini, tout puissant, & existant de lui-même. Les autres, comme les Anges, les démons, dont il y en a aussi de plusieurs sortes, quoique finis, dépendants & bornez, sont en état, peut-être, de se communiquer leurs pensées, sans le secours de la matiere; au lieu que les nôtres étant destinez à être confondus avec une masse de chair, pour composer ou former ensemble un animal complet, dont l'un & l'autre sont sans contredit une partie essentielle, il est vrai-semblable que lors que la matérielle vient à manquer, la spirituelle est extrémement embarassée : elle devient comme stupide, & il lui est impossible d'agir de quelque maniere que ce soit, avec intelligence, que par le secours immédiat de quelque objet, qui ait au moins quelque dimension. Mais ce qui me donna, & me donne encore beaucoup de peine, est que n'étant point fait aux signes de la signification desquels on est convenu pour se rendre intelligibles les uns aux autres, je prenois souvent le change, tellement qu'une fois que mon associé me vouloit demander par le signe d'une croix, ce qui avoit été ma plus grande affliction en l'autre vie, je crus que nous aprochions d'un cabaret, où je devois païer chopine, ou de quelque péage, où il faloit mettre la main au gousset, & comme je n'avois, ni croix, ni pile, cela m'embarassa si fort, que je pensai plus d'une fois rebrousser chemin pour m'en retourner, & je n'aurois pas manqué de le tenter, si lui, s'en étant aperçû, n'eut levé la difficulté, en s'expliquant d'une autre maniére. Cela me fit penser aux müets de votre monde, qui se communiquent tout sans parler : je croi que c'est un grand avantage pour eux, & que cet accident les sauve au moins de deux années d'aprentissage, qu'il faudra sans doute que je je fasse pour pouvoir converser ici familiérement avec un chacun.

Au reste comme nous passions au travers des montagnes & des rochers, aussi aisément que la plus fine farine passe par un crible, il m'arriva qu'en sortant du Mont Gibel où la curiosité nous avoit portez pour voir la source des flammes, j'entrai sans y penser dans une pie, qui traversoit casuellement mes pas. Ses yeux me servirent de lunettes pour découvrir un nüage noir, qui passoit avec beaucoup de rapidité, quoique l'air fut assez calme : je demandai à mon guide, par le moyen des organes de cet oiseau, ce que c'étoit. N'avez vous jamais lu, me dit-il, l'histoire de l'idole Bel & du dragon ? Oui, lui repondis-je, mais comme une fable grossiérement inventée. Ce n'est point une fable, reprit-il, & si elle vous paroit telle, c'est faute que vous vous soyez accoutumé de bonne heure aux véritez du tems passé, qui étoient moins subtiles, qu'elles ne le sont dans un siécle où l'incrédulité régne, mais qui ne laissent pourtant pas de faire encore beaucoup d'impression sur les hommes véritablement régénérez. L'Auteur y raconte comment Habacuc fut porté par un esprit, de Judée à Babilone, a-

vec

vec des munitions de bouche, pour le Prophéte Daniel, qui mouroit de faim, n'ayant rien mangé de six jours entiers. Ce que vous voyez ici, poursuivit il, est quelque chose d'aprochant à cela; il y a un Huguenot renfermé dans le saint Office depuis douze ou quinze mois, pour avoir insolemment déclamé contre l'infaillibilité du pere universel de l'Eglise : un Médecin de sa faction, qui étoit là confiné avec lui, vient d'y mourir de misére & de pauvreté, juste recompense de ses crimes, qui n'alloient pas moins qu'à tourner en ridicule l'invocation de tous les saints. Son esprit, en faisant son chemin, comme nous, a rencontré un Chirurgien de sa connoissance, il l'a guindé dans cette nuë, qu'il conduit avec son guide, & l'a chargé d'aller à Rome tirer vingt onces de sang à son malheureux compagnon, qu'il a laissé avec une dangereuse pleurésie. C'est fort bien fait à lui, repris je, l'huile de veine est un bruvage, dont les Inquisiteurs sont avides, je suis catholique, mais je ne saurois m'empêcher de dire que je crains fort que cela ne suffira pas pour tirer ce malheureux de sa détention, il ne sort point d'hérétiques de là que les piez devant. Un assassinat, un in-

inceste, une trahison, tout cela se peut excuser, mais ici, il n'y a point de pardon à attendre qu'en l'autre monde, & encore cela n'est il pas fort assuré au sujet d'un impie, capable d'insulter aux sacrez mistéres du vénérable sacerdoce. S'il embrasse la Religion Romaine, peut-être lui fera-t-on grace, & il en sera quitte pour être brûlé, après avoir été étranglé à moitié.

Je passe sous silence les autres petites avantures qui nous arrivérent dans notre voyage, pour vous avertir, de peur que je ne l'oublie, que lors que vous nous viendrez joindre, vous devez bien prendre garde de ne vous pas trop écarter de celui, qui vous accompagnera, parce que l'on court risque de s'égarer, ce qui arrive assez souvent, sur tout lors que la mortalité est fort grande, à cause que notre souverain ayant soin d'envoyer autant d'esprits que vous avez de morts, pour les amener dans ce séjour, & le chemin étant alors extrémement fréquenté, il arrive que ceux qui viennent, étant accompagnez de quelqu'un, arrêtent ceux, qui sont envoyez, pour les instruire ou les informer de quelque affaire d'importance : ce qui se fait si promtement, & avec tant de silence que celui, qui est conduit ne s'en aperçoit souvent pas, à cause du trouble, dont on se ressent encore, & des idées confuses, que l'on a d'un changement si surprenant.

C'est ainsi que je manquai plusieurs fois de m'égarer, & que je courus grand risque d'être du nombre des infortunez. On apelle ainsi ceux qui ont le malheur de se perdre. En effet, le plus grand mal, qui puisse arriver à une ame, c'est de n'avoir point de lieu fixe & assigné pour son repos, de chercher continuellement, & d'errer, tantôt par les cieux, & tantôt dans les entrailles de la terre, suivant que la saison le permet, car elles n'ont garde dans un tems obscur, couvert & orageux, de demeurer dans la premiére région de l'air, où se forment les météores : elles aiment mieux par leur action, ce qui convient bien à leur nature subtile, dégager quelques parties de la terre intérieure, & aider à la production des métaux, que d'agiter plus fort celles d'un ciel, qui ne respire que vengeance. Au contraire, pendant les beaux jours de l'été, & généralement quand l'étenduë ne contient aucun nüage, elles sortent de ces lieux renfermez, & montent à quelque hau-

humeur, dans un air rare & tranquille, ce qui est alors fort aisé à remarquer, puis que l'on y voit une quantité de petites lumieres, que le peuple prend pour des étoiles, qui changent de lieu, mais qui véritablement ne sont que des exalaisons condensées, que ces esprits vagues & agitez venant à rencontrer avec beaucoup de rapidité, ébranlent, & leur donnent la force de pousser assez fort de tous côtez, les parties du second élément, pour remüer les fibres des yeux, de la maniere qu'il est institué de la nature pour leur faire sentir quelque clarté. Ils ont soin pourtant de ne se pas beaucoup écarter de la superficie de la terre, à cause qu'ils espérent toûjours de trouver enfin la demeure des bien-heureux, comme il est arrivé à plusieurs, qui m'ont raporté ce que je vous raconte presentement. De dire qu'ils savent peu si cet endroit est au deça ou au delà des étoiles fixes, c'est entierement ignorer leurs facultez, nous en sommes persuadez dans le même instant que nous avons abandonné notre véhicule, quoi que nous ignorions sa véritable situation, jusques à ce qu'un guide ou le hasard nous y ait menez. La révélation rend en quelque façon clair ce qui nous paroissoit au-

para-

paravant miſtérieux ; outre que la lumiere naturelle enſeigne que ce lieu ne peut être que dans le même tourbillon, où chaque créature n'a rien fait ſans ordre. Puisque chaque planéte de notre monde, & généralement toutes celles des autres tourbillons de l'univers, ont leurs habitans tout différens de nous, que nous ignorons leurs maximes, leurs mœurs, leurs loix, auſſi bien que leur maniere d'exiſter ; & que les caractéres ou ſignes, dont ils uſent, nous ſont entierement inconnus, quelle aparence y auroit-il que nous puſſions habiter enſemble ? Il feroit beau voir une république compoſée de membres ſi divers & ſi diſproportionnez. Un ſi mélange, par exemple, de peuples noirs & blancs, viſibles & inviſibles, grands & petits, de haut & de bas, de loin & de près, pourroit il jamais ſubſiſter ſans envie & ſans haine ? La jalouſie n'y régneroit elle pas ? L'orgueil, le mépris, & toutes les autres paſſions y trouveroient bien-tôt place : & ainſi, bien loin que ce fut un lieu de paix, c'en ſeroit un de trouble & de confuſion. Comme donc le malheur des uns eſt d'errer, le bonheur des autres conſiſte, en ce qu'ils ont une demeure aſſignée, où ils peuvent jouir d'un repos & d'une félicité,

licité, qui n'est sujette à aucune altération. C'est, graces au destin, l'endroit où j'ai été conduit: il est sans doute fort agréable, c'est un palais enchanté dans toutes les formes, & dont je ne saurois vous faire la description, tant parce que son architecture est fort irréguliére, qu'à cause que la plûpart des matériaux, qui composent son intérieur, ont tant de raport à notre nature subtile, qu'il n'est pas en la puissance d'un mortel de se les bien représenter au naturel. La figure en est trianpentéagonale, son enceinte a une course & demie de haut, & mille millions de promenades de tour: elle est composée de senteurs aromatiques, qui embaument à cinquante jets de là. Le pavé est de lumiere, la voute de clarté, les ornemens de flammes entrecoupées, les reposoirs de feu étincelant, & ainsi du reste.

Remarquez, Mademoiselle, que nonobstant les beautez de cet agréable séjour, la joye de l'un de ses habitans est incomparablement plus grande que celle de l'autre, suivant l'état, la qualité & les inclinations des corps, qu'ils ont animez autrefois. Le nombre des élus, qui compose notre assemblée, ne vous sauroit être exprimé, il est assurément prodigieux, & l'on l'on ne diroit pas à cette quantité innombrable de substances immortelles qu'il y ait si peu de tems que le premier homme ait été créé. Cependant il y en a peu, qui joüissent des mêmes avantages; vous en entendez toûjours quelques uns se plaindre de leur destinée; l'un soupire pour avoir trop de ce que l'autre pense avoir trop peu. Ceux, qui ont été mariez, & qui ont vécu long-tems avec une même personne, ne s'aprochent encore ici qu'avec un si grand froid, qu'il semble que le *Groenland* les ait environnez de toutes ses glaces; ils paroissent mélancoliques & rêveurs à tous ceux, qui aprochent d'eux: ils ne font que grommeler, & n'étoit l'experience de bien des choses, qu'ils ont aquise avec l'âge, on se moqueroit d'eux à leur nez. A ceux-ci j'ajoute les vieux Philosophes, parce qu'ils ne sont pas moins froids qu'eux, & cela vient comme on le prétend, de ce que les vaisseaux spermatiques ayant beaucoup de communication avec le cerveau, le feu dont les uns se sont épuisez dans le mariage, les autres l'ont consumé par l'étude: de sorte qu'ils ont également de l'indifference pour de certains objets, que l'on ne peut pas assez estimer. Néanmoins leur caractére d'ancien & de savant est cause qu'on les ménage. *Leur*

*Leur âge fait qu'on les respecte,*
*Ils ont de la doctrine, il le faut avouer.*
*Mais ils sont d'une étrange secte,*
*Que bien de bonnes gens ne sauroient aprouver.*

En effet, comme ils conversent beaucoup les uns avec les autres, & qu'ils se piquent de convenir dans la plûpart de leurs sentimens, ils croient que chaque grain de semence a son germe, que si elle ne raporte point en lieu propre & naturel, ce n'est point qu'elle ne soit en état de produire son semblable, mais c'est qu'elle en est empêchée par quelque cause étrangére. Elle a toutes ses parties, disent ils, quoi qu'elles soient un peu confuses, il ne manque sinon que d'autres leurs soient ajoutées, afin d'en augmenter la masse, & d'en rendre la figure visible.

Les animaux portent la leur, pleine de vie & de mouvement, & ne pouvant, ajoutent ils, en exclure l'homme, il est seur que chaque parcelle de la sienne renferme des ames aussi qualifiées, & autant capables de raison, que celle qui est contenuë dans le corps de la personne la plus robuste & la mieux sensée. Dela vient qu'il se trouve parmi nous un si grand nombre d'esprits, qu'il surpasse infiniment celui que

que l'on pourroit faire des créatures humaines, quand même le monde auroit duré cinq cent mille ans. Ces bonnes gens prétendent de plus que tout le tems, que l'on donne à penser aux plaisirs dont on a joui autrefois, est perdu, que ce n'est plus à nous à songer aux choses passées, que la recherche des sécrets de la nature ausquels nous ne saurions atteindre avec un corps, doit faire notre occupation, à present qu'il nous est aisé de pénétrer les matiéres les mieux jointes, & de découvrir si leurs accidents sont differents de leurs parties, ou si tout ne consiste que dans la diversité de leur arrangement. S'il est vrai que les Elemens de Descartes ont la figure, qu'il leur a donnée, si c'est la Terre, qui tourne, comme l'a voulu Pythagore, & depuis lui Copernic, ou si ce sont les Cieux, qui sont mobiles, ainsi que le prétend Ptolomée, & les femmes de votre siécle, si les antepéristases sont des animaux à quatre piez, ou des chiméres; s'il y a des qualitez réelles, des formes substancielles, & cent autres fatras de cette nature, qui s'accommodent mieux avec leur tempérament, qu'ils ne conviennent au genie de ceux du parti auquel je me suis joint.

Ceux

Ceux qui vous ont quitez étant encore dans un âge puéril, se plaignent d'être sortis du monde sans en avoir eu aucune connoissance, & desirent souvent d'y retourner. Les riches regrettent leurs tresors. Le pauvres, qui ne soupiroient parmi vous qu'après les emplois & les richesses, s'y sont tellement accoutumez, que les gemissemens sont les caractéres, dont ils se servent pour s'exprimer. Les grands se desespérent de voir des forçats de Galéres leur disputer souvent la préséance, & de n'entendre faire aucune difference entre le noble & le roturier. Les ames de celles, qui sont décédées avec l'esperance de goûter un jour des fruits de l'arbre de vie, & que la mort a prévenuës avant qu'un cauteleux serpent, & séducteur du beau sexe, leur en eut fourni l'occasion, endévent de ne savoir pas mille secrets, que le mariage enseigne avec plus de plaisir que d'étude: les autres ont beau s'éforcer par divers gestes, à les en vouloir entretenir, ce sont des mistéres pour elles, qui les rendent inconsolables, & n'étoit qu'elles espérent de rentrer un jour dans de nouveaux corps, comme les en flatent les partisans de la métempsicose, & de s'en pouvoir servir avec plus d'avantage

tage qu'elles n'ont fait de celui qu'elles ont abandonné, je croi qu'elles chercheroient les moyens de s'anéantir elles mêmes, & de périr plutôt sur le champ, que d'être obligées de languir éternellement après un bien, qu'il n'y auroit jamais lieu d'obtenir.

Enfin, je n'aurois fait de long-tems, si je voulois vous entretenir des diverses passions, qui agitent encore ces esprits, que plusieurs en croient incapables. C'est ce qui fait que je ne m'y arrêterai pas, & que je me contenterai de vous dire en peu de mots, que parmi toutes ces intelligences, j'en ai remarqué principalement de deux sortes, dont l'une est dans une suprême joye, & l'autre dans un inexprimable ennui. La premiere de ces espéces est celle des jeunes amans, que la mort a empêchez de se joindre sur la terre, & qui ont eu le bonheur de se rencontrer ici; l'ardeur du feu, qui les animoit, ne s'est point éteinte dans leurs pensées; vous les voyez incessamment acouplez, & devisans de leurs amours: ils ne parlent que de tendre, de douceurs & de mignardises; ils ne font que se baiser & que s'accoller, leurs ris ne finissent jamais, & ils se mêlent quelquefois tellement l'un dans l'autre,

que

que l'on a lieu de douter si de deux, qu'ils étoient, ils n'ont pas été réduits en un seul individu de leur espéce. Ceux-là ne peuvent assurément pas souhaiter une plus grande félicité, ils trouvent le souverain bien en eux-mêmes, ils n'ont que faire de le chercher ailleurs, & au lieu que les corps ne peuvent que par intervalle jouïr des plaisirs, qui résultent des embrassemens, les ames n'en sont jamais fatiguées, elles sont capables de recommencer à chaque moment les agréables combats véneriens, & de faire une continuelle récolte des fruits qu'un automne éternel leur produit.

Ceux au contraire, que je trouve d'une condition déplorable, sont ceux, qui comme moi, ont laissé le plus cher objet de leurs inclinations parmi ceux, que vous nommez les vivans, ou qui ont le malheur de ne le pas rencontrer ici. Vous ne sauriez vous représenter de douleur aussi cuisante qu'est celle, que ces mélancoliques bien-heureux endurent : il n'y a point de repos pour eux, ils sont dans une continuelle langueur, & si je ne savois depuis long-tems l'histoire de Narcisse, & que je crusse la phtisie capable d'étendre son empire jusques sur les esprits, je ne

ferois

ferois point de difficulté d'avancer que tous les Echos, que vous entendez, sont de tristes restes des accens lugubres, que forment ces languissantes ames.

Vous aimez les élegies, mais je m'assure que celles, qui se font parmi nous, n'auroient pas l'avantage de vous agréer, elles font des effets, qui ne vous sont jamais venus dans la pensée. En effet, vous seriez vous imaginée, Mademoiselle, que lors que vous dites que la terre tremble, c'est qu'elle frémit d'entendre nos plaintes & nos gemissemens? vous seriez vous crûe capable de concevoir que le nectar, dont nous nous desalterons est une liqueur, que la pitié, qu'excitent nos sanglots, fait distiler des Mirtes de la forêt, qui nous environne? Auriez vous deviné, si je ne vous l'eusse dit, qu'Etna ne vomit de flammes que lors qu'étant ému de compassion à notre égard, il nous veut décharger d'une partie de celles, qui nous devorent, faute d'objets propres à les éteindre? Cependant il n'y a rien de plus vrai. Il s'en trouve parmi nous qui ayant conservé leur veine poëtique, font des vers, qui attendriroient les plus impénétrables rochers. Pour moi, vous savez que ce n'étoit point mon métier,

tier, je me contente de reciter ceux que les autres composent, je joins mes hurlemens aux leurs, afin que le nombre en touche plus vivement ceux qui les entendent.

Au reste, ne soyez pas surprise, Mademoiselle, de ce que j'ai trouvé le moyen de vous écrire, & de vous faire tenir cette lettre : il est vrai que c'est une grace que l'on ne nous accorde que rarement, mais on n'a pas pû me la refuser, lorsque j'ai fait connoître que c'étoit pour la personne du monde, qui contribuë peut-être le plus par ses rigueurs, à peupler ce vaste sejour de fidéles Amans, injustement rebutez, qui n'ont pas eu la force de survivre à leur disgrace. L'ancre dont je me suis servi, est proprement de l'eau d'une riviere, qui sépare cet empire du vôtre, & où tous ceux qui arrivent ici, sont obligez de se laver avant que d'oser converser parmi nous, ce qui fait qu'elle est si noire, & qu'elle le devient encore de plus en plus, par la multitude des énormes péchez qu'on y laisse, que je ne sache point de teinture qui l'égale.

Les plumes ne nous manquent pas non plus, nous avons des phénix en abondance, ce, qui müent toutes les années, & faute de canifs, nous nous servons de leurs grifes plates, & extrémement trenchantes, pour les tailler. J'avoüe que pour du papier, nous en sommes entierement destituez, mais nous avons en récompense un grand parc, où sont renfermées les ames de celles, qui sont mortes vierges, & dans le dessein de le demeurer.

Ce parc est environné d'un grand nombre d'arbres, qui ont des feuilles blanches comme la nége, & dont il est permis d'arracher au besoin. Ce que je viens de dire des fénix me fait ressouvenir d'avoir lû que les Arabes croient qu'il n'y en a qu'un au monde, qui vit quelques centaines d'années, après lesquelles il trouve moyen de se faire brûler, & que de ses cendres, il en nait un autre, ou celui-là même, mais ils s'abusent lourdement. Ces oiseaux ne meurent jamais, tous les siécles le dernier né d'entre eux vient au bord du fleuve noir, il se met à batre des ailes, jusques à ce que s'étant fait une ouverture au côté, il en sorte environ deux dragmes de sang, & c'est de ce sang que nait dans le même moment un oiseau, que celui, qui le vient d'engendrer prend & jette dans la riviére,

non

non seulement pour l'y laver, mais aussi pour le forcer à coups de bec, de nager contre le courant de l'eau, qui y est assez rapide, & lui faire prendre le chemin de l'autre monde, où il faut qu'il soit cent ans, avant qu'il puisse venir joindre ceux qui sont ici; tellement que tous les siécles nous sommes assurez de voir arriver un nouveau fenix. Enfin il me reste à vous dire que je me suis servi de cet esprit, qui est allé querir l'ame de celui de vos valets, qui vient d'être tüé sur le cimetiere de l'église de votre village; je l'ai prié de mettre ma lettre dans la poche d'une de vos jupes, pendant que vous dormiriez, afin que vous n'eussiez pas lieu de vous en apercevoir. J'aurois bien voulu que l'on m'eut donné cette commission pour avoir le plaisir d'alarmer un peu vos gens, & de les confirmer dans l'erreur populaire, où ils sont, qu'il revient des esprits pour tourmenter les hommes, comme si nous nous mettions fort en peine d'eux. Mais celui, qui préside à notre assemblée, n'a pas voulu qu'elle me fut accordée, & je viens d'apreudre que ce n'est pas par la crainte qu'il a que je ne revienne plus, car cela est impossible, mais parce que c'est un emploi, dont

on

on n'honore point les nouveaux venus, il faut avoir été ici au moins une douzaine d'années. Mon ami ne m'a pas donné le loisir de vous en écrire davantage, il étoit pressé de partir, & néanmoins je suis seur que sans cela, j'aurois pû vous faire part de bien des choses que l'on est extrêmement curieux de savoir chez vous; je le ferai par la premiere commodité, si on me le veut permettre.

En attendant profitez de mes avertissemens, divertissez vous tandis que vous en avez l'occasion; vous maltraitez vos adorateurs, vous pourriez bien vous en repentir dans la suite; ceux que vous regarderez là d'un œil sévere, seroient tout à fait capables de ne vous envisager ici qu'avec mépris. Croyez moi, en quelque endroit qu'on se trouve, on ne sauroit avoir trop d'amis, ni par conséquent trop de complaisance pour s'en faire. Ne vous flatez point des aquisitions chimériques de l'avenir, elles sont aussi incertaines, que vous ont été inutiles les glaçons & les dedaigneux refus, que vous a suggéré le passé. Il n'est rien tel que de tirer du présent tous les avantages, dont on est capable, & de se donner du plaisir quand on le peut. Faites moi je vous en

*suplie,*

suplie, celui de faire effacer de deſſus ma tombe l'épitaphe ſcandaleuſe que quelques boufons y ont fait graver, & vous obligerez ſenſiblement &c.

## LETTRE II.

*à Monſieur Domis.*

MONSIEUR,

JE ne ſai, conſommé dans les ſciences, comme vous êtes, ſi c'eſt un principe de préſomption, qui vous fait mépriſer juſqu'à la compoſition des meilleurs maîtres Italiens, ou ſi c'eſt faute d'entendre la muſique à fond ; mais vous avez une voix diſcordante, qui choque dans les concerts l'oreille de la plûpart de ceux avec qui vous chantez. Bien des gens m'acuſent du même vice, par raport aux ſentimens du vulgaire, & à ce que les plus célébres Hiſtoriens nous ont laiſſé par écrit. Je différe des premiers, parce que je ne les conſidére que comme des ignorans, & des ſuperſticieux, que la prévention à tellement aveuglez, qu'ils ſont hors d'état de diſtinguer le vrai du faux : & je ne m'accommode avec les autres qu'en qu'en expliquant à ma maniére, les faits dont ils prétendent avoir été les témoins, ou les Auteurs.

Cela ne m'eſt point particulier, il y en a bien d'autres que moi, qui ne conviennent pas de tout ce que les Ecrivains diſent : c'eſt une vérité de laquelle je ſuis convaincu par une longue expérience ; je me trouve rarement en compagnie de perſonnes lettrées, où tout le monde ſoit d'accord, ſur les points, que l'on met en queſtion. Les opinions varient ; mais il eſt conſtant qu'il y avoit long-tems que je ne m'étois trouvé dans une conférence, où il y eut moins d'union, & où la nouveauté fit plus d'impreſſion ſur les ſens de pluſieurs des Conviez qu'étoit celle, où j'aſſiſtai il y a quelques jours, à Utrecht. Madame Tyſſot avoit franchi ſa quarante-neuviéme année : ſon anniverſaire m'avoit ſervi le ſujet pour la compoſition d'un Rondeau : en recitant ces vers, j'en pris occaſion de me récrier contre la briéveté de la vie, & contre notre bonne mére Eve, qui s'étant laiſſé ſéduire par un cauteleux ſerpent, avoit ouvert la porte au péché, qui augmentant de plus en plus, avoit été cauſe qu'au lieu d'une éternité, que nous vivions, notre courſe avoit été

fixée

fixée au plus à un siécle. La dessus il s'éleva un grand débat: l'un de ces Messieurs prétendoit que l'on n'avoit pas plus vécu dans l'âge d'or, qu'au siécle de fer, & que l'abus venoit de ce que dans l'enfance du monde, les années n'étoient que d'une, de deux, ou peut-être de trois Lunes. Il cita la dessus l'exemple de différentes nations. Mais on lui fit voir qu'outre qu'il étoit mal fondé, il paroissoit clairement de la maniere que Moïse s'explique dans toute la rélation, au sujet des jours, des mois & des années, que si les leur ont diféré des nôtres, ce ne peut pas avoir été de grand-chose.

La raison qu'un autre docte alégua, pour appuyer ce sentiment, est de plus nouvelle date.

Celui-ci s'étendit premierement sur le mouvement, sur sa cause, sur sa durée, qui est toûjours proportionnée à la figure & contexture du corps qui est mû, & à la subtilité de la matiere, qui l'environne. Il s'imaginoit que puisqu'une boule de cuivre bien polie d'un pié de diamétre, étant suspenduë entre les deux pointes du tour d'un tourneur, ne sauroit être poussée avec roideur, qu'elle ne se meuve l'espace de deux heures entières sans s'arrêter, il étoit vrai-semblable

B 2

blable que la terre, dont l'axe peut avoir autour de trois milions de piez de longueur, doit à raison de sa grandeur à la premiere secousse que la Providence lui a donnée, tourner un nombre innombrable de siécles, mais pas, non plus que la boule, avec la même rapidité. Dans les commencemens, disoit-il, cela alloit vite, le soleil n'étoit pas plûtôt levé d'un côté qu'on le voyoit coucher de l'autre: les années solaires n'étoient guére plus longues que nos mois. Les jours avoient déja augmenté de quelques momens du tems de Noé, mais ce qui contribua à les rendre considérablement plus longs, fut le bouleversement, les courans & les ravines, que causa le déluge; jusque là il n'y avoit eu que de petits coteaux, alors il se forma des chaines de hautes montagnes. Ces grands corps, qui pénetrent dans les nuës, font un visible obstacle au mouvement journalier de notre globe, qui ayant d'abord beaucoup perdu de sa vitesse, s'est enfin à peu près accommodé à l'air, qui l'environne, & continué ainsi à se mouvoir avec lui, sans un notable changement. L'Auteur de cette opinion, qui paroissoit assez bien imaginée, avoit beau s'aplaudir, on conclut unanimement

qu'il

qu'il n'y avoit aucune apparence que la terre, par cette submersion, eut pû si fort changer de forme, mais que quand il seroit vrai que la superficie fut de tout à fait unie, devenuë aussi raboteuse qu'elle nous le paroit, il étoit impossible que cela eut pû forcer un si solide corps à marcher dix fois plus lentement qu'il n'avoit fait: ce qui se confirme par l'exemple, qui vient d'être proposé, d'une boule de métal, en ce que si on la couvre en partie de gros grains de sable, qui par raport à sa grandeur, sont infailliblement plus élevez, que ne sont les Alpes & les Pirénées, à l'égard du globe, qui les soutient, la difference qu'il y aura du nombre de ses révolutions, à celui de celles qu'elle fait lors qu'il n'y a aucune inégalité sur sa superficie, ne sera pas fort considerable.

Un Lutherien Danois, & partisan d'un déluge universel, ne pensant pas qu'il fut nécessaire de multiplier les objections, que l'on auroit encore pû faire contre une proposition, qui étoit sufisamment réfutée, soutenoit que suivant les argumens que Mr. des Cartes employe dans ses principes, la Terre renfermant en elle même la matiere subtile, qui la faisoit conter au-
tre-

trefois parmi les étoiles fixes, & qui est la véritable cause de sa mobilité, quoi qu'elle se soit couverte à la longue, d'une grosse croute, capable de nuire à son mouvement journalier, il est néanmoins, poursuivit-il, incontestable qu'elle auroit malaisément cessé jamais de tourner, & que son ralentissement ne nous auroit pas même été sensible pendant le cours de notre vie. Mais la Providence, ayant résolu de faire périr le genre-humain par les eaux, elle a été contrainte d'en créer une quantité de nouvelles, capables d'exécuter son dessein, qu'elle n'a pas trouvé à propos ensuite d'anéantir, mais qu'elle a réléguées dans les entrailles de la terre: de sorte que la matière subtile, qui occupoit ce grand espace, ayant été en partie forcée d'en sortir pour lui faire place, ce qu'il en est resté a si peu de force que notre Globe tourne huit ou dix fois plus lentement à cette heure qu'il ne faisoit avant ce facheux événement. Ce discours fut goûté de plusieurs personnes de bon sens, mais après en avoir examiné les circonstances, on trouva que quand il n'y auroit point d'autres difficultez, s'il étoit effectivement entré de l'eau dans notre sphére terrestre, son opération auroit dû être si remarquable qu'on s'en fut incontinent aperçû, au lieu que nous savons que Noé a encore vécu autour de trois cents ans, après qu'il fut sorti de l'Arche, & qu'ainsi il avoit atteint l'âge de la plûpart de ses prédécesseurs, ce qui n'auroit pas pû être, si la Terre avoit tourné si lentement, & que les jours eussent été par conséquent aussi longs que nous les voyons.

Un Théologien qu'une trop longue attention génoit, oposa à ces curieuses remarques, l'autorité de l'Ecriture sainte, qui nous impose la nécessité de regarder comme un chatiment, le racourcissement de notre vie, qui n'auroit aucun fondement si ce que nous perdons d'un côté, en la multitude des années, étoit récompensé de l'autre, par la longueur qu'ont presentement les jours. Mais on lui fit voir à l'oeil, par des preuves incontestables, & entre autres, par ce qui est dit de l'arc-en-Ciel, que Dieu n'a pas eu alors dessein de changer la nature des choses, mais simplement de leur donner une autre signification. L'Iris étoit autrefois un signe certain qu'il pleuvoit dans la partie du Ciel oposée à celle où l'on voyoit le soleil : maintenant ce signe, en conservant pourtant sa nature, est devenu le sceau de la promesse que l'être des êtres nous a faite de ne plus permettre que nous périssions par les eaux. De maniere qu'il en est ici comme d'un scelérat, que l'on fait mourir sur une rouë, en signe de ce qu'il a transgressé la Loi, mais qui n'eut pas laissé néanmoins d'expirer pour cela, en conséquence des vicissitudes auxquelles notre nature caduque & fragile est sujette.

Enfin un Mathématicien Anglois consentoit bien avec les autres que la durée des hommes avoit toûjours été égale, mais il ne convenoit point avec eux de la cause de cette inégalité, tout ce qu'on en avoit dit n'étoit, selon lui, qu'un simple jeu d'esprit, & il s'imaginoit fortement que la méprise venoit de ce que nous prenions dans un sens propre, ce qui au fond n'est que figuré, & ne doit nullement être entendu à la lettre. Les plus grands genies, qui nous soient connus, continua-t-il, ont cru, comme les Egyptiens, ce que soutiennent encore la plûpart des Orientaux, que le monde est indéfini, & par raport à son étenduë, & à l'égard de sa durée. La création de la Terre, & en particulier celle de l'homme, peut être de plus nouvelle date, cepenpendant on en ignore le commencement. Moïfe, dont les lumieres devoient être fort étenduës, ne doutoit pas de cette vérité, peut être n'a-t-il pas fçu que les Chinois montroient déja alors une lifte chronologique d'une quantité prodigieufe de Princes, qui les avoient gouvernez: mais il n'eft pas vrai-femblable qu'il ait ignoré que les Chaldéens, & principalement fes compatriotes, étoient en poffeffion de tables Aftronomiques, où l'on voyoit au jufte le nombre des Eclipfes, qu'ils avoient obfervées depuis plus de cinq cents mille ans, fuivant le témoignage de Platon, de Ciceron, de Laërce, de St. Auguftin, de Diodore &c. Nonobftant les ténébres épaiffes que ce fage Legiflateur voit régner dans ces efpaces immenfes, où le plus fubtil Philofophe n'auroit avancé qu'à tâtons, il fe fait jour par la raifon, au travers de cette noire obfcurité, il remonte jufqu'à la fource des tems, qui étoit peut-être diftante de lui de plufieurs milions de révolutions annuelles, & n'en pouvant faire le dénombrement, qui feroit à la vérité inutile, & d'une lecture fort ennuieufe, il n'envifage tous les Animaux raifonnables, depuis Adam jufqu'à Noé, que comme

B 5

que les membres d'un corps apartenant à un même chef. Cependant en évitant d'être prolixe, il ne veut pas non plus se renfermer dans les bornes étroites de l'unité, il y ajoute un zero, & réduit par ce nombre défini de dix générations, une quantité de peres de famille, qui étoit, pour ainsi dire infinie, il les distingue, il les nomme l'un après l'autre, ce qui n'est pas sans exemple ailleurs, & afin que l'espace limité du premier jusqu'au dernier, ne nous paroisse pas trop court, & n'éloigne pas assez la création de l'Univers, d'un deluge, qui en exclut à huit près, tous les habitans, il ajoute aussi un O. à leurs années, de sorte qu'au lieu de 93. il donne à Adam 930. ans & à Mérucela 969. en la place de 96. & 9. mois, qui est effectivement le tems que nous vivons encore au plus à présent, & lequel convient mieux à notre nature infirme & de peu de durée; outre que par là on se met à couvert des reproches, que l'on nous fait d'une part d'ajouter foi à une histoire, qui s'oposant aux preuves & aux démonstrations évidentes des autres peuples, ne sauroit être entendue à la lettre : & de l'autre on évite les railleries froides de certaines gens,

au-

au sujet des anciens personnages, que l'on fait vieux de cent & tant d'années avant que d'engendrer leur semblable, là où il est à présumer que la nécessité de peupler la Terre, suivant l'ordre positif du créateur, joint aux climats chauds qu'ils habitoient, les devoit rendre amoureux de meilleure heure qu'on ne l'est ordinairement en Italie, où il se contracte pourtant assez souvent des mariages, dont les deux parties ne peuvent pas faire ensemble la somme de vingt cinq ans. L'Historien sacré, poursuivit cet habile docteur, a sans doute aperçû quelque chose de mistérieux dans ce nombre de dix, puisqu'il s'en sert en bien des endroits, comme le Saint Esprit affecte dans toute l'Ecriture de déterminer par celui de sept, une quantité, qui selon toutes les apparences, est plus grande, ou plus petite. Car au fond, peut on dire que nous soyons obligez de croire que la semaine tire son origine du tems que Dieu a employé pour l'œuvre de la création? Puisqu'en qualité de cause premiere, penser & faire sont pour lui la même chose: & que s'il s'est servi des causes secondes, il doit peut être y avoir mis plus de cent mille ans? Que ce soit de sept fois au double que sera puni celui, qui tüera Cain ? Que Noé lâche de sept en sept jours un pigeon de son arche pour aprendre par là, si l'eau couvre encore toute la Terre ? Que Pharaon voit justement en songe, sept vaches & sept épis ? Et sans m'arrêter aux sept chandeliers : aux amis de Job, qui restérent sept jours auprès de lui sans dire un mot, aux sept Anges ; aux sept trompettes ; aux sept fioles, aux sept Eglises &c. Est il croiable, dit-il, que l'Armée des Israëlites, qui étoit nombreuse, après avoir environné la superbe ville de Jérico, où sept sacrificateurs sonnérent de sept cors, fit au septiéme jour, sept fois le tour de cette grande cité, avant que les murailles en tombassent ? Vû que cela est absurde, en ce que le nombre des Assiégeans, & de leurs femmes & enfans, qui les accompagnoient, étoit trop considérable pour leur permettre d'exécuter qu'à peine une ou deux fois, ce que Josué prétend qu'ils ont fait sept.

Plusieurs des Assistans se récriérent contre cette pensée, mais comme l'heure de nous séparer étoit expirée, je me contentai de dire que de quelque maniere que j'envisageasse la chose, ce m'étoit toûjours un sujet de douleur, puisque quand
même

même on pourroit démontrer mathématiquement que nous vivons auſſi long-tems que l'on vivoit au commencement du monde, j'aurois beaucoup plus de plaiſir à entaſſer ſiécle ſur ſiécle, qu'à me voir borné à un terme de ſoixante ou quatrevingts ans : comme il eſt ſeur que l'on a plus de ſatisfaction à compter un héritage de cent mille écus, que l'on vient de faire, en eſcalins de Hollande qu'en doublons d'Eſpagne ; la joye, que l'on en reçoit, peut être égale, par raport à à la ſomme, mais elle dure plus long-tems, en examinant ces premieres eſpéces que les ſecondes.

Ma chére épouſe, continuai-je, a parcouru tout un jubilé, elle eſt entrée dans la cinquantiéme année de ſon âge : je veux que ce terme ſoit égal à cinq cents des années de Seth, & qu'elle en ait encore à peu près autant à vivre, il eſt conſtant que ma ſatisfaction ſeroit bien plus grande de voir avec elle Apollon faire, par exemple, quatre cents fois le tour du Zodiaque que quarante, pour rapide que pût être le cours de ce bel Aſtre du jour. Mais c'eſt folie d'y penſer. Puis que l'imagination a tant de force ſur notre eſprit, qu'elle nous fait ſouvent

jouir

jouir d'un bien, que nous ne devons posséder qu'en idée, flatons nous plutôt de ne devoir jamais avoir de fin, c'est le véritable moyen de ne se point apercevoir du moment qu'Atropos viendra couper le fil de nos jours, parce que l'on ne conserve guere son jugement jusques au dernier soupir de la vie, & qu'il ne faut qu'un peu de foi pour nous rendre éternellement heureux.

Pour moi, si je n'ai pas l'avantage de l'être comme je le pense, je le suis du moins à cet égard : j'ai des amis, je ne suis point entièrement dénué des biens de la fortune, mes enfans sont honnêtes gens, & ce qui est le principal, je suis en possession de la perle de toutes les femmes.

Le desir que j'ai de garder long-tems ce rare bijou, m'engage tous les ans à intéresser le Ciel, par des vœux ardens pour sa conservation & sa durée : vous avez vû ceux des années précedentes, il est juste de vous faire part de ceux-ci; j'espére que vous les trouverez dignes de vous être communiquez, & que vous me ferez la grace d'être persuadé que je suis &c.

NB. Lisez la lettre 75, du premier tome, elle a beaucoup de raport à celle-ci. Comme me le Monde habité a eu un commencement, on fera voir qu'il faut qu'il ait aussi nécessairement une fin.

## LETTRE III.

### à Mr. de Schimmelpennink.

MONSIEUR,

ETant jeudi à la campagne chez un Gentilhomme de mes amis, quelqu'un de la compagnie nous entretint de vos longues amours avec Mademoiselle *Bekker*. Ce sujet, qui est curieux, pour la rareté des circonstances, nous divertit également. Pour moi, j'y trouvai de la matiere pour exercer ma plume quelques momens : en effet, j'y travaillai d'abord que je fus de retour, & je composai une centaine de vers irréguliers, dans la pensée de les faire mettre sous la presse ; mais ayant envoyé querir l'Imprimeur, il m'aprit que d'autres m'avoient prévenu, & qu'il vous croyoit même mariez. Quoique je vous sois peut-être inconnu, la mémoire de feu Monsieur de *Wintsum* le député, qui auroit bien pû failler de mes lettres, comme me j'en ai conservé des siennes, m'est si précieuse, & j'ai tant de joye de ce que vous vous alliez à sa famille, en épousant la Niéce de Madame son épouse, que tels qu'ils soient, ces méchants vers, je prens la liberté de vous en envoyer une copie, écrite de ma main. J'espére, Monsieur, qu'ils ne vous déplairont pas, puis que je n'y ai eu que votre divertissement en vûë. Je ne vous dis point qui je suis, si je vai jamais à Zutphen, j'aurai l'honneur de vous aprendre mon nom, & de vous assurer en même tems de bouche, que j'ai raison de me signer, &c.

## LETTRE IV.

### à Monsieur de Keppel.

JE ne sai, Monsr. ce que nous avons fait d'extraordinaire, mais il faut que le Ciel soit extrémement courroucé contre nous : depuis l'an mille six cents septante deux nous avons été dans des apréhensions mortelles d'être entiérement subjuguez par nos ennemis, & à peine avons nous commencé à respirer, & à goûter les fruits doux & agréables d'une paix, que nous avions souhaitée si long-tems, que

que nous voici rentrez dans une triste & funeste guerre, & cela sous le vain prétexte qu'il n'est pas bon qu'un des Princes de la maison de Bourbon devienne Roi d'Espagne. Assurément ce procédé me surprend : je ne saurois comprendre comment des gens, qui aiment si fort le repos, qu'ils sacrifient souvent tout ce qu'ils ont pour l'obtenir, lors qu'ils sont dans le moindre trouble, peuvent maintenant s'embarquer dans une affaire d'une conséquence si prodigieuse.

Si c'étoit un seul homme, qui dut être monarque de deux grands Royaumes ensemble, on auroit sans doute raison de faire une tentative pour l'empêcher, mais cela n'étant pas, je m'assure que quelque clair-voyans que soient nos souverains & leurs alliez, ils se repentiront tôt ou tard d'y avoir seulement pensé. Car enfin, que nous importe au fond que ce soit Charles ou Philippes, qui parvienne à cette couronne? Est-ce pour favoriser la Religion Protestante? Point du tout, ils sont Catholiques, l'un & l'autre, & également acharnez contre ceux de notre Communion. Est-ce par des mouvemens de gratitude, à cause des obligations, que nous avons à la maison d'Autriche?

Enco-

Encore moins, puis qu'il n'y avoit point de Prince, dont cette République ait reçû de secours plus considerables, depuis le moment de sa fondation, que de la France. Peut être étoit-ce pour ses propres interêts, mais c'est un fait que la reconnoissance ne nous permet pas d'examiner à la rigueur, il sufit que nous nous en sommes bien trouvez. Notre choix ne se peut donc faire qu'en vûë de borner l'ambition d'un conquérant, qui tend à la monarchie universelle : de tenir une juste balance en Europe, & d'assurer de plus en plus, notre commerce, sans la continuation duquel il est impossible que les Provinces Unies subsistent : en cela il est incontestable que l'on se trompe visiblement. L'expérience m'a fait voir depuis autour de cinquante ans que je suis au monde, qu'il y a rarement plus de jalousie qu'en de proches parens, qui font une même profession, qui se mêlent d'un même négoce, ou qui sont commis au gouvernement d'un même pays, c'est une vérité, dont je pourrois citer mille exemples. Ainsi j'ose soutenir hardiment, comme cela m'arrive tous les jours dans les meilleures compagnies de cette ville, que si on laisse les choses aller

leur

leur train, elles se termineront bien tôt à notre avantage; au lieu que si nous nous oposons à ce torrent, nous allons nous énerver, & au bout du compte, nous n'y ferons que de l'eau toute claire. En effet, aussi tôt que le petit fils verra que son grand pere veut s'agrandir à son préjudice, il ne manquera pas d'être le premier à s'oposer à ses progrès; & quand il seroit assez lâche pour le soufrir, les premiers de son Royaume ne le permettront en aucune maniere, outre qu'il y a de tems immémorial, une si prodigieuse antipathie entre ces deux nations là, qu'il n'est pas vrai-semblable qu'elles vivent long-tems dans une parfaite intelligence. Les Espagnols se méfieront toûjours des François: ils connoissent la candeur des négocians Hollandois, ils sont accoutumez à trafiquer avec eux, & je ne voi rien capable de leur faire prendre le change que la trop grande ardeur, que nous allons témoigner par nos démarches de les vouloir conserver à quelque prix que ce soit. Mais quand cela ne seroit pas, je voudrois bien savoir de quels moiens on se servira pour tirer Philippe de Madrit, lors qu'il y sera une fois ancré. Louïs le grand est à portée pour le secourir au besoin,

de

de toutes les manieres, & autant de fois qu'il le voudra, au lieu que nous ne saurions y envoyer des troupes qu'il ne nous en coute des sommes immenses, & encore est il fort à craindre que les gens qu'on y débarquera n'y puissent subsister, tant par raport au climat, qui est bien different de celui ci, qu'à cause de la difficulté qu'il y a de leur fournir les choses nécessaires, pour les faire agir & les faire vivre.

On forcera le Roi de France, dit-on, à renoncer à ses prétentions, en portant le fer & le feu dans son Royaume. Il faut selon moi, être bien innocent, ou bien téméraire, pour tenir un semblable langage. Est-ce un Evêque de Munster ou quelque Roitelet, à qui nous avons à faire? Ne sait on pas outre cela, que les Pays-bas Espagnols, qui servent de barriere à notre ennemi & à nous, sont remplis de forteresses imprenables, qui sont un obstacle invincible à l'exécution d'un si grand dessein? Une troupe de douze à quinze cents chevaux, quelque ravage qu'elle fasse dans une course rapide de cinquante ou soixante lieuës, n'est pas capable de cela; & si l'on y employe une armée, les païsans auront incontinent
ordre,

ordre, comme cela s'eſt vû autrefois, de ſe ſauver, d'emporter ce qu'ils pourront, & de brûler tout le reſte, afin qu'il n'y ait abſolument rien à trouver. Qui eſt-ce qui avitaillera alors un camp de vingt cinq ou trente mille Soldats ? Nos convois ne ſeront ils pas en danger d'être pris les uns après les autres, & ne ſerons nous pas contraints de nous en revenir ſur nos pas, ſous peine de mourir de faim ? Mais je veux encore que notre flote s'empare de quelque havre de Normandie, où nous puiſſions envoyer par mer des munitions pour nos gens. L'Armée ennemie, que je ſupoſe toûjours avec raiſon, auſſi nombreuſe que la nôtre, aprenant que nous avons fait un ſi puiſſant détachement, reſtera-t-elle cependant les bras croiſez ? Nullement, à moins que nous ne lui opoſions une autre puiſſance égale à la ſienne, il faut pour cela que nous ſoyons de beaucoup ſuperieurs en nombre, contre ce que nous avons poſé, c'eſt ce que nous verrons malaiſément. Nos alliez eux mêmes ne nous veulent pas aſſez de bien, pour faire de ſi grands efforts à l'avantage d'une petite République, qui donne de l'ombrage aux autres Princes, qui ſeroient la plûpart bien marris qu'elle vint à un degré d'élévation capable de faire la loi à l'un des plus grands Monarques de l'Univers. Je veux pourtant encore que l'on réduise la France à cette extrémité qu'elle mette les armes bas, & qu'elle promette de ne secourir le Roi d'Espagne, ni de monde, ni d'argent; s'imagine-t on qu'ayant licencié ses troupes, on les empêche d'entrer dans le service de Philippe ? Il aura donc des soldats: le Dauphin, ses freres, mille particuliers lui fourniront de même des deniers; & ainsi je pose en fait qu'il sera impossible de l'arracher de chez lui. Il ne reste donc plus sinon qu'on oblige le Roi très Chrétien à le rapeller lui même, & à le contraindre de revenir : cela ne se fera jamais, & les Espagnols, avant que l'on en vienne là, si cela étoit possible, se seront si bien accoutumez à ce jeune Roi, qu'ils se laisseront plutôt exterminer que de le soufrir eux mêmes.

De tout cela je conclus que nous ferions infiniment mieux de nous tenir dans l'inaction, que de nous jetter dans un labirinte, dont l'issuë nous est absolument défenduë, & qui va achever de nous épuiser à tous égards. Ce sont du moins mes conjectures, Dieu veuille que les événemens n'y répondent pas, je l'apréhende

hende pourtant; le tems décidera de tout.

Pour vous, Monsieur, à qui le sang & le carnage est le véritable élément, il ne faut pas douter que vous n'ayez des sentimens tout à fait contraires aux miens. J'aime naturellement la paix, cela s'accorde avec mon tempérament, & n'est pas incompatible avec ma bourse, que de nouveaux impots, pour subvenir aux grands préparatifs, que l'on fait; va mettre aux abois. Vous au contraire, trouvez votre intérêt dans la guerre, qui ne sauroit manquer de faciliter votre avancement; nous verrons ce que le public, dont le jugement doit être préféré à celui d'un particulier, en dira. Le bon Dieu nous donne ce qui nous est nécessaire; je suis, &c.

## LETTRE V.

*à Monsieur Fierfen.*

MONSIEUR,

JE ne sai si je me trompe, mais je croi que ce qui vient d'arriver près d'Hogstédt, rompt entièrement les mesures des François & des Bavarois. Ils se flatoient
de

de bien des avantages, qui viennent de s'évanouir dans un instant. Le Roi de France devoit succéder à l'Empereur Léopold: le Duc de Baviére avoit résolu d'être Roi de Bohême, & peut être de Hongrie. Ensuite le dessein étoit formé d'aller subjuguer tout l'Univers. Il a plû au Ciel d'en disposer autrement: au lieu que selon les aparences, le gain de cette bataille les faisoit triompher de l'Alemagne, la perte totale, qu'ils en viennent de faire, abat absolument l'un, & ébranle extrémement l'autre.

Mais il n'est pas question de cela, vous savez le détail de tout ce qui s'est passé à cet égard, & vous n'en ignorez pas les conséquences. Ce que vous ne savez pas, c'est que ma petite muse a trouvé le sujet trop beau pour s'en taire, elle m'en a diverti quelques momens, & c'est de ce divertissement qu'il s'agit de vous faire part, avant que d'autres y participent. Je vous dois les prémices de tous mes ouvrages, & j'ai toûjours soin de vous les offrir avec toute l'exactitude dont est capable, &c.

## LETTRE V.

### à Monsieur Encktil.

MONSIEUR,

JE trouve dans votre agreable lettre, comme dans toutes les actions de la vie, des sujets d'une grande joye, & d'une tristesse accablante. Vous avez perdu votre bagage, une quantité considérable de livres choisis, plusieurs rares Manuscrits, les fruits pénibles de mille veilles, le travail de vos mains, & les productions de votre esprit, ces enfans favoris, que bien des Philosophes ont preferé aux enfans de leur propre chair : cela est sans doute mortifiant, vous avez raison de vous en plaindre, & j'aurois tort si je ne participois à votre malheur. Cependant quelque fâcheux que vous paroisse cet accident, pour peu que vous y fassiez de réflexion, vous m'avouerez qu'il ne peut être mis en paralléle avec le bien, que la Providence vous a fait, de conserver le principal, je veux dire votre personne, puisque toutes ces curieuses nipes n'en étoient qu'un fort petit accessoire : la vie est toûjours infiniment plus précieuse que le vêtement : il n'y a selon moi, aucune proportion de l'un à l'autre. Vous avez passé heureusement la mer, sans être tombé entre les mains des Pirates, comme a fait le vaisseau, où vous aviez chargé vos hardes, vous êtes arrivé en parfaite santé dans votre Patrie, vous y avez trouvé vos parens dans l'état où vous les souhaitiez : la douceur de cette circonstance doit seule temperer l'amertume de toutes les autres, & vous les faire même entiérement oublier : j'en sens du moins une joye qui dissipe tout le chagrin, qui m'avoit saisi en parcourant votre relation. Mais ce qui me charme davantage, c'est, Monsieur, que vous êtes d'un naturel si genereux, & tellement porté à la reconnoissance, que quelque maigre qu'ait été le traitement, auquel vous avez participé en ces quartiers, il n'a pas laissé néanmoins de faire une si grande impression sur vos sens, qu'il semble que vous vous faites un plaisir d'en rapeller souvent les idées : je vous en suis bien obligé en mon particulier : cependant permettez moi de vous dire que c'est un point, où il y a du réciproque, & où le moindre de vos amis prétend vous

dis-

disputer la préférence. Il n'y en a pas un, qui ne soit plein de vos honnêtes manieres d'agir, & qui ne s'en fasse un juste modéle: nous nous voyons rarement que nous ne nous en entretenions, sur tout Madame la Générale d'Itersum conserve pour vous une estime, que ma plume auroit de la peine à vous exprimer. Enfin, je puis dire que vous êtes dans une parfaitement bonne odeur chez nous, & qu'il n'y a personne, qui ne vous regrette, qui ne vous embrasse du plus profond de son cœur, & qui ne vous souhaite ardemment du bien, des emplois & une Epouse, proportionnez à vos mérites. Toute ma famille vous rend encore un million de graces des amitiez que vous lui avez témoignées, elle ne cesse de faire des vœux pour votre conservation; souvenez vous toûjours des membres, qui la composent; pensez au chef, comme il pense à vous, & je vous assure qu'il fera profession d'être toute sa vie, Monsr. &c.

## LETTRE VI.

### à Monsieur Hibelet.

N'Avois-je pas raison, Monsieur d'être un peu fier de ma premiere production? Je me doutois bien qu'à la fin je me ferois honneur de mes ouvrages, & que ma réputation s'étendroit un jour au delà des bornes de *l'Over-Yssel*. Dans l'espace d'un mois, ma dissertation sur les sens a franchi un trajet de trente lieuës. Oui, Monsieur, le croiriez vous, si je ne vous le disois moi même? Elle a fait son entrée dans la superbe ville de Rotterdam, avec l'aplaudissement des savans, au son des trompettes, & au bruit de cent pieces de gros Canon; oui, au bruit du Canon, mais au bruit du Canon que plusieurs gros vaisseaux faisoient ronfler à l'heureuse arrivée d'une riche flote d'Angleterre. Monsieur *Chauvin*, après l'avoir examinée de près, a bien voulu se donner la peine d'en faire un extrait, & de l'inférer dans son journal des mois de mars & d'avril de l'année 1694. de sorte qu'en faisant à mon ordinaire, la lecture de ce livret, sans penser non plus au mien qu'aux visions de l'Alcoran, je fus frapé d'étonnement de m'y trouver, tracé d'un pinceau subtil, & représenté avec les couleurs les plus vives & les plus éclatantes que la Rhétorique nous fournisse. Les titres de docte, de grand homme, de célébre mathématicien, d'habile Philosophe, & autres semblables, ne lui coutent que la peine de les écrire: il en arrondit ses périodes, & ne croit pas les devoir commencer ni finir sans cet ornement. Cela est beau sans doute, cela est agréable, cela est chatouillant: mais savez vous bien que la multitude de ces épithétes là m'est suspecte? J'ai bien de l'obligation à Monsieur *Chauvin*, & je lui en ai d'autant plus que je n'ai l'avantage de le connoître que par ses écrits, qui persuadent assez qu'il a de l'esprit, & beaucoup d'érudition, mais j'appréhende qu'il ne me flate, ou qu'il n'entende pas les mathématiques à fond. J'oserois même gager, à en juger par ce qu'il en dit à l'égard de mon Oraison, qu'il y est aussi neuf que je le serois à radouber un navire. Il est vrai qu'on n'est pas obligé d'être versé dans toutes les siences, il n'y a personne, qui en soit capable, personne qui ait le tems de s'y appliquer: mais je voudrois que l'on l'on fut d'aſſez bonne foi pour l'avoüer.

Bien loin de là, chacun veut paſſer pour univerſel, & ſouvent juger des ſons ſans avoir apris les élémens de la Muſique.

Cela me fait ſouvenir qu'ayant demandé un jour à un Docteur de ma connoiſſance, qui ne faiſoit que de ſortir de l'Egliſe, quel étoit le Paſteur, qui avoit prêché, il me répondit que c'étoit un étranger, qu'il ne connoiſſoit pas, mais que c'étoit un homme excellent, un Prédicateur incomparable. Jamais, jamais je n'ai rien oui de ſemblable, ajouta t-il, au prêche, qu'il vient de nous donner. Où a-t-il pris ſon texte, pourſuivis-je? Attendez, continua-t-il, un moment de patience, ..... Il me ſemble que c'eſt dans le nouveau Teſtament; à vous dire vrai, je ne m'en ſouviens plus, je n'ai pas aſſez bonne mémoire pour cela. De quoi vous a-t-il donc entretenus, lui demandai-je? des plus beaux ſujets du monde, me répondit-il. Mais encore racontez m'en quelque choſe, repris-je. Je ne ſaurois certes, me repartit il, la matiere étoit abſtruſe, & il a été difus & ſi obſcur, que bien que j'aye été fort attentif, & charmé de ſon beau diſcours,

il

il m'a été impossible d'y rien comprendre. C'est le foible de bien des gens d'admirer ce qui est au dessus de leur portée. Si ceux qui se mêlent de composer des journaux, vouloient bien faire, ils ne publieroient jamais le précis d'aucun traité, qui n'est pas tout à fait de leur ressort, avant que de l'avoir communiqué à son Auteur, ou à quelqu'un, qui excelle dans cette faculté, de peur d'en parler d'une maniere trop avantageuse, ou de le faire donner dans le galimatias.

Mais enfin, qu'étoit il aussi besoin que j'allasse décharger ma bile sur un homme, qui m'accable de civilitez? N'est-ce pas payer un bien clair & liquide d'une noire ingratitude? A Dieu ne plaise que ce soit là mon dessein, je vous jure que je suis extrémement sensible à ses honnêtetez, & que je voudrois trouver l'occasion de lui donner des marques de ma reconnoissance. Ce que je vous en ai dit, Monsieur, n'est que pour insinuer que je me soucie peu des loüanges, ou il faut, s'il échape à quelqu'un de m'encenser, que je sois convaincu que c'est avec fondement, & non pas sans connoissance de cause. J'ai remarqué depuis que j'ai le bien de vous connoître, que c'est là aussi si précisément votre caractére : vous ne vous amusez guére à dire beaucoup de bien ou beaucoup de mal de quoi que ce soit, sans voir clair dans les raisons, qui vous y engagent : vous venez de me confirmer cette vérité dans votre derniere lettre. En effet, vous n'avez pas tort de me me rien dire de positif d'un ouvrage, qui dépend principalement de la connoissance des grandeurs; mais je prendrois de mauvaise part, si vous me cachiez votre sentiment au sujet de mes lettres, du moment que j'en ferai part au Public. En attendant je reste, &c.

## LETTRE VII.

*à Monsieur Gurtler.*

MONSIEUR,

IL est constant que la qualité est ordinairement préférable à la quantité ; en de certaines rencontres pourtant, elles sont agréables l'une & l'autre : à l'égard de celle-ci, vous ne sauriez nier que vous ne m'ayez très mal partagé : par raport à l'autre, j'ai lieu d'être le plus content de tous les hommes. Oui, Monsieur, je vous

vous jure qu'encore que votre lettre fut si petite qu'à en juger par son poids, j'aurois fait difficulté d'en payer la moitié du port, son contenu m'a paru d'une valeur inestimable. C'étoit beaucoup, je l'avouë, que vous m'ayez honoré de votre amitié pendant le séjour que vous avez fait parmi nous, mais c'est quelque chose de bien plus considérable que notre éloignement ne l'ait en rien diminué, & que vous continuiez d'une maniere, qui me paroit si sincére, à me donner des marques de la haute estime que vous avez euë pour un sujet, qui doute de l'avoir jamais mérité, jusqu'à souhaiter que je vous accompagne à Franeker, & par tout où l'on fait vocation de votre personne : cela se pourroit en qualité d'ami & de serviteur très humble ; comme Collégue, c'est une impossibilité. Vous êtes connu par tout le monde, chacun vous desire, chacun vous cherche, & je ne sai si j'ose me flater qu'il y ait des gens, qui m'aient seulement ouï nommer hors des portes de Deventer. Outre que les Mathématiques, qui sont d'ailleurs si utiles dans la societé, & si nécessaires dans les écoles, pour aider aux amateurs des belles Lettres à entrer avec plus de facilité & d'évidence dans la connoissance des arts, deviennent si peu à la mode, que l'on ne daigne presque plus y étudier. C'est donc en vain que nous faisons des vœux pour nous rejoindre. Je ne laisse pas cependant de vous en avoir une obligation infinie, & d'en être pénétré de reconnoissance. Je souhaiterois de tout mon cœur, de vous en pouvoir donner des preuves, qui ne vous permissent pas d'en douter, je m'y employerois assurément avec tout le zéle, dont je suis capable. En attendant ne discontinuez pas, je vous prie, à vous ressouvenir de moi, & soyez persuadé que je ne connois point d'obstacle assez grand pour m'empêcher d'être jusqu'au tombeau, &c.

## LETTRE VIII.

*à Monsieur Niland.*

MONSIEUR,

J'Ai fait de si petits progrès dans les langues, & je me sens si peu capable de juger de la valeur des remarques que vous venez de publier sur Phédre & sur Esope, que vous auriez raison de me faire passer pour le plus vain de tous les hommes, si je m'ingerois de vous en dire mon sentiment. Non, Monsieur, ne vous y attendez pas, je ne vous en parlerai que pour vous remercier très humblement de l'exemplaire, dont vous venez de me faire present, & pour vous assurer qu'il est déja placé, comme un joyau précieux dans une bague, au centre de ma bibliothéque. Ce sont des connoissances, qui sont hors de la sphére de mon activité, je ne les entends pas, je n'y vois goute.

Patience, j'hésite pourtant, il me semble que ces Auteurs, tout célébres qu'ils sont, se sont eux mêmes mélez de choses, qu'ils n'entendoient guére: ils étoient hommes, & ils ont voulu pénétrer dans les

les sentimens des bêtes, ils les ont fait raisonner en Philosophes, & leur dessein a été généralement aprouvé des savans. Leurs raisonnemens à cet égard, n'étoient pourtant que des conjectures, c'est un point, dont vous ne sauriez disconvenir; à moins que vous n'admettiez la Métemptychose: & moi, si je prouve que je suis fondé en expérience, est ce qu'il ne me sera pas permis d'ouvrir la bouche? indubitablement que cela me sera permis.

Phédre a deviné, c'est une question s'il a deviné juste; pour moi, je ne devine point. Je sai, & je le sai de science certaine, que le Grec vous est aussi familier que le Latin: je sai que vous êtes habile Historien, grand Jurisconsulte: & je sai encore que bien loin d'être bête, comme étoient les sujets d'Esope, vous êtes un docteur consommé dans ce que l'on appelle les beaux Arts: & je le sai d'autant plus, que j'ai même eu l'honneur de vous avoir pour disciple. Ne trouvez pas étrange, Monsieur, qu'après des témoignages si essentiels de votre érudition, & de la pénétration de vos pensées, je vous félicite de l'heureux succès de votre hardie entreprise, & des justes loüanges que la République des Lettres s'as'aprête à vous en donner. Ce n'eſt pas peu que de toucher à un ouvrage, qui a paſſé par les mains de tant d'habiles gens, il faut avoir l'ame grande pour oſer ſeulement y penſer.

J'eſpére que le Comte de Rechteren, auquel vous avez dédié votre livre, y ſera une ſérieuſe réflexion; il a des habitudes conſidérables en Allemagne, & je doute fort, s'il prend la choſe à cœur, que cela ne vous vaille une chaire de Profeſſeur. J'y perdrois, je l'avouë, c'eſt perdre de voir l'éloignement d'un parfait ami: mais enfin, à quoi ne ſe réſout on pas, lors qu'il s'agit de la fortune d'une perſonne que l'on eſtime. Je voudrois de tout mon cœur vous conſerver parmi nous, cela n'eſt pas impoſſible: cependant ſi la Providence en a ordonné autrement, je me flate que ce ne ſera que pour un peu de tems, & que l'on ne manquera pas de vous rapeller dans la Patrie. Quoi qu'il en ſoit, je me conſole en ſongeant que quelque diſtance que ce ſoit, qui nous ſépare, elle ne ſera jamais capable de diminuer notre amitié: vous m'avez promis de me conſerver la vôtre juſqu'au dernier ſoupir de votre vie, & je prens de nouveau le Ciel à témoin que je ſerai éternellement, &c.

LET-

## LETTRE VIIIE.

### à Monsieur Grotenhuys.

DE tout tems, Monsieur, il y a eu de la partialité dans le Gouvernement comme dans l'Eglise : il ne faut que lire l'Histoire pour en être convaincu. Cela n'est pas toûjours arrivé par des motifs de piété ou de justice, la politique & l'intérêt y ont eu ordinairement le plus de part.

Une preuve de cette vérité, c'est que suivant l'aveu de tout le monde, il y a un nombre infini de peres de famille en Angleterre, qui sont ravis d'avoir des fils, dont les uns sont Whigs, & les autres Toris, afin que quelque parti que ce soit qui domine, leur maison ait toujours lieu de subsister, & de se maintenir par ceux de ses membres, qui le suivent, au préjudice des autres. Autrefois on avoit ici des *Hoeks* & des *Cabellauw*: aujourd'hui les factions se distinguent par les noms de *Oude* & de *Nieuwe ploye*. La mort du Roi Guillaume est cause de cette nouveauté, ce Prince avoit à peine rendu l'esprit, que ces pauvres Provinces ont été en combustion, & qu'à une grande union a succédé une prompte & pernicieuse discorde. Vous savez les desordres que ces dissensions ont causez, il n'est pas nécessaire de vous en entretenir, & je n'oserois pas même bien le faire, ni vous en dire mes sentimens dans une lettre, de peur que ceux entre les mains desquels elle pourroit casuellement tomber, ne les aprouvassent pas. Je n'ai point voulu me mêler de ces differens, quoique j'en aye été fortement solicité, à condition de me faire entrer dans la Régence. Il y en a eu de plus hardis que moi à qui cela a réussi, à d'autres il en a couté la vie: il n'y a point de place de Bourguemaître qui vaille cela.

Tout ce que j'ai à vous communiquer presentement, c'est qu'entre ces intrépides Républicains, il s'en est trouvé qui se sont oubliez, jusqu'à aller assiéger & prendre des villes de Gueldre, qui s'oposoient en quelque façon au torrent. Dans ces entrefaites Mr. de *Wynbergen* envoya à ma femme un sac de ses navets, parce qu'il lui en avoit vû manger de bon apétit à sa table: étant familiers amis depuis bien des années, & sachant qu'il aime autant à lire des bagatelles, que je prens de plai-

plaisir à les composer, je lui fis à cette occasion le sonnet que je vous envoye. Il est un peu burlesque, mais du naturel que je vous connois, il ne vous en agréera pas moins : en tout cas, ceux qui veulent voir de mes ouvrages, sont fort sujets à n'y pas trouver le dernier sérieux. Une autre fois je vous ferai part de quelque piéce d'un autre genre, je n'en batis guére, qui ne varient, il n'y a que moi qui reste le même, & qui ne cesserai point d'être avec un zéle toûjours égal, &c.

## LETTRE X.

*à Monsieur de Unia.*

## MONSIEUR,

Nous avons beau faire les esprits forts, les foiblesses naturelles, qu'une mauvaise éducation fomente pendant les tendres années de l'enfance, laissent des vestiges si profonds dans notre cerveau, que l'âge de discrétion n'est pas capable de les effacer entiérement. En vain nous tachons d'oublier les contes borgnes de nos nourrisses, & de nous défaire des terreurs que le récit de la vûe de quelques fan-

fantomes imaginaires a excitées dans notre ame: aussi tot qu'il se presente un objet à nos yeux, où nous apercevons quelque chose d'extraordinaire, & dont nous ne pénétrons pas la véritable cause sur le champ, nous ne saurions nous empêcher de l'atribuer, les uns à un principe surnaturel, les autres aux démons, ou de rester du moins dans le doute. Vous avez une preuve convaincante de cette vérité, en ce qui vous arriva ces jours passez à *Isselmuyden*, & je viens de m'en apercevoir plus fort que jamais par un événement, qui mérite que je vous le raconte.

Il y a une quinzaine de jours qu'un Gentilhomme de mes amis, qui demeure à deux petites lieuës de cette ville, m'ayant fait inviter à aller diner chez lui, je sortis à l'ouverture de la porte, c'est à dire entre les quatre & cinq heures du matin, afin de marcher à la fraicheur, & de pouvoir jouïr tout le jour des plaisirs de la Campagne. Comme je passois un taillis de sept ou huit cents pas de long, j'avisai sur le chemin batu les caractéres suivans, tracez fort nettement, & environ de la longueur de cinq pouces. S: T: D: P. P: M: O. N. U.

U. L'envie de pénétrer dans la signification de ces lettres, me fit arrêter tout court, je les considérai avec toute l'aplication dont je suis capable, & je trouvai enfin que les sept supérieures étoient les initiales de mon nom & de mon caractére.

D'abord mon imagination en fut frapée d'étonnement, je ne savois à quoi attribuer la cause de cette écriture, dans un lieu, qui me paroissoit si peu fréquenté. Il n'y a point de chimére que je ne me figurasse à ce sujet : mais enfin, ce fut bien pis, lors que m'étant donné la géne pour entrer dans le sens des deux autres caractéres inférieurs, ou tracez au dessous des précédens, je m'allai opiniatrément figurer qu'ils devoient nécessairement signifier. *Non Ultra.*

Il ne faut pas mentir, cela me fit de la peine, je sentois incontestablement de l'émotion : & cette émotion augmenta sensiblement, lors qu'une pie s'étant venu percher sur un arbre à côté de moi, se mit tout d'un coup à crier, deux ou trois fois de suite, *Myn Heer sal it gelagh betalen*, Monsieur payera l'écot, après quoi elle s'envola. Cette circonstance acheva de me démonter, & de me persuader que j'étois menacé de quelque desastre. Je ne pou-

pouvois concevoir que tout cela fut naturel, j'y trouvois trop de mistére, & je ne savois à quoi me déterminer.

Comme je me retournois quelquefois pour voir s'il ne venoit personne, n'allai-je pas apercevoir un animal à deux piez, qui venoit à moi de toute sa force, avec un grand couteau à la main. Cet homme, qui me parut d'abord un fantôme, avoit la tête decouverte & mal peignée, les yeux rouges & enfoncez, un grand nez aquilin, la barbe extrémement longue & hérissée : il étoit d'une maigreur à faire peur, sans bas, sans souliers, & envelopé en partie, d'une méchante couverture blanche, qui n'étoit pas bonne à essuyer le pavé. Quoique j'eusse une bonne épée, je ne me trouvai pas assez hardi pour attendre ce furieux, comme je l'aurois sans doute fait dans toute autre conjoncture : je me jettai sans hésiter, dans le bois pour lui laisser le passage libre. A peine eut il passé l'endroit où j'avois été, que j'entendis la voix de plusieurs personnes, qui appelloient ce misérable à grands cris redoublez. La dessus m'étant avancé, j'avisai en effet deux hommes & une femme, qui couroient à toute bride, & qui me paroissoient extrémement alarmez. Je m'inm'informai de la cause de leur empressement, & j'apris de ces païsans qu'ils étoient frères de ce pauvre infortuné, qui venoit de passer, qu'il étoit fou, & quelquefois enragé depuis plusieurs années, ce qui les obligeoit de le tenir enchaîné: qu'il avoit rompu ses attaches, & qu'avant de s'enfuir, il étoit entré dans la cuisine, où il s'étoit saisi d'un dangereux couteau, dont ils apréhendoient qu'il ne fit quelque sotise: & que c'étoit pour cette raison qu'il y avoit une demi-heure qu'ils le poursuivoient sans l'avoir encore pû attraper. La joye, que j'avois de me voir avec des animaux de mon espéce, me fit machinalement travailler à une bonne œuvre, j'accompagnai ces pauvres gens, & me mis en devoir de leur aider à exécuter leur charitable dessein. En effet nous en vinmes à bout en fort peu de tems, à quoi ma petite estocade, dont il eut peur, & les promesses, que je lui fis, qu'on ne lui feroit point de mal, contribuérent beaucoup. Cependant nous étions sortis de ce bocage, toûjours en avançant mon chemin, de sorte qu'avant que je les quitasse, je voyois à découvert *Spyker bos.* Je n'y fus pas plutôt arrivé que le zele avec lequel cha-

cun

cun travailloit à me procurer du divertissement, me fit oublier pour quelque tems, ce qui m'étoit arrivé en mon voyage.

La premiere chose que nous fimes, fut de déjeuner, & de prendre le caffé, ensuite nous allâmes à la pêche, où nous primes des brochets & des tanches, en grande quantité : mais ce n'est pas dequoi il est question. Pour le faire court, midi vint, & nous nous mimes à table.

Pendant que nous étions occupez à escrimer des machoires, un des enfans de Mr. *Creyt* entre tout éploré, & demande justice du tort que lui venoit de faire le fils de Mr. de *Bos-Camp*, en ce qu'il avoit tué sa pie d'un coup de fusil. Le pére, assez surpris de ce récit, envoye aussi tôt un domestique pour s'informer des circonstances de ce fait.

Le valet revint peu après, & raporta que ce jeune Monsieur, étant sorti pour tirer aux moineaux, avoit vû cette pie sur un arbre, à plus d'un quart de lieüe de la maison, & l'avoit tuée sans la connoître. Comme chacun paroissoit triste de cet accident, & que j'avois de la peine à me conformer à leurs grimaces, la curiosité me porta à leur demander en riant, ce qui les obligeoit à témoigner

tant

de deuil à la mort d'un si chetif animal. On me répondit fort sérieusement que ce n'étoit pas sans raison qu'ils en étoient tristes, puisque cet oiseau, qu'ils avoient eu depuis bien du tems, & qui visitoit souvent dans un jour, tous les habitans du village, parloit comme une personne, qu'il proféroit cent choses divertissantes, & qu'entre autres, il disoit aux servantes, d'une manière à les faire éclater de rire. *So, so, alweer de kan in de hand? Tapt, Caronie, tapt, loop nae de kelder drinkt met Gerrit. So, so Myn Heer sal 't gelagh betalen* &c. A ces mots, je vous donne à juger de mon étonnement, il fut si grand, Monsieur, cet étonnement, que chacun s'en aperçût à l'instant, de sorte que je crus qu'il étoit alors tems d'en entretenir la Compagnie. On trouva le cas assez extraordinaire, & l'on s'en divertit fort agréablement; il n'y avoit plus que l'énigme des caractéres, qui me tenoit au cœur, & où je prétendois qu'il devoit y avoir du mistére, lors que le précepteur des enfans de ce Mr. me dit. Il ne sera pas plus difficile, Mr. de vous mettre en repos de ce côté là que de l'autre, & continuant son discours, il m'aprit qu'ayant acheté

une

une oraison, que j'avois fait imprimer, il y avoit quelque tems, il l'avoit prise le jour précédent, & étoit allé en faire la lecture à l'ombre des arbrisseaux du bocage voisin, & que s'étant enfin trouvé las de méditer, il s'étoit assis à terre, & du bout de son bâton, avoit tracé les lettres capitales de mon nom, qui étoit à la tête de ce petit livre, au dessous desquelles il avoit ajouté les siennes, savoir N: U: qui signifient Nicolas *Uylebooms*.

Vous voyez par là, Monsieur, s'il faut être prompt à tirer des conséquences fâcheuses de tous les événemens lugubres, qui nous arrivent. Pour moi, je crois qu'il est de la prudence, contre ce que j'ai fait ici, de les examiner patiemment, & d'en différer le jugement de jour à autre, puisqu'aussi bien, tôt ou tard, on trouve que ce ne sont que des bagatelles, & qu'il n'est rien de plus assuré que je suis veritablement &c.

LET-

## LETTRE XI.

*à Monsieur de Patot.*

Monsieur mon très cher frere.

IL est des tems auxquels on voudroit de certaines choses, que l'on regarderoit en d'autres, d'une maniere fort indifferente. Je ne vous ai rien dit autrefois sur votre incrédulité par raport aux oracles de l'Antiquité : les augures, les révélations, les fantomes, les aparitions, les sortiléges, & en général tout ce qui a du merveilleux, que les Payens ont admiré, & que bien des Chrétiens n'ont pas tout à fait révoqué en doute, cela, dis-je, vous a toûjours été un sujet de raillerie, sans que je vous y aye jamais contredit. Bien plus, quand vous auriez été souvent jusqu'à douter de la meilleure partie de ce que disent les gens les plus spirituels & les mieux éveillez, avant que d'avoir bien examiné la force de leurs raisonnemens, je ne sai si je me serois formalisé : & maintenant, au contraire, je serois presque d'humeur à vous vouloir imposer la nécessité d'ajouter foi

aux

aux rêveries des dormans. Mais pourquoi ne le feriez vous pas ? Si notre ame est une substance spirituelle, & absolument indépendante du corps, si elle pense continuellement, & si l'écriture même introduit les ames des saints parlant & discourant dans le séjour des bienheureux, pourquoi se dépouilleront elles de ces belles qualitez pendant le sommeil ? J'avouë bien que les esprits animaux, & les profondes traces du cerveau, qui sont comme autant de vestiges, où ils ont passé une infinité de fois, sont les principales causes de nos songes : mais il ne s'ensuit pas que l'esprit n'y ait point de part. S'il peut les abandonner au sort, comme un Nautonnier son navire dans la tempête, leur donner l'essor, & les faire ressembler à des fantomes & à des chiméres : il a aussi la puissance de les régler, & de les representer, par le moyen des organes corporels, avec toute la justesse que l'on remarque dans le discours le mieux conçû, ou dans le tableau le plus parfaitement peint.

Il y a de plus beaucoup d'aparence que, comme ces sustances sont entiérement détachées de la matiere, en ce qu'elles n'en sauroient être pénétrées, & qu'elles en sont seulement environnées de toutes parts, elles ont la faculté de découvrir l'avenir, de révéler le passé, & de voir dans un même instant, les choses éloignées, aussi bien que les presentes. Je pourrois vous confirmer cela par des exemples qui paroissent incontestables, mais il suffira de vous dire, si je ne me trompe, que le 23. d'Avril 1707. notre bonne mére, âgée, comme vous savez de 86. ans, étant venuë de sa chambre pour diner, se prit à me dire. Mon fils, il y a longtems que j'ai ouï dire à feu votre pere que les Philosophes & les Mathématiciens sont ordinairement un peu Pyrrhoniens, & n'ajoutent guére foi qu'aux véritez, qui leur paroissent démonstratives : & je n'ai pas oublié que vous avez quelquefois traité de contes de vieilles, le récit, que je vous ai fait dans les occasions, de songes parfaitement bien circonstanciez, & qui m'ont semblé même avoir eu leur accomplissement. Il faut pourtant que j'en raconte un à vos enfans, que j'ai fait deux fois la nuit précédente, la premiere avant minuit, la seconde entre les sept & huit heures du matin.

Il m'a semblé, poursuivit elle, que j'étois assise au milieu d'un valon enchanté, entrecoupé de plusieurs ruisseaux poisson-

neux

neux, & dont l'eau de cristal faisoit sur le fond raboteux & parsemé de petits cailloux argentins, mille cascades differentes, qui causoient un murmure extrémement divertissant. L'herbe verte y étoit entremélée d'un nombre innombrable de toutes sortes de fleurs odorantes, qui servoient de pature aux abeilles, lesquelles y venoient en foule à la picorée. Les arbres fruitiers, plantez à la ligne, y étoient si bas, que je pouvois en cueillir les meilleurs fruits, sans m'incommoder. A l'entour de ce lieu charmant régnoient quatre hautes montagnes, entre lesquelles il y en avoit de petites, qui paroissoient pour ainsi dire, comme autant de leurs rejettons.

Le soleil dardoit ses rayons à plomb sur la plus considérable, au sommet de laquelle il y avoit une troupe de jeunes Dames, belles, bien faites, & fort richement vétuës, qui jouoient de toutes sortes d'instrumens, avec tant d'art & de melodie, que j'en restai quelque tems comme extasiée. Il me sembloit, dit elle, voir un homme haut, & fort bien tourné, aux environs de ce concert, où le côteau paroissoit extrémement escarpé, qui faisoit des efforts extraordinaires pour s'a-

pro-

procher de ces rares chanteuses, mais une voix sortit du milieu d'elles, disant. Contente toi, mortel, d'avoir franchi, à trois pas près, les barrieres, qui vous séparent du séjour ordinaire des Dieux, ce qui te reste encore à parcourir, est inaccessible. Souviens toi, mon ami, que ces Intelligences immaculées t'ont fait part de leurs tresors les plus cachez. La branche d'olivier, dont ils ont bien voulu t'honorer, est un digne prix de tes travaux, qu'ils n'accordent qu'à un très petit nombre de personnes: n'aspire à rien davantage; il t'est défendu d'aller plus avant.

L'autre montagne, continua-t-elle, qui étoit à droite de celle là, étoit couverte de campagnes fertiles & abondantes en toutes sortes de fruits & de grains, mais il y avoit aussi une quantité prodigieuse de roses & d'épines, qu'une Dame majestueuse cueilloit alternativement, & qui sembloit tirer vers le côté, qui avoit bien à la verité le moins d'éclat, mais qui me paroissoit le plus uniforme.

La montagne, qui suivoit celle-ci, étoit entrecoupée de vignobles, de fromens, de ronces, de pointes de rochers, & d'un mélange infini de tout ce que j'ai oui nom-

nommer en ma vie. Sur le haut il y avoit, poursuivit elle, une grande femme, qui portoit écrit sur son front, la Renommée, & à deux cents pas de là, il me sembloit voir un homme, fort & robuste, avec des yeux étincelans, & tout couvert de feu, de sang & de poussiére, qui, nonobstant les prodigieux efforts qu'il faisoit, restoit toûjours en un même lieu. Ce spectacle, dit la bonne femme, en soupirant, me fit pitié, ainsi je tournai la vûë sur la quatriéme montagne. Celle ci n'étoit qu'un composé de métaux & de minéraux, dont l'odeur n'étoit point du tout agréable : on voyoit en un endroit un petit ruisseau de bitume, ici un petit étang de salpêtre, là une fontaine de vif argent, mais ce qui me paroissoit surprenant, c'est que tous ces differens corps, qui étoient dans une très grande agitation, se réunissoient assez près du pié de cette hauteur, où ils prenoient la nature de l'or. Cet or ensuite distiloit à grosses goutes dans un bassin, qu'un homme d'une taille médiocre, gros, gras & en bon point, avoit soin de vuider de tems en tems en tems, de maniere qu'il ne s'en perdoit pas la moindre petite partie.

Comme je réfléchissois sur ce qu'une quantité si considérable de ce précieux métal pouvoit devenir, je fus divertie par un bruit confus, comme d'une grande multitude de peuple, qui me fit machinalement tourner les yeux sur la montagne, que je venois de quiter. J'aperçûs alors que la Renommée remuoit fortement l'index, comme si par là elle avoit voulu faire signe à quelqu'un de s'aprocher d'elle : sur quoi le personnage, dont j'ai parlé, qui tenoit incessamment les yeux fichez sur les siens, s'étant mis les poings sur les hanches, leva brusquement le pié gauche, & avança d'un grand pas, après quoi il se mit à fraper des mains, & à crier d'une telle force, que je m'en éveillai en sursaut.

Assurément, ma mére, lui dis-je alors, si vous n'étiez pas d'un âge décrepit, & que vous fussiez moins sincére que je ne vous connois, je croirois que vous nous en imposez, & que vous venez de nous faire un conte à plaisir, puis que tout ce que vous avez dit convient si parfaitement bien à vos quatre enfans, qu'il n'y manque que ce grand pas pour avoir le dénouement de toute la comédie.

Je vous ai raconté, reprit elle, la chose comme elle s'est passée, sans penser seulement si cela a du raport à mes enfans ou non, si vous avez les talens de Joseph, vous n'avez qu'à nous en donner l'explication, je vous écouterai volontiers.

Il est aisé de vous contenter, lui dis-je, il ne faut pas avoir beaucoup de science pour cela. Premierement je m'étendis au long & au large sur la stature, l'état & la profession de chacun de ses enfans: ensuite je raportai en abrégé, ce qu'elle nous avoit communiqué de sa vision, & je conclus par lui faire voir qu'il y avoit tant de convenance de l'un à l'autre qu'elle en demeura toute surprise. Deux jours après je fus tout étonné à mon tour, que Mr. du Cailar, mon voisin, me vint annoncer que la gazette portoit à l'article de la Haye, que Messieurs les Etats de Hollande vous avoient honoré de la Lieutenance Colonelle de Mr. le *Brigadier Keppel*. Voila, ma foi, le grand pas du songe de ma mere, lui dis-je. Là dessus la bonne femme parut aussi aise de ce qu'elle avoit bien rencontré, que d'aprendre cette bonne nouvelle. Après cela, mon cher frere, pour ne vous plus parler de ce songe misterieux, il faut avoüer que vous n'avez plus lieu de vous plaindre,

dre. Vous avez un peu attendu, il est vrai, je sais, que l'on vous a fait tort en differentes occasions. *Tandem bona causa triumphat.* Vous voila pourtant entré dans un corps, où vous ne sauriez manquer d'être dans peu Colonel, puis qu'aux premieres promotions Mr. de *Keppel* sera infailliblement créé Major Général. Je vous en félicite de tout mon cœur: j'espére que la Providence vous gardera dans ce poste là, comme elle vous a conservé dans les autres, & qu'à l'issuë de la Campagne, que je vous souhaite heureuse & à mes enfans, vous viendrez ensemble redoubler notre joye par votre presence. Portez vous toûjours bien, & soyez persuadé que je suis véritablement &c.

## LETTRE XII.

### à Madame la Baronne d'O.

**MADAME,**

JE vous suis bien obligé de la bonté que vous avez euë de me renvoyer ma montre. Je remarquai bien hier au soir, qu'après l'avoir examinée & tournée de tous côtez, vous la mites en poche, sans y penser: Mad. D. s'en aperçût aussi bien que moi, elle me fit signe de m'en taire, se flatant sans doute que cette petite bévûë nous aprêteroit à rire pour aujourd'hui ; mais excusez moi si je vous dis que je ne vous sai point de gré de vouloir que je m'explique sur un terme que je lâchai malheureusement sans y songer, ou avant que j'eusse fait reflexion à qui je parlois dans une si grande compagnie : je souhaiterois que cela ne fut point arrivé, j'en ai de la confusion, je m'en repens, je vous en demande pardon.

En tout cas, Madame, quand j'y pense pourtant, sérieusement, je ne voi pas que le crime, que j'ai commis, soit irrémissible. Nous sommes auprès d'un feu, dont la rigueur du froid nous force d'aprocher de trop près, j'aprehende que votre visage n'en pâtisse, je vous presente un ecran pour le conserver ; vous le refusez, sous prétexte qu'il vous seroit inutile, & que vous n'aviez plus rien, qui n'eût passé : le tort que vous vous faites à vous même me frape, j'en demeure tout surpris, & il m'échape de vous dire que si nous étions plus familiers, cela mériteroit une douceur ; là dessus on veut que je parle, on prétend que je m'explique. Qu'entendez vous par là, Madame? expliquez vous vous même, je vous en prie: pour moi je vous avouë que je ne pénétre pas bien dans cette curiosité, des gens qui se trahissent eux mêmes, donnent occasion de ne se pas beaucoup fier à eux. Tout de bon, me croiriez vous bien assez malicieux pour avoir voulu faire allusion à la colation, que vous nous donnâtes ces jours passez, comme pour vous reprocher que les douceurs, que vous savez que j'aime à la folie, y manquoient? Qu'aurois-je pû souhaiter de plus qu'il n'y avoit, puis qu'il n'y a sorte de confitures & de sucades, qui n'y parussent dans la derniere profusion? Où seroit ce bien plutôt dans la vûë de me mortifier, à cause que j'en mangeai tant, que deux jours après j'en étois encore malade?

*Peut être m'y suis je mal pris,*
*Ou que je ne puis vous comprendre:*
*Vous deviez un peu vous etendre,*
*Et je vous eussé mieux compris.*

Vous faites bien l'ignorant, direz vous, à un bon entendeur il ne faut pas tant de paroles. Cela est vrai, je vous entends,

il

il seroit inutile de le nier, mais je ne veux pas moi presentement vous en conter. Vous imaginez vous que je sois toûjours d'humeur à faire le coquet & le galant? J'ai mes heures pour cela, comme pour toutes les autres actions de la vie. Hier, par exemple, que nous étions une grosse troupe de beau monde, ramassé ensemble, c'étoit le véritable tems de me faire expliquer sur des matieres de galanterie, je vous eusse dit cent belles choses. Maintenant que j'ai ma table couverte de Philosophes & de Mathématiciens, j'ai bien d'autres sujets à m'occuper qu'une femme. Croyez vous, Madame, vous, qui avez tant lû, que ce ne soit rien que d'accorder vingt Auteurs, qui se prennent aux cheveux sur le vuide, ou sur la simple divisibilité de la matiere? Vous imaginez vous qu'une question d'algébre, le calcul d'une Eclipse ou l'observation exacte de la Parallaxe du Soleil, donnent le loisir de penser aux mains potelées de Philis, & si Cloris a la gorge mieux arondie que Mélinde? Une seule proposition du dixiéme livre d'Euclide; le module d'une Corniche, d'un Plafond, ou d'une Colonne de l'ordre Corinthien, la correction de l'Estime, qu'a fait un Pilote pendant douze quinze jours de tempête continuelle: le Plan d'une Forteresse, que l'on voudroit rendre imprenable: le nombre des radiales & des diagonales qu'on est obligé de tirer, pour représenter en perspective un homme debout, vû du sommet d'une montagne escarpée; la recherche curieuse de la Quadrature du Cercle, ou du mouvement perpétuel, & mille autres questions semblables, qui se présentent tous les jours à mes yeux, & dont il me prend envie de vous entretenir au long & au large, pour vous donner un véritable sujet de me demander des explications, sont capables d'occuper si fort la capacité de mon petit esprit, que je n'ai garde de songer alors au beau sexe. Autrement, je vous jure, moi qui non plus que Scarron, ne jure jamais, qu'il ne me seroit point du tout difficile de vous dire que les objets visibles étant aux yeux ce que les viandes sont au palais il est seur que comme les jugemens sont differens par raport au goût, il n'en est guére qui conviennent à tous égards au sujet de la vûë, & que tout ainsi que l'un trouve délicat ce qui paroit à l'autre insuportable, il y en a qui envisagent avec plaisir ce que les autres ne peuvent regarder qu'avec horreur.

Nous

Nous aimons ordinairement le lait tandis que nous sommes jeunes, au lieu qu'à mésure que nous avançons en âge, nous lui préferons les liqueurs fortes. Je sais fort bien qu'un jeune homme de quinze ou vingt ans prend moins de plaisir à considérer une femme de quarante cinq, qu'une fille à peu près nubile; mais donnez lui les yeux d'un homme d'un demi siécle, je suis persuadé qu'il changera incontinent de sentiment. J'ai aimé autrefois les enfans, maintenant je suis idolatre des méres.

Repassez vous même dans votre esprit ce que vous avez été, au prix de ce que vous êtes à l'heure qu'il est, & vous conviendrez qu'il n'est rien de plus fade que ce que nous apellons jeune tendron, sur tout lors que par les loix de l'Himen, on la sacrifie au mariage. Il n'y a aucune fermeté dans son visage, elle changera vingt fois de couleur en dix minutes de tems. On ne la sauroit toucher qu'elle ne se plaigne, à la moindre caresse qu'on lui fait, la chair lui cuit: les défaillances, les maux de cœur & d'estomac ne font que se succéder à tout bout de champ. Il faut que l'homme fasse tout, qu'il soigne à tout: ce qu'elle contribuë du sien ne mérite pas d'être mis en ligne de compte. Une femme de vôtre portée, au contraire, est meure à tous égards: elle a le teint vermeil, les traits du visage formez, la chair ferme, & est à l'épreuve de toutes les attaques, de quelque nature qu'elles soient. Elle seconde son mari, qui peut hardiment se reposer sur elle, elle le prévient même en bien des occasions.

Enfin elle a de la vigueur, de la prudence, de la sagesse, & selon moi elle doit incontestablement avoir la préférence sur tout ce que l'âge tendre rend d'ordinaire infirme & ignorant. J'ai eu mon printems, & je suis dans mon automne, mais il me souvient très-bien de quoi j'ai été capable autrefois, & je sais ce que je puis présentement. Tout ce que l'on fait étant jeune, se sent toûjours de la jeunesse: on est alerte, on est enjoué, on est vif, je l'avouë; mais si l'on y prend bien garde, on trouvera que l'on ne fait rien alors que par soubresauts. Si les plaisirs viennent plus souvent que dans une saison plus avancée, ils sont souvent aussi moins solides: il y a quelque chose de mâle dans les uns, au lieu qu'il ne se trouve que de la puérilité dans les autres. Un homme fait a l'art de les faire durer ces

plaisirs

plaisirs, de les assaisonner, de les communiquer : un homme à faire, n'en connoit que de momentanez, il ne sauroit leur donner aucun agrément, & ne s'entend point à en faire le partage.

Si vous prenez la peine d'examiner ces grands avantages, que nous avons au dessus des jeunes gens, vous aurez soin de vous ménager dans votre viduité. Croyez moi, Madame, croyez moi, vous en valez bien la peine. Vous avez de l'esprit, vous avez de la beauté, vous avez du mérite, & vos charmes sont si puissans qu'ils..... Oh! non, je n'y pense pas, il me siéroit mal de faire vos éloges en particulier, ma these doit être générale, de peur qu'on ne me fasse expliquer une seconde fois, car enfin je n'oserois m'expliquer plus ouvertement, & même je ne le veux point, par forme de représailles. Je connois les femmes par expérience, & je sais comment il les faut traiter.

*Le sexe dissimule, il en fait souvent montre,*
*Et ne s'ouvre que rarement ;*
*Pour l'en punir sévérement,*
*Il faut se roidir à l'encontre ;*
*Et sans aucun ménagement,*
*Le traiter cavalierement.*

Non, je vous le dis franchement, dussiez vous être en colére tout un jour, je ne m'expliquerai point : je veux des témoins & des admirateurs, quand je parle. Si vous m'aviez commandé de m'expliquer, lors qu'il en étoit tems, je me serois fait un plaisir d'étaler tout ce que je viens de vous dire, & peut-être en aurois-je dit davantage : à present je ne vous dirai rien, vous n'avez que faire de vous y attendre. Si vous avez de la confusion de vous entendre loüer dans une assemblée, je ne suis pas assez prodigne de mon tems pour traiter à fond de toutes vos belles qualitez dans un tête à tête, & m'épuiser tellement en loüanges, en vôtre faveur, que je n'aye plus rien à conter ailleurs. Cela vous aprendra une autre fois à profiter de l'occasion, & à moi à me taire, afin de ne me point attirer sur les bras d'autres explications que celle que je vous ferai toutes les fois qu'il vous plaira, sur l'honneur & les avantages que j'ai d'être avec beaucoup de respect, Madame &c.

## LETTRE XIII.

*à Monsieur de Cappelle.*

Comme vous me parutes hier le plus raisonnable de la troupe, je prens la liberté de m'adresser préférablement à vous, Monsieur, pour vous dire que je ne suis point du tout content du procédé de Monsieur de *Ryssely*, votre Cousin, par raport au traitement qu'il m'a fait chez lui.

Ce qui m'embarasse un peu, c'est que je ne sai de quel biais m'y prendre, pour en tirer une satisfaction proportionnée à l'offence.

*Vous vouliez hier seigneur, qu'on parlât par bricole,*

*Aujourd'hui je vai droit au but:*
*Coeverde m'a fait tort, c'est un tort s'il en fut,*
*J'en tirerai vengeance, ou que le Loup m'acole.*

Avoüez, Monsieur, qu'il est bien dur à un maître, de se voir traiter de cette maniere par un de ses Ecoliers. Est-ce là, je vous prie, la récompense de toutes les peines, que j'ai prises pour le rendre capable de voir le beau monde, & d'exercer avec l'aplaudissement général du Public, les premieres charges de l'Etat ? On me reçoit en malade, la tête bandée, & en robe de chambre, triste comme un bonnet de nuit sans coife, & plus pâle que Lazare au tombeau depuis quatre jours, afin d'avoir le prétexte spécieux de me pouvoir souler à son aise, sans être obligé soi même, ni de boire, ni de manger.

Après m'avoir bien arondi, on introduit dans la maison des gens apostez, qui sous des aparences flateuses & honnêtes, ne viennent proprement que pour me donner mon reste. Franchement, Monsieur, cela me paroit criminel : il me semble que sans bricole, vous ne sauriez vous exemter de donner aveuglément dans mon sens, & je ne voi pas bien que l'on puisse bricoler ici.

*Car enfin pourquoi la Bricole ?*
*Faut-il toûjours chanter & rire en bricolant,*
*Et ne peut-on être Galant,*
*Sans bricoler Capelle, & Martine, & Nicol. ?*

Est il besoin de tant de bricoleries pour assassiner un pauvre vieillard ? Faloit il rassembler tout ce qu'il y a de cruel aux en-

environs de Zutphen, & faire venir Circé du fond de l'Alemagne, pour empoisonner de ses yeux envenimez le cœur de mille innocens, & pour avoir le plaisir, après m'avoir fait enterrer au centre de l'Etoile du Bocage de Mr. de *Ryssel*, de faire graver cette Epitaphe sur mon tombeau?

*Ci git un Professeur d'un excellent génie,*
 *Philosophe Stoïcien,*
*Poëte, beau Chanteur, Mathématicien,*
 *Et de fort bonne compagnie.*
*Passant, en bricolant il a perdu la vie;*
 *Ne bricolez pas comme lui,*
*C'est être assurément sage en bricolerie,*
*De bricoler chez soi, rarement chez autrui.*

Graces aux nues, qui nous donnent réglément, & copieusement tous les jours de la pluye depuis six semaines, je m'en suis tiré heureusement en bricolant, & je croi en devoir être fort content. Je ne sais pas même si la honte & la confusion, qui en revient à ceux, qui m'avoient tendu ce sinistre piége, ne me doit pas tenir lieu de vengeance: je suis d'humeur de me borner à cela, pour éviter les conséquences, aussi bien les armes sont journalieres; outre que je commence à douter

ter s'il ne pourroit pas bien y avoir là plus d'innocence que de malice. Car enfin, Monsieur, je vous en suplie, parlons un peu sans bricoler, la maladie de Mr. de *Coeverde* ne pourroit elle pas bien être une suite facheuse des fréquentes visites, que vous vous rendez réciproquement depuis quelques jours? Je vous ai trouvé trop équitable pour ne pas m'avoüer ingénument, que nous avions là quatre terribles objets dans nôtre compagnie. Cette Allemande sur tout, oui, Monsieur, cette Allemande me paroit un redoutable sujet. Pour moi, je suis vieux, & par conséquent insensible, je n'aprehende absolument rien; mais de bonne foi, je tremble pour vous, jeunes gens: mon sang se glace dans mes veines, toutes les fois que je pense à votre fatale destinée.

Comme je vous regardois de sang froid, il me fut fort aisé de conclure par toutes vos actions, que vos cerveaux étoient considérablement afectez. Pour notre malade, il est clair comme le jour qu'il en a perdu la tramontane, son ame en est pénétrée à l'heure qu'il est; & s'il ne renonce au plus vite à ces dangereuses assemblées, je lui annonce qu'il n'y a plus de bricole, pour lui, & qu'il s'en va en

li-

ligne droite à l'autre monde: Dieu sait si vous ne le suivrez pas de près.

Mais je suis las de bricoler, je reprens mon térieux, & je vous proteste, Monsieur, que j'ai bien de l'obligation à Mr. de *Ryssselt* de m'avoir procuré la connoissance de tant d'honnêtes personnes à la fois. Sur tout je suis extrémement sensible aux civilitez que vous, en particulier, m'avez fait l'honneur de me témoigner, & vous pouvez être assuré que jamais l'occasion ne naitra de vous en marquer ma reconnoissance, que je ne vous fasse avouer que je suis avec beaucoup d'atachement, Monsieur &c.

## LETTRE XIV.

*à Monsieur de Patot.*

J'Avouë, mon très cher frére, que c'est un honneur d'avoir de fameux guerriers dans sa famille: les ames martiales se rendent considérables, & le public en doit infailliblement faire de l'estime: mais si l'on tourne la médaille, on trouvera que ces avantages soufrent une prodigieuse diminution, par les alarmes continuelles, dont on se sent agité à la vûë même de leur

leurs lauriers. Les simples termes de batailles, de siéges, de carnages, frapent à peine les oreilles de ceux, qui s'intéressent dans leur conservation, que le cœur en tressaille, & que tout le corps en est ému. On craint pour eux que les travaux pénibles, ausquels Mars les engage, ne soient pas assez tôt suivis des douces récompenses de Thémis : & l'on tremble qu'ils ne soient surpris des Parques à la suite immédiate de Bellone ; ou pour m'exprimer plus intelligiblement, on apréhende la lenteur de leur avancement, & l'on fremit, lors qu'une occasion favorable semble vouloir les y conduire. Depuis le moment que vous êtes entré en Campagne, l'image de deux armées formidables, qui ne faisoient que se menacer, & dont le moindre choc devoit avoir pour l'un ou pour l'autre, des suites funestes, a entiérement occupé nos esprits ; c'a été l'unique objet de nos entretiens, & de nos songes.

Il ne me paroissoit pas possible que de trois hommes, que j'y ai, il n'y en eut pas au moins un, qui dut être immolé pour la Patrie, & Dieu sait l'embaras, où j'étois alors sur le choix de cette malheureuse victime. Car enfin, on a beau
dire

dire qu'il y a de la différence entre un frere & des enfans; vous m'êtes egalement chers assurément: & si eux me touchent de plus près d'un côté, de l'autre, vous m'êtes plus nécessaire. Vous avez travaillé, & vous travaillez encore à l'avancement de mes fils, & après ma mort vous devez être le conseiller & l'apui de ma femme & de mes filles: ils sont les membres, & nous en sommes les chefs. Cela dura jusqu'au quatorziéme d'Août, que la nouvelle vint tout d'un coup, que vous en étiez venus aux mains, & que les troupes Françoises étoient entierement défaites. Le bruit d'un combat si avantageux, causa en général beaucoup de joye, mais bien des gens en particulier ne laissoient pas d'avoir de mortelles inquiétudes, & je n'étois pas le seul, qui me souciois fort peu de l'état de tout le corps, moiennant que je pusse aprendre la conservation de celles de ses parties, qui tiennent aux miennes, puis qu'après moi, la perte de mes proches parens m'est infiniment plus sensible que celle de tout le Païs: Ma famille étoit dans une angoisse, que j'aurois de la peine à vous exprimer. Je fus moi-même au premier ordinaire à la poste, pour y aprendre ma destinée, &
pour

pour agir ensuite envers ma petite troupe, suivant ce que j'y aprendrois, mais il n'y avoit rien pour moi. Deux jours après, qu'il me vint dans l'esprit que si l'un de vous étoit resté en vie, il auroit pû écrire par Utrecht, pour nous informer tous à la fois de ce qui s'étoit passé à notre égard, dans cette prétenduë grande journée, j'envoyai mon fils au chariot.

Il en revint un moment après, avec la fiévre sur le corps, chargé d'une lettre cachetée de cire noire, & dont les caractéres de la suscription m'étoient inconnus. Je vous donne à penser, mon cher frere, ce que je pouvois croire dans une telle conjoncture. Certes je ne voyois point d'autre aparence, sinon que quelque Officier me faisoit savoir le décès de vous trois. Là dessus tous mes gens baignez de larmes, m'environnent, & me regardent avec surprise, tenir d'une fermeté stoïcienne, ma pipe de tabac, que j'aurois bien voulu achever de fumer, sans paroître non plus ébranlé qu'une statuë de bronze. Mais enfin ma fille ainée, plus sensible, & moins patiente que les autres, ayant débuté, civilement pourtant, contre mon flegme, & m'acusant d'une trop grande indifference, sur quoi je ne restai
pas

pas sans replique, & sans lui faire comprendre que son trouble, non plus que mon froid, ne produiroit aucun changement dans nos affaires, j'ouvre la lettre, pour me délivrer de leurs importunitez, & trouve avec bien du plaisir, que c'est Mr. *Bachelé*, qui après bien des excuses, me prie de faire adresser à *Leeuwenburg* au plus vite, une incluse pour Madame *d'Itersum*. L'Ase vous quille, dis-je alors, si je vous tenois ici, docteur, vous courriez risque de recevoir quelque égratignure; ainsi nous en fumes quitte pour la peur. Le lendemain je reçûs votre agréable paquet, qui racommoda bien des visages, & qui nous donna occasion de rendre graces au Ciel de ce qu'il vous avoit conservez. Simon m'écrivit quelques jours après, & ensuite aussi son frere. Celui-ci se plaignoit extrémement de ce que nonobstant ce nouveau combat, où il s'étoit trouvé du nombre des douze Escadrons, & des huit Bataillons, qui ayant passé l'Escaut, avoient été attaquer une Armée de cent mille hommes, ce qui leur avoit si bien réussi, qu'avant que d'être secourus, ils avoient déja mis leurs ennemis en déroute, & fait trois ou quatre mille prisonniers, il ne voyoit non

*Tome II.* E plus

plus d'aparence de se tirer du poste qu'il occupe, qu'auparavant. Depuis ce tems là j'ai apris que le Commandant de son Escadron est mort, & l'on m'assure qu'il y a un Capitaine des Carabiniers qui a beaucoup d'aparence de devenir Major du Régiment que feu le Comte de Rochefort a commandé, ce qui pourroit bien aporter quelque changement dans les affaires, puis qu'il n'est pas concevable qu'on laisse Mr. *van Gain* sans avancement, & qu'au pis aller il lui succéde dans son emploi de Capitaine Lieutenant, ce qui ne seroit pas à rejetter, en attendant quelque chose de meilleur. Je ne doute pas que vous ne songiez à cela, & que vous n'ayez soin d'en avertir vos amis de Harlem, mais j'ignore si vous pensez bien à l'avantage que ce jeune homme a d'être Hollandois de naissance: Mr. de *Haersolt* m'a assuré il y a peu de jours, que c'est en Hollande une coutume, qui a pris la forme de loi, de préférer un honnête homme de leur Canton, à cent des Provinces voisines, lors qu'il s'agit de la distribution des emplois.

Quoi qu'il en soit, vous êtes tous trois en vie, c'est incontestablement le principal, votre avancement pourra venir avec le le tems, au lieu que si vous étiez morts, il n'y auroit aucune aparence, cela seroit fait pour jamais. Dieu veuille vous continuer ses graces, & exaucer les vœux que nous faisons pour votre commune conservation. Je n'écris point à mes enfans, vous aurez bien la bonté de leur faire part de ce que je vous marque, & de les assurer de la continuation de notre amitié. Mr. *Creyt, de Spyker bos*, vous fait ses complimens, & quoi qu'il ait recommandé son fils au Brigadier Keppel, par la voye de Madame la Génerale d'Itersum, il ne laisse pas de vous prier toûjours de contribuer à sa promotion, avec promesse qu'il vous en aura une obligation éternelle. Enfin nous vous embrassons tous, & vous ayant recommandez aux soins de la Providence, je reste &c.

## LETTRE XV
### à Monsieur de Wynbergen.

On ne m'attendoit plus chez moi, Monsieur, toute ma famille étoit en alarme; vos espiégles d'enfans avoient si bien sçu persuader ma bonne femme que leur pére, ayant resolu de faire un voyage par mer dans son yakt, il n'auroit pas manqué de me porter à être de la partie, que personne ne doutoit que nous ne fussions dans la Zuyder-Zee, exposez au caprice des vents, & aux tristes effets du menaçant Trident de Neptune. L'un soupiroit d'un côté, dans l'apréhension que nous ne fussions sur le point de faire naufrage : l'autre nous conduisoit en idée, le long des côtes de la Frise, où il craignoit à chaque moment de nous voir échouër; un troisiéme moins inquiet que les autres, nous croyoit à Alkmaar, chez nôtre ami le Musicien, tenant d'une main un chalumeau, aliter une pipe, & de l'autre un cornet, métamorphosé en verre, pour entonner des airs Bachiques à l'honneur de Sémelé Patronne des visages boutonnez.

*Mais*

*Mais, o l'agréable surprise!*
*Lors qu'avec ma grand barbe grise,*
*Ils me virent sur leurs talons,*
*Haleter sous le faix d'un gros tas de melons.*
*Chacun alors se mit à rire,*
*Et vit bien, à ce fruit nouveau,*
*Sans qu'il fut besoin de le dire,*
*Que j'avois plus rodé par terre que par eau.*

Tout le monde se jetta dessus, & en emporta sa piéce avec tant d'empressement, qu'à chaque instant je sentois considérablement diminuer ma charge. Pas un ne se ressouvenoit de moi, on ne me regardoit seulement pas, il n'y avoit que la dissection des melons, capable de les occuper, & quoi que je leur eusse dit vingt fois d'où ils venoient, ils ne penférent à vous que lors qu'il s'agit de rendre graces, suivant la leçon, que je leur ai donnée, de remercier à la fin du repas, celui, qui nous a donné à manger. On bût à votre santé à la ronde, & l'on fit, Monsieur, des vœux ardents pour la fertilité de vos jardins.

Si vous n'êtes pas encore parti, je vous avertis que j'ai parlé à un Libraire des défectuositez de votre Théatre Italien. Il m'a promis d'en écrire à son correspondant d'Amsterdam, aussitôt que je lui aurai mis en main le catalogue de toutes les piéces, qui vous manquent: prenez la peine, s'il vous plaît, de me faire tenir, & si vous avez d'autres ordres à me donner, je vous prie de m'en honorer, puis que je me ferai toûjours un plaisir singulier de vous temoigner dans toutes les occasions que je suis &c.

## LETTRE XVI.

### à *Monsieur de Patot*.

NE vous alarmez pas, mon très cher frére, de voir cette lettre datée, de *Dinx-Hof*; je n'ai point fait banqueroute, je ne suis point relégué dans ce chateau, & il ne m'est, graces au Ciel, arrivé aucun malheur, qui m'ait fait abandonner la ville.

Les Etats de cette Province, à la diéte de *Kampen*, ont pensé à Mr. de *Keppel* dans la distribution de leurs charges militaires. Ils ont trouvé à propos, tant pour rendre justice à son mérite, & récompenser des services de trente ans, que par une pure complaisance pour Madame son Epouse, dont les soupirs & les larmes auroient attendri des rochers, toutes les fois que

que le Dieu Mars, à l'ouverture du printems, sommoit ce vaillant guerrier à se ranger sous ses Enseignes, & à s'exposer de nouveau aux fatigues & aux dangers d'une longue campagne, d'où il ne revenoit que tout couvert de poussiére & de sang: ces messieurs ont trouvé à propos, dis-je, de le pourvoir d'un acte de Lieutenant-Colonel, outre la jouissance de sa Compagnie, & la moitié des gages de la Majorité, pour le reste de ses jours.

Cela valoit une félicitation dans les formes, je suis venu ici pour m'aquiter de ce devoir; mais comme s'il avoit falu plus d'un moment pour m'en marquer sa reconnoissance, il a voulu y employer plusieurs jours, sans permettre qu'il se traitât de la moindre chose à jeun. Mr. de *Spykerbos*, son beau pere, qui, comme vous savez, ne demeure qu'à trois pas de la maison, m'accable aussi de civilitez. Je ne sai, mon frere, si vous entrez dans mes sentimens, mais il me semble que cela augmente si prodigieusement mes détes, qu'il me sera impossible de jamais les aquiter.

*J'avouë ingénument que je suis redevable,*
 *Plus que je ne saurois payer:*

*Vous vous piquez d'honneur, s'il vous en faut prier,*

*Ne soufrez pas, Monsieur, que je meure insolvable.*

Vous étes en état de supléer à mes défauts, vous le devez même, si je ne me trompe, & je ne doute pas que vous n'en ayez la volonté.

Ainsi vous ne trouverez pas mauvais que j'aie donné à Mr. *Creyt*, vôtre Cadet, & beau-frere de mon hôte, une assignation d'un drapeau à prendre sur vous, & payable dans six semaines, qui est un terme assez long, puis qu'il y a une Lieutenance de vacante dans votre Régiment.

Vous obligerez par là Madame la doüairiére d'Itersum, autant que ces deux familles, & vous dechargerez d'un pesant fardeau, Monsr. &c.

## LETTRE XVII.

*à Mad. la Baronne de C.*

MADEMOISELLE,

JE doute fort qu'il seïe bien à un homme de mon âge de s'amuser à badiner avec de jeunes gens comme vous, mais enfin, j'ai de la complaisance pour le sexe, ça été mon foible depuis que je me connois. Mon étoile rampante m'a toûjours inspiré du penchant à la servitude & à l'esclavage, de sorte que je me suis vû à la chaîne, avant que je connusse bien la liberté. Vous profitez de mes foiblesses: au lieu de me traiter avec le respect que l'on doit aux cheveux gris, on use d'autorité, on commande, & on prétend que j'obéïsse.

Hé bien, Mademoiselle, je vous obéirai, je vous écrirai une lettre, je vous en écrirai dix, si vous voulez, à condition que vous ne les ferez voir à personne, & que vous ne les exposerez pas au sort de la précédente, qu'une petite femme proméne à l'heure qu'il est dans toutes les Cours de l'Allemagne pour en divertir les compagnies à mes dépens. Qu'a-t-elle cette pauvre lettre, pour être le jouët de tant de gens? Il est vrai que j'y disois en confidence, ne songeant guére que Mr. de *Capelle* se la laissât arracher des mains, que Madame la Baronne *Fox* étoit une véritable Circé, une empoisonneuse de jeunes garçons, la cause immédiate de la maladie & de la perte de Mr. de *Ryssele*, que sa dangereuse fréquentation lui avoit bouleversé le cerveau & échaufé prodigieusement le sang. J'ai avancé cela, je ne m'en dedis point, je l'ai apuyé de raisons fortes, & comme un habile Géométre, je me suis servi de figures pour en faire la démonstration. Si elle trouvoit que j'eusse tort, ne suffisoit il pas de me le dire, sans en apeller toute la terre à témoin, & augmenter le mal qu'elle avoit déja causé? Je sai ce que cette visite me couta en particulier: par bonheur, la saison à mon égard, ne lui étoit pas fort favorable, & je rends graces au Ciel, de ce que nous n'étions pas au mois de mai, sans cela j'étois confisqué comme les autres, puis qu'en ce tems là les humeurs sont susceptibles d'un mouvement violent, & qu'en effet toutes choses se renouvellent. J'apréhende si je vous écris, de tomber dans le même inconvenient: ces objets redoutables, qui se presenterent hier à mes yeux, ont si fort ébranlé ma fantaisie, que j'aurois de la peine à m'empêcher d'en causer; je doute fort que vous même en fussiez exemte: j'ai pourtant fait tout ce que j'ai pû pour n'en avoir aucun sujet.

Vous ne sauriez nier que je refusai de vous examiner la main, de crainte que je n'y découvrisse des véritez que vous seriez marrie que l'on sçût: j'eus beau faire néanmoins, pendant que je regardois en gros les linéamens de celle de Madame votre belle sœur, où deux X marquoient son âge sur la ligne de vie, vous en aprochates la votre si adroitement, sous prétexte de les confronter ensemble, mais en effet pour me la montrer, qu'outre deux X semblables j'y aperçûs des unitez ou petites traces, qui en augmentoient le nombre de quelques printems: & proche de là, j'entrevis un personnage, assez bien tourné, qui m'avoit la mine d'un Politique, & qui sembloit vous vouloir faire une passe au colet. Prenez garde à vous, Mademoiselle, ne faites pas tant la difficile; les hommes sont rares, & les X se multiplient insensiblement. Un homme

n'est

n'est jamais vieux, à quelque âge qu'il parvienne, & il ne fait que commencer à vivre à cinquante ans, au lieu qu'une fille est vieille du moment qu'elle en a quarante.

Voulez vous voir le plus bel assortiment du monde, jettez les yeux sur Mr. & Madame de *Boelhof*, tant par raport à leurs années, qu'à l'égard de leur gaieté, de leur vigueur, de leur enjouëment & de mille autres belles qualitez. Tournez en suite la médaille, & représentez vous un autre mariage, où le mari ait l'âge de Mad: de *Capelle*, & la femme de Mr. son Epoux, cela fera une fort vilaine figure : ils sont presentement tous deux jeunes, & alors on auroit raison de dire que la femme seroit la grand-mére, & le mari le petit fils. Prévenez de tels accidens, profitez de l'occasion, & ne ressemblez pas à Mademoiselle de *H.* la pauvre enfant ne sait pas que les chevaux ne veulent point être éfarouchez : j'ai vû dans sa main de la cavalerie, qui veut être ménagée. Un Officier est un bel ornement dans une maison, ces Messieurs là sont accoutumez aux soins & aux fatigues de la guerre, ils sont vigoureux, & manient un cheval avec adresse, & leurs
fem-

femmes, sans conter la satisfaction qu'elles ont de savoir qu'ils ont du commandement, prennent un plaisir si singulier à leur voir faire le manége, que cela seul est capable de leur faire perdre le mal de dents, à quoi cette chére démoiselle est si sujette. Encore un coup, croyez moi, ne perdez point de tems, acrochez vous le plutôt qu'il sera possible, de peur qu'à votre indifference ne succède un dangereux repentir. Je n'ai rien à vous dire de Madem. de N. sinon que j'aurois bien desiré de lui voir aussi le fond de la main, mais cela n'a pas été en ma puissance : elle a eu soin toute la journée de tenir ce rare bijou si bien envelopé d'un double gant, que j'en découvrois à peine la figure. Comme elle a infiniment de l'esprit, elle conçut fort bien qu'il n'étoit pas nécessaire de se faire tirer son Horoscope, pour que j'aprisse ce qu'elle sent pour Mr. de *Hekeren*. Aussi elle en rougit autant de fois que l'on pinça cette corde, & pour d'autres conséquences qu'il ne m'apartient pas d'aprofondir.

Enfin, je n'ai point vû la main de la charmante veuve, j'en avois pourtant beaucoup d'envie, & je pencherois encore plus à lui voir le pié, afin de découvrir de

E 7 nou-

nouveaux mistéres par les régles de la Po-
domancie. Mais Monsieur notre hôte y
avoit pourvû, il avoit eu soin de mettre
une barriére entre deux : la Sagesse, la
Prudence, la Modestie, l'agréable Chan-
teuse, faisoit obstacle à ma curiosité.
Quelles Nimphes, bons Dieux ! ce Mr.
de *Boelhof* tient dans l'étenduë de ses terres ! La moindre est en état de démonter
l'homme du monde le mieux précaution-
né, sur tout cette veuve est capable de
bien faire du ravage.

*Elle a l'œil à l'escarbillade,*
*Et fait des cœurs une grillade,*
*Au moindre feu folet que l'on en voit sortir :*
*Je n'ose presque vous le dire,*
*Mais enfin, dussiez-vous en rire,*
*Je sentois qu'il étoit, ma foi, tems de partir.*

Je n'y retournerai plus au moins, dans
ce beau séjour, que je n'aye caution bourgeoise, où que nous ne soyons dans un
autre mois. Voila bien des conditions que
je mets dans mon contract ; voyez si vous
les voulez signer toutes, car alors je vous
irai faire la cour, & vous verrez de mes
lettres : je vous l'ai promis, & je vous
tiendrai parole, sinon, moi & ma plume
res-

restons immobiles, vous n'aurez rien absolument, ni complimens, ni douceurs, ni pronostications, ni nouvelles, ni chansons; rien, vous n'aurez rien de moi, que l'aveu sincère que je vous fais d'être fort respectueusement, Madem. &c.

## LETTRE XVIII.

*à Mr. le Comte d'Albemarle.*

MYLORD,

CE n'est point un mistére, tout le monde sait, & vous n'ignorez pas vous même, que bien des gens avoient la pensée que le coup fatal, qui fit mourir Guillaume le grand d'une mort naturelle, vous avoit fait, pour ainsi dire, agonifer civilement. Plusieurs, qui avoient été les ennemis cachez, devinrent ouvertement les vôtres, chacun se déchaina contre vous. L'envie, la médisance, les avanies criantes, tout cela a eu son tems, mais un tems court, qui a passé comme une bourrasque. Vous avez vû cet orage avec le même fermeté d'ame qu'un Pilote expérimenté fait paroître au milieu des flots d'une mer agitée, qui le me-

menace à chaque moment d'un dangereux naufrage : vous vous en êtes si peu alarmé que ceux, qui vous ont observé avec le plus d'exactitude, ne vous en ont pas vû changer de couleur. Vous avez toûjours paru également tranquille, afable, généreux, magnifique, brave & bienfaisant. Tant de vertus rares & extraordinaires ont fermé la bouche à vos adversaires: ceux qui avoient vomi feu & flamme contre votre Excellence, sont ceux-là mêmes, qui n'en parlent maintenant qu'avec respect.

Ils avoüent qu'il étoit impossible que le Roi pût avoir fait choix d'un favori plus fidéle, plus judicieux, d'une plus grande pénétration, & sur lequel il pût faire plus de fond dans le maniment des affaires importantes, qu'il avoit continuellement sur les bras, & que ce n'étoit pas sans raison qu'il s'étoit ataché avec tant de zéle à votre personne.

Nos Souverains sont plus qu'aucun autre, convaincus de cette vérité, ils viennent de vous en donner des marques sensibles, en élevant votre Excellence à la dignité de Général de leur Cavalerie, à l'un des premiers Emplois de l'Etat. Je vous en félicite, Mylord, avec toute l'ardeur

deur & toute la sincerité imaginable. Je prie Dieu qu'il vous maintienne long-tems dans ce beau poste, qu'il vous continuë la prudence, la sagesse, la valeur & toutes les qualitez Héroiques, qui sont absolument nécessaires pour en remplir les devoirs d'une maniere, qui nous soit glorieuse, & préjudiciable à nos ennemis, afin que vous vous attiriez de plus en plus l'amour & les aclamations des habitans de nos bien-heureuses Provinces.

A ces vœux ardens il est juste que je fasse succéder mes actions de graces pour toutes les faveurs, que vous avez eu la générosité de témoigner en diverses occasions à mon fils ainé. Je vous remercie très humblemen en particulier, Mylord, de ce que vous venez de lui faire l'honneur de le mettre à la tête du premier Escadron de vos Carabiniers, d'une troupe de cent trente géants, & sans contredit de la plus belle compagnie de l'Europe. Ce qu'il y a de facheux pour lui, c'est que comme Capitaine-Lieutenant, il ne profite point du tems. Vous l'avez pris sous votre protection, après l'avoir vous même demandé au Comte de Noielles; vous m'avez confirmé verbalement la promesse que vous lui avez faite plus
d'une

d'une fois, d'avoir soin de sa fortune: je ne veux point avoir recours aux amis, que j'ai dans le Gouvernement: ce seroit me rendre suspect de n'avoir pas une juste & légitime confiance en votre Excellence: je m'en repose uniquement sur vous. Si vous voulez rendre ma joye parfaite, Mylord, ayez la bonté, je vous en suplie, de lui procurer un brévet de Capitaine de Cavalerie, afin que cela lui soit compté, lors que l'on trouvera à propos de l'avancer. Je joindrai cette obligation à toutes celles que ma famille vous a déja, & j'en aurai toute la reconnoissance dont est capable, Mylord &c.

## LETTRE XVIIII.

### à Monsieur de Keppel.

*On mettroit bien, Monsieur, des paniers dans le monde,*
   *C'est une verité qu'on ne sauroit nier,*
   *Et cependant au gré de l'onde,*
   *Je vous envoie en un panier,*
*Le superbe tresor de la Machine ronde.*

CEt envoi auroit été autrefois bien considérable. Aristagoras, Tiran de de Milet, au témoignage d'Hérodote, voulant porter Cléomene, Roi de Sparte, à faire avec lui une alliance offensive, crut qu'il n'en viendroit jamais mieux à bout qu'en lui portant lui même une table de cuivre, où ce que l'on connoissoit alors de la terre habitable étoit proprement representé.

Alexandre le Grand offrit un present semblable à Jupiter Hammon, en reconnoissance des victoires qu'il avoit remportées sur ses ennemis. Et l'on prétend que Domitien fit assassiner Metius Pomposianus, pour s'aproprier une Mappemonde, dont il étoit en possession. Cependant on peut dire que les Atlas étoient alors extrémement bornez, puis qu'ils ne s'étendoient en Longitude que depuis les Colonnes d'Hercule jusques dans la Perse, & que leur Latitude étoit renfermée entre Méroë & les Monts Riphées, ou un peu plus loin.

Depuis ce tems là les choses ont bien changé de face : car outre que toute la surface de la terre, pour ainsi dire, ne nous est pas inconnuë, la Géographie est une science fort vulgaire à l'heure qu'il est, & il n'y a rien de plus commun que les cartes ; nous en ornons nos Bibliotéques

&

& nos maisons. Quoi que l'un & l'autre soit familier, ils ne laissent pas d'être admirables. C'est sans contredit quelque chose de surprenant que, suivant les proportions Géometriques, on puisse representer sur une superficie, par exemple de deux ou trois piez en quarré, de vastes Païs d'autant de centaines de lieuës d'étenduë. Il est pourtant vrai que cette représentation est encore plus naturelle sur un Globe, qui est proprement la figure du grand tout, que nous habitons. Si la petitesse de ces machines empêche qu'on ne s'en puisse servir avec tout l'avantage, que l'on en pourroit attendre, elles sont du moins absolument nécessaires pour aider à nous former une idée des cercles & des lignes que nous imaginons sur la Sphére, pour l'intelligence de la description du Ciel & de la Terre. C'est la raison pour laquelle je vous ai fait tenir un Globe terrestre : j'y ai joint comme vous voiez, une copie de mon abrégé de la Géographie ; j'espere que vous en tirerez de l'utilité ; mais au moins que cela ne se fasse qu'en badinant. Je ne prétens pas que l'étude de ce petit narré vous cause la moindre peine ; si vous n'en pouvez pas sortir seul avec plaisir,

sir, laissez tout là, & attendez que j'aie terminé mon voiage. Aussi-tôt que je serai de retour, je me donnerai l'honneur de vous aller voir, & je vous assure que je vous ferai bien faire du chemin en peu d'heures : en attendant, je reste &c.

## LETTRE XX.

### à Monsieur de Westerholt.

OUi, Monsieur, ce que l'on vous a dit est véritable, vous avez pensé perdre l'un de vos meilleurs amis, quoique mon voiage, à parler en général, ait été heureux, il s'en est peu falu qu'en trois differentes occasions, je n'y aie été pris pour dupe. Il seroit ennuieux de vous marquer jusqu'aux moindres circonstances de mes disgraces, il suffira pour vous contenter, de vous en faire le récit en gros.

*Je ne vous dirai point de quel œil mes femelles*
  *Me virent sortir de chez nous :*
  *Pendant que ma mére, à genoux,*
*Imploroit le secours des Nimphes immortelles ;*
          *Mes*

*Mes filles, ma chére Moitié,*
*Pleuroient à me faire pitié,*
*Et j'en aurois tiré quelque mauvais présage,*
*Si je n'eusse été fait à tout ce badinage.*

Un vieux batiment, plus propre à servir d'aliment à Vulcain, que de jouët aux enfans de Neptune, fut la desagréable voiture, dont je m'accommodai pour me porter jusqu'au séjour des beaux esprits, je veux dire Kampen. Ma premiere occupation, aussi tôt que j'y eus pris place, fut en mémoire du bon homme Nicot, de sacrifier à Amphitrite une dragme du meilleur petun que l'Amérique fournisse à l'Europe, afin que cette humide femme portât son inconstant mari à la tranquilité, & à nous être favorable, jusques à ce que le premier veau, que ma vache fera, soit devenu taureau, & par conséquent en état, suivant l'ancienne coutume, de lui être ofert avec toutes les cérémonies dûes à sa Majesté aquatique. Nous n'avions pas été long-tems à la voile, que j'aperçûs que nous faisions eau de toutes parts, deux pompes, que l'on faisoit marcher sans relâche, n'en tiroient pas la dixiéme partie de ce qu'il y en entroit. Le Batelier, voyant dans son Bord, flux & marée

rée, n'eut plus grande hâte que de gagner terre, de peur de couler à fond.

On déchargea une partie de l'équipage, qui consistoit principalement en vingt ou trente tonneaux de biére, & autant de passagers : on pompa fort & ferme, & ayant découvert l'ouverture, qui causoit notre plus grand mal, on la reboucha de vieux linge, le mieux que l'on pût, après quoi nous continuâmes notre route. Je ne m'étendrai point sur les caresses, que Messieurs *Homma* & *Vanderstrate* me firent à mon arrivée, cela passe les bornes assurément, ils ne prétendoient rien moins que de me retenir toute la vacance : mais du biais, qu'ils s'y prenoient à mon abord, j'aurois été confisqué avant huit jours. Je les connoissois, & comme disoit cette jeune femme à son mari, qui lui juroit qu'il ne l'auroit jamais épousée si elle lui avoit accordé les dernieres faveurs avant leur mariage : je n'avois garde, j'y avois déja été attrapée deux ou trois fois: je savois de même par expérience, que je ne pouvois pas éviter avec eux, ou de me batre, ou de faire des excès capables de ruiner ma santé. Leur trop bon traitement me fit déloger le lendemain; sous prétexte que j'avois des affaires

res pressantes en Hollande, & que je les verrois à loisir en repassant. Je m'embarquai pour Amsterdam dans le Beurtman, avec un vent contraire qui faisoit effectivement peur à mes hôtes. Le tems n'étoit pourtant pas si mauvais que nous ne parvinssions gaillardement jusqu'à Ems, mais peu après avoir doublé cette Ile, la tempête augmenta d'un moment à l'autre, de telle sorte que tout ce qu'il y avoit de Nautonniers en mer songeoient à choisir un port, où se retirer. Notre Patron, qui étoit homme sobre, & qui avoit un vaisseau tout neuf, faisoit seul semblant de n'avoir aucune peur. J'étois assis sur la Poupe, immediatement derriére lui, baigné des ondes irritées de l'Ocean, qui nous auroient mille fois emportez, si nous ne nous fussions bien tenus, partie pour lui aider à gouverner le Navire, qui n'obéissoit souvent plus au timon, & principalement pour être à portée de quelque piéce de bois, capable d'aider à me soutenir sur les flots, & à escrimer contre la mort, si nous venions à faire naufrage, comme les matelots commençoient à l'apréhender. Enfin, dans le moment qu'il y avoit dispute entre eux si nous rebrousserions chemin,

ou

ou si nous tacherions de gagner Harderwyk, que nous voyions à basbord, la voile se déchira en haut, & la corde qui la tenoit en bas se rompit tout d'un coup, & causa un fracas capable de déranger un esprit véritablement Catonique. Cet incident imprévû decida la question à notre avantage, nous jettâmes l'ancre, & le fond se trouva là excellent. Il ne faut pas demander si nous fumes bien balotez, jamais nourrisse ne berça mieux son nourrisson que nous le fumes toute la nuit.

*D'un mont d'eau jusqu'aux cieux nous nous*
 *sentions porter,*
 *Un moment après de sa cime,*
 *Nous décendions dans un abime,*
*D'où personne jamais ne croyoit remonter.*

Le bel Astre du jour faisant difficulté de sortir de son lit doré pour s'exposer à un air froid & agité, qui lui auroit pû causer un rhûme, porta Æole à imposer un moment silence à ses sujets, le tems se radoucit, le vent nous devint favorable, & il n'étoit pas neuf heures du matin, lors que nous entrâmes dans le port. En sortant de ce batiment là, je me mis dans celui d'Alkmaer: le Batelier faisant fond sur les aparences, qui le flatoient agreablement, osa nous assurer que nous aurions franchi le trajet avant qu'il fut deux heures après midi. L'événement répondit mal à ses conjectures : à peine avions nous atteint Sardam, que le Ciel se couvrit d'un manteau de deuil, qui faisoit horreur à tous ceux qui le regardoient : une tempête épouvantable nous surprit, qui démâta & renversa je ne sai combien de petits batimens en notre presence : on eut dit que la Nature devenuë furieuse, avoit juré la perte du genre humain. Nous fumes forcez, après avoir pougé quelque tems dans un canal assez étroit, de mettre un trinquet de travers sur le tillac, au lieu de la grande voile, parce qu'il nous faloit passer un Lac, où nous devions nécessairement louvier. La précaution du maître n'eut pas l'effet, qu'il en attendoit : il nous fut impossible de faire chapelle, ou si vous voulez, de faire virer le bateau, lors qu'il fut question de reprendre le vent ; un tourbillon impétueux nous jetta à terre, où il falut même mettre le mât à bas, parce qu'il donnoit trop de prise au vent, qui soufloit d'une maniere si horrible, qu'on ne pouvoit ni s'entendre parler, ni le tenir debout. Enfin

un

un nombre considérable de ces pauvres faucheurs de Westphalie, qui passoient avec nous, nous ayant à force de bras remis à l'eau, nous fumes portez pour la seconde fois, avec tant de rapidité contre le rivage, en un endroit tout bordé de pilotis, à plusieurs étages, & où les plus bas étoient à fleur d'eau, qu'en homme d'honneur je croyois notre machine flotante brisée en mille piéces, avant qu'il se passât une demi-heure. Tout le monde étoit alors à fond de cale, les uns à pleurer amérement, les autres à faire des cris épouvantables, & la plûpart à se laisser aller par haut & par bas. Je restai long-tems sur le vibord, en me tenant à des cordes, abîmé d'eau que j'étois à tout moment, pour voir s'il n'y auroit pas moyen de sauter sur l'un de ces pieux, & de là à terre : mais, ma foi, l'agitation étoit si grande, que la peur que j'avois que le pié ne me manquat, & d'être ensuite moulu comme farine, ne me permit pas d'exécuter mon entreprise. Il falut en Philosophe, attendre de sang froid, qu'un paysan, qu'on en avoit prié, fut allé à une lieuë de là, commander des chevaux, pour nous tirer de ce mauvais pas. D'abord que ces animaux furent venus,

nus, on se mit en devoir de s'en servir, les pauvres bêtes faisoient des efforts si extraordinaires, que la corde à laquelle ils étoient atachez, rompit jusqu'à cinq fois, à la sixiéme elle tint ferme, & nous sortimes de ce fatal endroit trois heures après que nous y avions été précipitez, de sorte qu'il étoit nuit avant que nous arrivassions au gîte, contens néanmoins comme des Rois, de ce que nous en étions échapez à si bon marché, puis que le batelier protestoit n'avoir jamais été dans un danger si manifeste.

*Lors que le tems est doux, il fait très bon sur*
*l'eau;*
*Il n'est tel plaisir que je sache;*
*Mais vive le plancher d'Io,*
*Qui dans notre patois signifie une vache.*

Mes amis, qui furent ravis de me voir, récompensérent ces deux ou trois jours de mauvais tems par des caresses inexprimables, ils inventoient à l'envi de nouveaux divertissemens pour me faire oublier le danger passé. Une fois entre autres, nous allâmes nous promener à un village éloigné de trois quarts de lieues de la ville, où après avoir été parfaitement bien traitez,

tez, on nous proposa d'aller voir le puis de saint Willebrode, qui est tout près du Cabaret d'où nous sortions. Un jeune garçon nous voyant aprocher, s'en vint droit à moi, avec un grand verre d'eau de ce puis à la main, qu'il me presenta fort civilement. Je vous remercie de votre régal, mon cher enfant, lui dis-je, je sors d'un endroit, où j'ai lavé tous mes péchez du meilleur vin que le Baillif ait dans sa cave : je me souillerois infailliblement, si je mettois votre brûvage là dessus. Quinze ou vingt femmes & filles bourgeoises, fort proprement habillées, qui environnoient cette source, & qui s'en donnoient au cœur joye, firent semblant d'être un peu scandalisées de ma réponse : mais cela ne dura pas long-tems; car en ayant remarqué sept ou huit, de dixhuit jusqu'à vingt-cinq ans, qui se lavoient les jambes, qu'elles avoient découvertes jusque bien haut au dessus du genou, dans une espéce d'auge de pierre, ou grand vaisseau quarré long, qu'elles avoient à demi rempli d'eau, je m'en aprochai d'une maniere fort grave, & les ayant bien considérées, je leur dis d'un air sérieux. Mesdames, obligez moi de me dire, je vous en prie, si Vous vous lavez par un prin-
F 3 cipe

cipe de dévotion, ou pour faire montre des belles parties, que vous exposez à notre vûë? Si c'est un défi, comme je me le persuade, qu'il y ait un prix pour celle dont les bas & la jupe couvrent le plus de charmes, & que vous vouliez bien vous en raporter à ma décision, je l'assigne à Mademoiselle, montrant celle qui étoit à mon côté droit, car quoi que vous ayez toutes la chair d'une blancheur, qui m'éblouit, les piez potelez & mignons, la jambe parfaitement bien prise, la cuisse charnuë & ronde, comme si elle avoit été faite au tour, celli-ci agit d'un certain air & se donne de petits mouvemens, qui m'engagent à lui accorder la préférence, à quoi j'ajoutai.

*Vous n'êtes pas, je croi, mes Dames, sans Coquilles.*
*Cibéle, assurément, vous en a fait un don.*
*Vos Calebaces sont gentilles,*
*Il ne vous manque qu'un Bourdon,*
*Que l'on peut aisément trouver en ce village,*
*Pour mettre avec plaisir fin au pélerinage.*

A ces mots, les friponnes se mirent à éclater de rire, & me rendirent agréablement mon change. Nous eumes ensuite te une conversation d'un bon quart d'heure ensemble, où si quelqu'un versa des larmes, ce fut sur ma parole, moins de tristesse que de joye.

Voila une longue rélation, Monsieur, il faut pourtant que j'y ajoute que quelques jours après, nous fumes à notre Dame *d'Eylo*, qui n'est qu'à une lieuë de là. Il y a en cet endroit un petit champ quarré de quatre ou cinq cents pas de circuit, où il y a eû autrefois une Chapelle, & au milieu duquel on a planté un pilier, qui tient atachée d'une chaine une boîte, où les dévots mettent leurs offrandes. Il n'est pas concevable combien de monde il vient là de toute part, à plus de cinquante lieuës à la ronde, faire leur devotion, tant que l'été dure, environ d'onze jusqu'à une heure de nuit: mais on ne sauroit croire aussi combien il s'y commet de legéretez & de débauches. Les cabarets & toute la campagne retentissent des voix, des cris & des instrumens de musique, de mille personnes, qui sous quelque prétexte que ce soit, ne sont proprement là que pour se divertir, ce n'est point ici un oui dire, j'en parle pour en avoir été le temoin.

Il n'est sorte de badinage,
A quoi ces Pélerins ne se laissent aller ;
D'un côté vous voyez un cochon se souler,
De l'autre un chat subtil à deux doigts du fro-
  mage ;
   Ici le Rossignol en cage,
Où le petit fripon se plaît mieux qu'à voler ;
   Là quelque perle de loüage,
   Qu'il ne tient qu'à vous d'enfiler.
Mais outre le plaisir, on a cet avantage,
Que rarement on voit les gens s'y quéreller,
Et qu'on y peut prier, boire & s'entre accoler,
   Sans essuyer le moindre outrage.

Le concours de tant d'étrangers est sans contredit fort avantageux pour les habitans de ce lieu là, à quoi l'on peut ajouter que leurs aumones se distribuent aussi bien aux Réformez qu'aux Catholiques. Tout cela est bel & bon, si j'étois souverain en Nort-Hollande, peut être m'accommoderois je de ces maximes comme les autres, mon naturel ne penche point à la tirannie, j'aime fort que tous les hommes jouïssent de la liberté. Moïennant que l'on vive moralement bien, & que les charges de l'état se payent, je serois
d'a-

d'avis que l'on tolérât toutes sortes de Cultes sans exception: mais à vous parler ingénument, je voudrois que ceux qui sont dans la Régence fussent de la Religion dominante, & c'est ce qui ne s'observe point là. C'est une vérité incontestable qu'il y a des villages où tous les Bourguemaîtres & les Echevins sont Romains, le Schout & le Sécrétaire sont pourtant toûjours Protestans: mais cela ne sufit point; il me semble au moins qu'il dévroit y en avoir autant de l'un que de l'autre parti, quelque ignorans ou pauvres qu'ils fussent, à cause des conséquences. En tout cas, cela ne nous touche point, les maîtres le veulent ainsi, & nous devons en être contens, sous peine de nous en inquiéter en vain.

Nonobstant les caresses de mes amis, il falut quiter Alkmaar, après y avoir séjourné autour de trois semaines, mes affaires me rapelloient chez moi. Il faut avouër qu'autant que le Ciel courroucé m'avoit été contraire en allant, autant il m'a été favorable à mon retour. J'ai eu par tout le vent en poupe, & une enchainure de commoditez si avantageuses, que trente six heures après mon départ, j'arrivai heureusement à mon logis. Il ne s'y étoit rien passé en mon absence, qui mérite de vous être communiqué dans cette lettre. Tout ce que j'ai à vous dire, c'est que les Leçons recommenceront bien tôt: si vous me voulez venir voir aux vacances de l'hiver prochain, vous serez le bien venu, sinon j'irai dans vos quartiers pour vous assurer que je suis toûjours &c.

## LETTRE XXI.

### à Mademoiselle D: de R.

### MADEMOISELLE,

JE suis ravi de ce que pour la premiere fois de vôtre vie, vous avez à peu près donné dans mon sens, par raport à Valére & à Philemon, quoi qu'il s'en faille pourtant beaucoup que nous convenions dans l'essenciel de la veritable cause de leur dispute. Mais enfin, quel éclat ne trouve-t-on pas que rend une étincelle de feu, lors que l'on est dans les ténébres, ou que l'on ne sait ce que c'est que lumiere?

*Quand on n'a vû de fleurs que ce qu'un champ raporte,*
*Les plus simples des Gratecus*

*Sont*

*Sont d'excellens émaux, qui valent des écus,*
*Des roses de la bonne sorte.*

Au lieu que j'aprouve tout ce que vous faites, vous n'avez du penchant qu'à me contrarier, & ma disgrace a commencé avec notre première connoissance & ne finira sans doute qu'avec ma vie. Plus j'ai fait paroître de soumission à vos volontez, plus votre fierté a augmenté. Dieu soit loüé, vous en voila venuë jusqu'à me vouloir entiérement bannir de votre presence, & me priver de la seule consolation qui me restoit de vous voir tous les ans une fois ou deux, en desaprouvant tacitement le dessein, que j'avois formé, nonobstant cette hauteur avec laquelle vous me traitez, d'aller quelque fois passer une partie des vacances dans votre Ville.

En effet Mademoiselle, autrefois vos lettres, quelque pleines qu'elles fussent du plus dangereux venin, me flatoient par intervalle de l'esperance d'avoir un jour part à votre amitié. Aujourd'hui pendant que vous feignez d'un côté d'approuver le jugement, que je fais d'un passage de Roman, de l'autre vous me fermez la porte au nez, vous ne m'invitez plus à un voyage, que je n'ai fait la plûpart du tems qu'à votre considération, il semble même que vous m'en vouliez interdire la pensée.

*Allez, ingrate que vous êtes,*
*Méchante, indigne de mes soins,*
*Les dieux immortels sont temoins*
*De ce cruel mépris, du tort, que vous me faites.*
*Mais ces discours sont superflus,*
*Non, soiez en repos, vous serez obéie.*
*Sans sortir de chez moi, je finirai ma vie,*
*Puis que vous le voulez, vous ne me verrez plus.*

Oui, Mademoiselle, au lieu d'un homme, à la vérité sain & vigoureux, mais importun, dont la bouche ne se ferme point, qui ne fait que chanter & reciter de méchans vers, & qui s'ingére même de vous donner des conseils, & d'examiner votre conduite; au lieu d'un homme, dis-je, pour lequel vous avez de l'aversion, & que vous ne sauriez souffrir, vous verrez une femme malade, d'un tempérament doux, incapable de critiquer personne, qui donne le tems aux autres de l'entretenir, & qui écoute plus volontiers qu'elle ne parle: une femme en un mot, que vous connoissez, que vous estimez, rimez, & avec laquelle vous avez bû, mangé & couché assez souvent. Il y a huit mois que Madame *Tyssot* a tenu la chambre, l'été, dont elle attendoit du secours, n'ayant pas tout à fait répondu à son attente, elle veut voir si l'air d'U. sera capable de la rétablir. Bien loin de la traverser dans son dessein, j'ai aplaudi à l'ouverture qu'elle m'en a faite, j'y ai donné les mains, & l'ai laissé partir, remplie de bonnes espérances. Cependant il n'y a pas d'apparence que cela fasse aucun effet, sa guérison doit venir d'ailleurs, & je suis persuadé, comme l'experience le lui apprendra, que s'il y a quelque chose dans votre Province, qui puisse contribuer à lui rendre la santé, ce ne peut être au fond que cette grande affabilité avec laquelle vous traitez tout le monde hormis moi, cet enjoûment, qui porte la joye dans les esprits obsédez de la plus noire mélancolie, cette liberté dans vos entretiens, cette éloquence dans vos discours, & tous ces autres agremens, que j'admire, & que je ne saurois representer. Dussiez vous, si cela étoit possible, m'en vouloir encore plus de mal, & en prendre de dépit une colique venteuse, je ne puis pas sans me faire violence m'empêcher de vous dire cette douceur. Vous pouvez me défendre de vous approcher, mais vous ne me contraindrez jamais de me taire.

*En vain vous faites la farouche,*
*Quand vôtre belle main me fermeroit la bouche,*
*Je chanterai jusqu'au tombeau,*
*Les charmes de mon Isabeau.*

Mais je vous obéirai au sujet du livre, que vous lisez, vous voulez que je ne vous y fasse point de question, c'est fort bien fait à vous; je n'en ai aussi guére d'envie, & je vous assure que je m'en garderai autant que de tomber au feu: l'Auteur vous en fera assez, qui ne vous donneront pas moins de peine que vous m'en faites.

Mr. & Madame S. vous embrassent de tout leur cœur: ils sont fachez de ce que vous ne leur avez pas pû tenir parole, & protestent qu'ils vous iront trouver eux mêmes, si vous deférez plus long-tems que jusqu'à l'été prochain à venir faire la neuvaine chez eux. Ils sont crédules les pauvres gens, & ils se paient de bonne foi, du prétexte, dont vous vous servez, que vous avez été en voyage, &
que

que vos parens de H. ont été chez vous à leur tour. Pour moi, je ne donne pas si aisément dans le panneau. Franchement, voulez vous que je vous dise mon sentiment, vous seriez venûë, vous avez eu assez de tems pour cela, mais vous avez craint, si vous vous transportiez à R. que je ne vous y allasse rompre la tête tous les jours, & comme vous me haïssez mortellement, vous avez mieux aimé vous priver de la vûë de vos bons amis, que d'avoir le chagrin de me voir : c'est fort bien raisonné : je n'aurois pas pû en effet m'exemter de vous y aller faire souvent la révérence. Jouez au seur, attendez que je sois mort ; aussi bien de la maniére que vous en agissez, il est impossible que je puisse vivre : vous aurez lieu d'être alors contente, & moi je serai à l'abri de vos duretez, & dispensé de me dire plus inutilement &c.

## LETTRE XXII.

### à Monsieur de Keppel.

*Si j'avois une rime en ob,*
*Je dirois, sur ma conscience,*
*Qu'il faut que vous soiez de la race de Job,*
*Ou que vous perdiez patience.*

Depuis que je vous ai quité, Monsieur, tout chargé de vos bienfaits, au lieu desquels je ne vous ai laissé que de simples actions de grace, j'ai envoyé vingt fois chez Mr. *Welbergen*, mais toûjours inutilement : la conclusion a été que l'on fait tant d'estime de Mr. *Robbe*, que sa Géographie ne se trouve plus. Vous bâillez cependant, l'impatience, où vous êtes, de devenir le premier Géographe de l'Europe, vous fait languir après les objets nécessaires à vous en faciliter les moiens : ce n'est pas ma faute, j'en soufre pour le moins autant que vous, dans l'apréhension, où je suis que vous ne vous imaginiez que je ne pense à vous qu'aussi long-tems que Nicot m'embaume de son parfum Américain à l'ombre de vos treilles.

*Et que le bon pére Bacu*
*M'invite à vous montrer le cu*
*Du verre cristalin d'une double chopine,*
*Qu'on ne sauroit vuider, sans vous faire la mine.*

Pour vous donner des sentimens plus favorables de ma conduite, & vous persuader de la sincerité de mes intentions, au lieu de m'en tenir à votre libraire, j'ai moi même été parler à plusieurs autres, entre lesquels Mr. *Schutte* s'est engagé de parole & d'honneur de vous fournir le traité, que vous demandez, n'y en eût il qu'un seul exemplaire au monde.

*Je ne sai si l'on peut s'assurer fermement*
*Sur cette promesse verbale;*
*Les Marchands jurent aisément,*
*Leurs sermens sont comme la bale,*
*Autant en emporte le vent.*

Nous verrons ce qui en arrrivera; en tout cas si ce livre là ne se trouve point, nous aurons notre recours à quelque autre, reposez vous en sur moi, & me faites la grace de croire que je serai jusqu'au tombeau &c.

## LETTRE XXIII.

*au Même.*

MONSIEUR,

JE vous ai bien de l'obligation de la grace que vous m'avez faite de m'aprendre la naissance d'un nouvel héritier, & de vos titres, & de vos biens : je vous en félicite de tout mon cœur : j'espére qu'il se rendra un jour digne du nom qu'il porte, & qu'il se fera moins d'honneur de son patrimoine, que de vous égaler en vertu.

Assurément, Monsieur, vous allez bien vîte en besogne, vous avez de la vigueur. Il est vrai, Madame votre Epouse me paroit bien intentionnée, & je seconde votre travail de mes souhaits les plus ardents, qui valent bien un seau d'eau benite, cela ne sauroit manquer en effet de bien aller.

*Si le Ciel à mes vœux n'est pas inexorable,*
*Vous verrez dans dix ans autour de votre table*
*Une douzaine au moins d'illustres Rejettons,*
*Qui feront l'ornement de nos heureux Cantons.*

Tout

Tout ce que je prévois d'assuré, c'est que vous serez bien tôt forcé, pour la commodité de tant d'honnêtes hôtes, de faire agrandir votre maison : mais ce n'est pas une affaire, on a bien des briques & de la chaux pour trois ou quatre mille écus, & ce n'est dans le fond qu'une bagatelle pour un fameux Chef, qui est sur le point de se voir une Compagnie franche, composée de ses enfans & de ses domestiques. Vous avez outre cela tout le globe terrestre entre les mains : après que Robbe vous aura apris a en faire les divisions, il ne tiendra qu'à vous d'en faire aussi le partage à votre fantaisie.

Pour moi, je vous annonce que je n'y prétens rien : la terre a des liens, qui sont incompatibles avec ma liberté philosophique. Vous m'avez promis votre amitié, vous me l'avez même donnée : c'est une portion précieuse dont j'ai lieu de me contenter, gardez la moi toûjours entiere ; je vous en suplie, ne permettez pas qu'elle soufre aucune altération, & je vous assure en récompense, que la mort, en privant mon corps de la vie, ne changera jamais dans mon esprit la ferme résolution, que j'ai prise, d'être éternellement &c.

LET-

## LETTRE XXIIII.

*à Monsieur Emmerik.*

# MONSIEUR,

Comme vous avez été mon disciple pendant deux ans consécutifs; vous voulez bien me permettre de vous dire qu'encore que vous passiez pour un Ingénieur digne de ma façon : & que vous le soyez en effet, vous n'êtes, ni grand Mathematicien, ni habile Philosophe. Si vous aviez apris les sections Coniques, vous n'auriez eu garde de traiter de ridicule un homme, qui vous soutient que la définition 35. du premier livre d'Euclide au sujet des paralleles, n'est pas universelle, puis qu'il n'est rien de plus ordinaire dans l'hiperbole que les Asymptotes, qui sont des lignes lesquelles, quoi qu'elles ne soient rien moins qu'également distantes, étant prolongées à l'infini, ne se rencontrent pourtant jamais. Cependant vous ne laissez pas de faire des exclamations contre votre adversaire, vous l'accusez d'ignorance, & ce qui est admirable, vous voulez à toute force qu'il n'ait pas

pas le sens commun. Vous me faites pitié assurément, & vous me forcez de vous reprocher que vous ne savez pas vous même ce que vous dites. Ménagez vous une autrefois, je parle à vous comme à mon enfant, afin que vous ne retombiez pas dans la même faute. Aprenez que le sens-commun ne signifie autre chose que le sens intérieur, ou l'effet de la réunion des espèces de tous les objets, que les sens extérieurs sont capables de recevoir, qu'il communique ensuite à la fantaisie, pour être portées, afin de m'exprimer en termes allégoriques, au tribunal du Jugement, qui ayant prononcé sentence, laisse à la volonté la liberté d'embrasser quel parti elle veut, pour être enfin enrégitré dans les tables de la mémoire. D'où il paroit que disputer à quelqu'un le sens-commun, est le vouloir priver d'un avantage, que l'on ne s'est pas encore avisé de disputer aux bêtes brutes, ce qui n'est pas pardonnable à un Officier de distinction, puis que cela ne peut marquer que de l'ignorance ou de la malice.

Au reste, Monsieur, je n'espére pas, parce que je m'explique ici à la maniere du vulgaire, que vous en conclurez que je croi que nous avons plusieurs sens; je

vous

vous ai dit autrefois mon sentiment à ce sujet, vous devez vous en souvenir, puisque vous le trouviez fort extraordinaire : je suis fort éloigné d'en admettre cinq, & encore moins, en y ajoutant la faim, la soif & le plaisir de l'amour, d'en augmenter le nombre jusqu'à huit : je n'en veux absolument qu'un, il n'y en a pas davantage. Pour vous le prouver briévement, remarquez qu'il y a deux choses, qui doivent principalement être considérées dans le corps humain, les Veines & les Nerfs. Les premieres renferment le sang, qui est le principe de la vie, & les derniers, qui contiennent une espéce de moelle, sont l'unique cause du sentiment. Tous ces Nerfs, sans exception, ont deux extrémitez, l'une desquelles aboutit en quelque endroit extérieur du corps de l'animal, l'autre se trouve à une très petite distance du Conarion, ou de la glande pinéale, qui est située entre le cerveau & le cervelet.

Tant que ces tuiaux sont pleins de matiére, ils sont tendus, & ne peuvent être touchez à l'un de leurs bouts, que l'autre n'en soit ébranlé, & que l'ame qui a son siége dans cette Glandule, ne s'en apperçoive incontinent, ni plus ni moins
qu'un

qu'un homme, fut il aveugle, qui auroit mille bouts de cordes, attachées à l'un de ses doigts, s'appercevroit de quelque mouvement, aussi tôt que l'on en tireroit une, au lieu que pendant le sommeil, que ces tubes sont vuides, l'action ne pouvant être transmise, nous restons comme immobiles. Je sai bien qu'il y a des Anatomistes, qui nient que tous les nerfs s'étendent jusqu'au cerveau, mais outre que suivant les régles de la Nature, qui agit dans tous ses ouvrages, avec prudence, qui suit les voyes les plus directes, & employe les moyens les plus simples, il n'est pas vrai-semblable qu'elle ait négligé de rassembler tous ces tuyaux, pour ainsi dire, en un point, afin que notre esprit, de quelque nature qu'on le considére, aperçoive d'un seul & même endroit, tout ce qui se passe à l'égard de son véhicule, soit bien ou mal, & en détermine les organes à s'en approcher, ou à le fuïr, suivant qu'il le trouve à propos, il est seur qu'ils n'en parlent que par conjecture. Ils ne sauroient nier que, comme il est impossible que l'on nous pique en quelque endroit que ce soit, qu'il n'en sorte du sang, on ne peut le faire non plus pendant la veille, que nous ne sentions de la douleur : d'où il suit

suit évidemment que notre machine n'est à proprement parler, qu'un tissu de veines & de nerfs. Or il est certain qu'il y a des Anastomoses imperceptibles, & que jusqu'à present on n'a point inventé de microscopes capables de nous faire découvrir les vaisseaux par où les artéres se dechargent dans les veines, pour rendre possible la circulation du sang, l'existence desquels on ne peut néanmoins nier : de même encore que l'on s'imagine qu'il y a des muscles à la poitrine, au dos et ailleurs, où de certains nerfs se perdent & finissent entiérement, il est manifeste que l'on se peut tromper de la même maniére, en concluant qu'une chose n'est point, parce qu'on ne la voit pas, & qu'il peut fort bien être, comme j'en suis persuadé, que d'autres petits vaisseaux semblables, & extrémement déliez, ont communication avec ceux-ci, lesquels se vont aussi rendre à la tête. Cela étant ainsi ordonné, vous voyez bien, Monsieur, que lors que les viandes sont machées & détrempées par la salive, leurs petites parties, suivant les figures qu'elles ont, cubiques, rondes, ovales, pointues, trenchantes &c. touchent ou picotent l'une des extremitez des nerfs de la langue, &

que

que cette impression passant jusqu'à l'autre extrémité, nous en devons sentir l'effet, qu'il ne tient qu'à vous d'expprimer par le terme de doux, d'amer, d'aigre, de salé, ou tel qu'il a été institué par nos semblables.

De même, lors que le soleil, par exemple, met en mouvement de certaines parties de la matiere subtile, qui nous environne, elles ont la puissance de toucher la Rétine ou les Nerfs optiques, qui tapissent le fond de l'œil, lesquels étant continus, comme les autres, transmettent cette action jusqu'à leur autre extrémité, & nous font par cette impulsion sentir la lumiere, par le moyen de laquelle nous sommes en état de distinguer les objets visibles par leurs differentes qualitez.

La même chose se peut dire de l'Ouïe, qui n'est que l'effet d'un mouvement causé en l'air, & capable d'ébranler le timpan de l'oreille, & les nerfs acoustiques. Comme l'Odorat est celui des petites parties, qui s'exhalent des fleurs ou autres corps odorans, & s'introduisent dans le nez, traversent l'os spongieux & vont fraper les Apophyses mamillaires ou les extrémitez des nerfs, qui par leur continuité, portent leur action plus loin, &

nous les font sentir de la même manière que nous sentons, lorsque l'on nous pousse, pique, ou heurte en quelque endroit que ce soit.

Les sentimens de la faim, de la soif &c. sont de la même sorte, & ainsi il paroît qu'ayant tous une même origine, ils peuvent être réduits à un seul, & que si on leur donne différens noms, c'est pour se rendre plus intelligible, & afin de communiquer plus aisément les pensées aux autres hommes.

Pour le terme de raison, sur lequel vous êtes aussi en différend, il est seur que vous n'avez tort, ni l'un ni l'autre. Il est vrai, selon vous, qu'il a diverses significations : & il est encore vrai selon lui, qu'elles se réduisent toutes à une. Car premierement on ne sauroit disconvenir que lors, par exemple, que l'on dit qu'on a raison d'avancer que le tout est plus grand que sa partie, nonobstant les objections sophistiques que l'on peut faire à l'encontre : & que l'on a tort de prétendre que toutes les parties ensemble ne sont pas égales à leur tout, on n'entend rien par raport à la première proposition, sinon que ce que l'on dit est évident, incontestable, & la pure vérité : & à l'égard

gard de l'autre, qu'on erre, que cela répugne, & qu'on n'y trouve rien de véritable.

En second lieu; le mot de raison signifie cette faculté, qui nous distingue des autres animaux, & par laquelle nous apercevons la différence qu'il y a de substance à substance, & d'accident à accident, de quelque nature que les uns & les autres puissent être : ou c'est ce qui nous rend capables de discerner le vrai d'avec le faux.

Enfin, par raison, il faut entendre, suivant la 3. définition du 5. livre d'Euclide, le raport qu'il y a entre deux grandeurs, comparées l'une à l'autre selon la quantité. Quoique cela paroisse different, au fond c'est la même chose. Pour en être pleinement convaincu, il n'y a qu'à observer la maxime des Géométres, qui suivant cet Axiome, les choses qui conviennent ou sont égales à une même, conviennent ou sont égales entre elles, cherchent un milieu pour joindre ensemble ce qui paroit souvent fort éloigné. Ce milieu doit être ici la vérité, puisqu'il se raporte à l'un & à l'autre; & qu'il n'en differe même que dans le nom seul. Mais direz vous, ce milieu a-t-il effectivement

vement bien toutes les qualitez néceſſaires pour une opération de cette nature, eſt il bien connu, & peut il ſervir de mineure, en bonne Logique, pour la conſtruction d'un argument? Le Saint Eſprit a négligé de s'expliquer ſur la quadrature du cercle, lors qu'il a eu occaſion d'en parler, au ſujet de la mer d'airain qui étoit dans le temple de Salomon : cependant il s'accommode à l'opinion du vulgaire, mais Jeſus Chriſt reſte müet devant Pilate, lors qu'il lui demande ce que c'eſt que la vérité. J'avouë que les Philoſophes ont eu des ſentimens fort differens ſur ce ſujet, les uns ont voulu qu'elle fut dans les choſes, les autres qu'elle ne ſubſiſtât que dans notre entendement. Il y en a qui la croyent claire & évidente, & il en eſt qui prétendent qu'elle eſt obſcure & même cachée. Il s'eſt trouvé de doctes perſonnages parmi les Ariſtotéliciens, qui l'ont ſoutenuë capable du plus & du moins, au lieu que ſaint Thomas aſſure poſitivement le contraire. Suivant les uns, elle eſt réelle, les autres la croient chimérique. Pour moi, je tiens avec l'Ecole que la vérité eſt proprement le raport d'égalité ou de reſſemblance, qui ſe trouve entre deux ou pluſieurs êtres de même genre.

D'où

D'où il paroit que la vérité & la raison, ayant quant à l'objet, une même définition, l'une & l'autre est incontestablement la même chose. Ainsi vous ne vous êtes mal entendus que faute d'une bonne explication. Vous ne doutez pas sans doute, qu'il seroit assez aisé de s'étendre bien plus considérablement sur un sujet de cette nature, je le serois s'il étoit nécessaire, mais je m'imagine que cela peut sufire dans une lettre, qui ne doit précéder que de quelques jours votre heureux retour de la campagne, & une entrevûë, où nous aurons tout le loisir nécessaire, de nous entretenir de vive voix de vos nouvelles conquêtes, & de nos vieilles études. Réfléchissez cependant sur les objections, que vous aurez à me faire, & je me preparerai pour vous y répondre avec toute la patience dont est capable &c.

# LETTRES CHOISIES

## LETTRE XXV

*à Monsieur de Coeverde.*

MONSIEUR,

Mon tempérament est si éloigné de me porter à l'étonnement, que quand la terre crouleroit, & que les cieux se dissiperoient, je n'en serois pas plus touché que je le serois à la vûë du fracas, que fait ordinairement une guépe, qui se jette à corps perdu dans une toile d'araignée. Je sai trop que toutes les créatures du monde sont sujettes à rentrer, pour ainsi dire, dans le néant d'où elles ont pris leur origine, & que les hommes, de quelques ancêtres qu'ils décendent, & de quelque caractére qu'ils soient revêtus, ne naissent que pour mourir. Je suis de plus fort accoutumé à voir des morts dans ma famille; cependant avec tout cela, il faut que je vous avouë que la gazette vient d'en nommer un, qui me fera penser plus d'une fois au massacre de Malplaquet. Oui, Monsieur, la nouvelle n'est que trop véritable, mon frere n'est plus: ce frere, que j'aimois comme moi même, & auquel j'étois aussi cher que la prunelle de son œil: ce Héros

sur

sur lequel mes enfans avoient fondé leurs espérances, & qui étoit leur couronne & leur joye, a servi de victime à l'Etat, il vient d'être immolé pour la Patrie. Comme je suis presque insensible aux événemens les plus tragiques, je ne suis pas aussi surpris de voir mes filles dans un dueil accablant, & dans une afliction mortelle, fondre en larmes pour un Oncle, qui devoit leur servir de pere après moi. En effet, il est constant que c'est une chose facheuse de perdre un parent, que sa bravoure, sa conduite & ses grands mérites rendent si recommandable à la société, & que l'on récompense avec une aprobation universelle. Il est vrai qu'il n'étoit encore que Colonel commandant d'un des premiers corps de l'Armée, mais j'ai vû des lettres des Députez de Harlem, contenant des promesses si fortes de l'avancer au premier jour, & les plus acréditez de Nort-Hollande, que j'ai vûs depuis peu, m'ont parlé de lui d'une maniere si avantageuse, & m'ont si fort assuré qu'ils auroient soin de sa fortune, que nous ne desespérions pas de le voir un jour Général. Ce n'est pas peu, Monsieur, pour un étranger, qui n'a de Patron que son épée, & qui ne se peut produire que par ses actions; cela

n'arn'arrive pas à tout le monde : mais il s'en faut bien aussi que tout le monde ait les talens nécessaires à remplir les devoirs ausquels engage un si grand dessein. Il n'avoit pas quinze ans accomplis, lors qu'il entra dans les gardes, sous le commandement de son beau-frere, Mr. de *Fraiquin*. Peu après il se trouva à la bataille de Sénef, & depuis il n'y a presque point eu, ni en Irlande, ni aux Païs bas, de combats ou de siéges remarquables, où il n'ait assisté, & où il ne se soit signalé d'une maniére extraordinaire. Jamais il n'a reculé d'un pas dans aucune action d'honneur; peu de gens se frotoient à lui, qu'ils n'en revinssent marquez, parce qu'il étoit non seulement intrépide, mais fort, & extrémement adroit, d'un très bon naturel, mais peu endurant, jusque là qu'il s'ingéra, il y a quelques années, de donner un rude soufflet, dans l'antichambre de Mr. *d'Ouwerkerk*, Généralissime de nos armées, à l'un de ses aides de camp, pour lui avoir fait une réponse un peu de travers. Cependant on peut dire que de cent fois qu'il a tiré l'épée, il n'a jamais été blessé; il se contentoit ordinairement de même, de desarmer sa partie, & n'eut été que le Comte de Dor-

Dormal, étant prêt de se batre avec lui, dans la ville de Malines, lui donna en traitre, un coup de taille au travers du visage, en suite de quoi il tâcha de le percer avant qu'il eut dégainé, il ne l'auroit sans doute pas tué. Enfin je puis dire sans hyperbole, qu'il n'y avoit peut être pas à tous égards, un plus galant homme & plus brave Officier au service de l'Etat.

Mes amis, qui sont autant persuadez de cette vérité que je le suis, viennent en foule me consoler d'une si rude perte : je veux croire qu'il y en a parmi eux, qui sont véritablement sensibles à ce malheur, d'autres ne s'en font apparemment que rire, mais suposé qu'ils en soient également touchez au vif, quel bien m'en revient-il, je vous en suplie ? Quand un marchand est ruiné de fond en comble, ou par une banqueroute, qu'on lui a faite, ou par le naufrage d'un vaisseau, où sous l'espérance d'un grand gain, il avoit hasardé tout son bien, & que ceux, qui viennent lui témoigner la part qu'ils prennent à son desastre, lui aportent, l'un un present de cent Louis, l'autre deux mille écus, que chacun s'empresse à qui contribuera le plus à lui former un nouvel éta-

établissement, & le remettre en crédit, passe, car cela est non seulement consolant, il est aussi très avantageux. Si de même les bonnes gens, mes voisins, mes connoissances, à mesure qu'ils entrent chez moi, ajoutoient à leur compliment fichu, & à la vieille mode, l'un un bras, l'autre une jambe, & que m'ayant accommodé de tous les membres nécessaires à la construction d'un corps semblable à celui qui vient de tomber, ils pussent l'animer, au même état qu'étoit le défunt, ce seroit une belle chose, cette action me paroîtroit digne de leur charité, & meriteroit mes actions de graces; mais tout ce qui me revient de cette foule de visiteurs, c'est d'avoir les oreilles rompues de leur entendre dire des sotises, & de voir rouvrir à tout bout de champ, des playes, que le sang, après en être sorti à gros bouillons, avoit eu soin lui même de fermer.

Le second de mes fils, Lieutenant d'Infanterie, a eu presque un sort semblable; il n'étoit qu'à dix pas des ouvrages de l'ennemi, lorsque le coup d'une bale, tirée justement contre l'un des boutons de sa veste, correspondante à la boucle de son porte-épée, qui étoit dessous, l'étourdit si fort, qu'il tomba tout étendu par terre. Dans ces entrefaites, son Régiment, qui avoit diminué de la moitié, fut forcé de reculer, pour reprendre haleine, & se mettre en état d'ataquer de nouveau. Lui cependant ayant repris ses esprits, se leva, & voulut rejoindre ses camarades mais il en fut empêché par quelques soldats François, qui lui ayant servi de valets de chambre, le menérent nud, prisonnier en France, où le Gouverneur de Valenciennes, après l'avoir traité fort civilement, lui offrit sa table, son crédit & sa bourse, & le laissa sortir quatre jours après sur sa parole, de sorte qu'à une grosse contusion près, & une égratignure à la jambe, il s'est tiré heureusement de cette affaire, ce qui me donne bien de la joye. Mais voila quatre heures, qui sonnent, le chariot de Zutphen va partir, à demain le reste, je suis &c.

## LETTRE XXVI.

*au Même.*

MONSIEUR,

POur rentrer en matiere, permettez moi de vous remetre en mémoire que Charles onziéme, Roi de Suede, avoit une Cousine germaine, nommée Juliane, qu'il vouloit épouser. Le Comte Lélie, qui la voyoit souvent à la Cour, quoi que marié, abusa de la jeunesse de cette aimable personne ; cela se divulgua, le Comte s'enfuit, & la Princesse fut renfermée ; on prit pour la garder Mad. *Marchand*, qui avoit un fils secrétaire chez Mr. *Rumpf*, Ministre de leurs Hautes-Puissances à *Stockholm*. Ce jeune homme alloit quelquefois voir sa Mére, cela lui donna occasion de faire connoissance avec la Captive, qui le trouvant joli garçon, s'abandonna aussi à lui. Le Roi fut encore extrémement touché de ce nouvel incident, mais n'y ayant point de rémede, il fit Marchand Baron de Lelienburg, & leur ayant permis de se marier, ils s'en vinrent en Hollande, où le Prince d'Oran-
ge

ge donna à ce Baron de nouvelle étampe la Droſſarderie d'Yſelſteyn. Voila, Monſieur, comme il y en a qui font leur fortune par la galanterie : à d'autres elle eſt préjudiciable, & quelquefois même funeſte. Mon frére l'Officier, à ce que l'on prétend, avoit eu une amourette avec Mademoiſelle N. Meſſieurs N. N. qui lui ſont apparentez, lui en vouloient du mal, parce qu'il n'avoit pas voulu l'épouſer, il s'imaginoit qu'ils l'avoient traverſé ſous main dans toutes ſes ſolicitations, & qu'ils ne cherchoient qu'à le perdre. Auſſi-tôt que ſon Brigadier eſt devenu Major Général, & lui par conséquent Colonel Commandant de ſon Régiment, il pretendoit le gouverner à ſa fantaiſie : ce Général a pris de là occaſion de le mortifier. On avoit fait des recruës, il les voulut voir, & y trouva trois hommes, qui ne lui agréoient point ; mon frére, qui à la vérité avoit beaucoup d'ambition, étant élevé dans un métier, où il ſe flatoit d'être paſſé maître, le pria de le laiſſer faire, & de ſe mêler de ſon Généralat, puis qu'il étoit en état de répondre de toutes choſes : ſelon lui, ces Soldats étoient bons, il ſe faiſoit fort de leur faire paſſer la montre. Là dessus ils eurent de grosses paroles, & le supérieur mit l'inférieur en arrêt, sous prétexte qu'il ne vouloit pas suivre ses ordres. Ce procédé aigrit la Régence de *H.* qui portoit mon frére, & ils avoient résolu ensemble que d'abord qu'il seroit libre, il iroit presenter ces gens aux Etats à la Haye, pour leur montrer l'injustice qu'il prétendoit qu'on lui faisoit. En attendant, le Colonel Jacot s'en chargea, & les Commissaires les acceptérent sans aucune difficulté. Avant que ce facheux différend ait été terminé, on en est venu aux mains avec nos ennemis. Mon frére, qui ne vouloit pas rester là les bras croisez, obtint du Prince de Frise, par des instances réitérées, comme il le demandoit en propres termes, la grace, qu'on ne refusoit pas aux forçats de galére, d'être déchargé de ses chaines pendant l'action. A la premiére décharge il fut blessé à la gorge, ses gens là dessus vouloient par force le conduire ou mener en lieu seur, il se moqua d'eux, mais un moment après il fut percé à jour de tant de côtez, & en tant d'endroits à la fois qu'il y seroit resté, quand il auroit eu cent vies.

Voila comme il se retira d'affaires avec Mr.

Mr. N. Je n'examine point qui avoit raison d'eux deux, mais je fai très bien de l'humeur qu'étoit mon frére, que cela auroit pû avoir de fâcheufes conféquences, & que le masque étant une fois levé, malaifément feroient ils devenus amis, avant qu'ils fe fuffent parlé fans témoins.

Ce qui eft en quelque façon confolant pour moi, dans cette fâcheufe conjoncture, c'eft comme je vous l'ai dit dans ma précédente, que mon fecond fils eft refté en vie, & que fon frére aîné, qui s'en eft encore tiré à meilleur marché que lui, fe fignale dans toutes les occafions, où il fe rencontre. Au combat de Steenkerken, qui étoit fa premiére campagne, & où il n'avoit que quinze ans ; à la journée de Landen ; au fiége de Namur ; à Audenarden, à la prife de la Citadelle de Liége ; à l'affaire de Nimégue ; à Wynnendal ; au paffage de l'Efcaut, & en vingt autres endroits, il a inconteftablement toujours fait des merveilles. Son oncle étoit équitable, & incapable de le flater, lui même m'a affuré qu'on pouvoit dire fans hyperbole, que c'étoit ce jeune Officier, qui avoit été indirectement la caufe du gain de la bataille de

R

Ramilli. Cela paroît un paradoxe, neanmoins selon lui, on ne le doit pas trouver plus extraordinaire que de voir que la pesanteur d'une once est capable de faire pencher de son côté une balance, dans les deux plats de laquelle il y a un quintal en équilibres. La raison qu'il en donnoit étoit que le terrain ne permettoit pas aux Anglois d'agir, & qu'il y avoit même si peu de nos gens, qui donnassent, que la victoire chanceloit. Là dessus mon fils se détacha seul avec son escadron, & pénétra si avant dans les assaillans, que les ayant attaquez brusquement, il en batit cinq ou six bataillons & escadrons à plate couture. Le desastre de ceux-ci aporta le desordre & la confusion dans les autres : l'armée plia, & se mit à la débandade, de sorte que plus d'une heure après qu'on le croioit absolument perdu, on fut tout surpris de le voir revenir, couvert de sang & de poussière, avec environ la moitié de son monde, tous chargez de butin, & de deux Drapeaux, qu'il avoit gagnez sur les François.

Ici il a fait main-basse sur les Gardes du corps, & sur quatre ou cinq autres escadrons de la maison du Roi, & après avoir

voir pris trois Etendarts, entre lesquels on compte la Cornette blanche, que la France n'avoit encore jamais perduë, il est revenu triomphant, de cet horrible carnage, sans qu'il lui en ait couté qu'un cheval, qui a eu la tête cassée sous lui.

En France, en Espagne, & presque par tout ailleurs, des actions de cette nature se payent d'un ordre de Chevalerie, de titres d'honneur, de grandes pensions, ou de charges considérables. En Hollande ce n'est pas la même chose. Ce que sa bravoure lui a atiré de meilleur, c'est l'aplaudissement de nos Généraux, & les aclamations du Peuple. Cette récompense est agréable, mais elle n'est pas solide: les Guirlandes & les Lauriers sont des viandes creuses, dont l'estomac ne se remplit pas, & dont la bourse ne profite point. Un Officier demande de l'avancement, & une augmentation de paye. Je ne saurois souffrir qu'on use de faveur envers les miens, non plus qu'envers les autres, je demande qu'on fasse justice, & alors je suis content. Par malheur il ne s'est point trouvé de Campagnie vacante dans les Carabiniers, & on n'a pas jugé à propos de le faire passer par dessus la tête de beaucoup de gens plus vieux que lui, pour le faire succéder à son oncle,

cle, on s'est contenté de lui donner sa Compagnie, & de faire à mes autres enfans mille promesses de les avancer. Quoique le salaire ne soit nullement proportionné à l'œuvre, & qu'il semble que le commandement de cent trente Grenadiers à cheval, avec le caractére de Capitaine-Lieutenant, vaille bien celui de cinquante Masettes à pié, qu'on lui avoit offert dans les Gardes du Prince de Hessen Cassel, il y a plus de trois ans, lui-même l'a voulu ainsi, parce qu'il n'est point du Compérage, & qu'il n'a plus les mêmes vûës: il se bornoit autrefois à sa Patrie, mais puis qu'il la trouve ingrate, je ne pense pas qu'il néglige plus les occasions favorables de faire sa fortune autre part, fut ce parmi les Musulmans.

Avouez moi, Monsieur, cependant, pour revenir à notre bataille, que cette affaire a été bien mal concertée : sans l'incomparable valeur de nos illustres Guerriers, nous devions incontestablement succomber. Je sai bien qu'il y a de nos alliez, qui ne demandent point la paix : j'en apris des nouvelles si bien circonstanciées à Utrecht, l'hiver passé, que bien de mes amis me sont témoins que je leur dis alors, que nous ne ferions rien cette campagne, ou que nous serions batus. Graces

ces au Ciel, l'événement n'a pas répondu à mes conjectures, nous avons gagné une Forteresse imprenable, Tournai est tombé entre nos mains, à la vûë de cent mille Combatans, & nous venons de conserver le champ de bataille: mais à Dieu ne plaise que nous ayons souvent des victoires à ce prix là.

Il ne faut pas s'étonner si nous avons tant perdu de monde, il étoit naturellement parlant, impossible que cela arrivât autrement, c'est même une espéce de miracle, & une honte éternelle pour la nation Françoise, que nous n'y ayons pas tous été hachez par morceaux. L'entreprise étoit téméraire, elle nous a réussi, c'étoit néanmoins une bévûë, dont nos gens ne se purgeront jamais. Le dessein qu'on avoit formé, étoit d'assiéger Mons, on avoit déja bloqué cette place: l'ennemi là dessus sort de ses fortifications inaccessibles, où il s'étoit tenu caché tout l'été, & fait mine de vouloir l'empêcher; cependant il se fortifie, il construit plusieurs parapets de terre & de grands arbres arrangez les uns sur les autres, de sorte que les racines tournées de notre côté, en défendent absolument l'accès, & ajoute, à ces ouvrages d'une nouvelle invention, un

puis-

puissant & dernier retranchement, précédé d'un fossé profond, & large de quinze ou vingt semelles. Posté qu'il est entre des bois & des rivieres, capables de favoriser sa retraite, il se montre, nous pauvres Hollandois, abandonnons notre siége sans nécessité, & au lieu de l'attendre, suivant les meilleures maximes de la guerre, & les régles du bon sens, nous donnons dans le panneau, nous allons attaquer dans leur fort des gens, qui nous surpassent d'un tiers en nombre. Il est vrai que par des efforts extraordinaires, & une valeur incroiable, nous les avons chassez dans quatre ou cinq heures de tems, de ces redoutables travaux, & les avons forcez, chargez de honte & de confusion, de regagner promtement leurs lignes. Mais encore un coup, qu'avons nous gagné? Le voulez vous savoir, Monsieur, nous avons gagné dix arpens de terre, & augmenté de vingt mille, le nombre des veuves & des orfelins: & cela pour suivre le caprice d'un seul homme, qui veut premiérement, contre le consentement des autres, que l'on se bate, & qui ne veut pas ensuite que l'on profite de la déroute de l'ennemi, qui ne sait que devenir, & qu'il ne tient qu'à nous d'exterminer, ou d'enfermer dans

nos

nos prisons. Peut être, dira-t-on, n'y a-t-il point de malice; je n'en sai rien, je ne veux pas l'examiner de si près, de peur d'y trouver moins d'ignorance. Tout ce que l'on peut dire en faveur de nos directeurs, c'est qu'ils ont été trompez. La France n'a point d'argent, leur a t-on dit, les deserteurs assurent unanimement que la misére est inexprimable dans ce Royaume. Les soldats, mal contens, sont outre cela intimidez, depuis la bataille d'Osté-te, il semble qu'ils soient saisis d'une terreur panique, dont ils ne peuvent revenir: Si nous allons droit à eux, il est indubitable que la moitié de leurs troupes mettra les armes bas, & que l'autre prendra la fuite: ainsi nous terminerons la guerre par ce seul combat. Ce raisonnement est beau, mais qui est-ce qui ignore que les armes sont journalieres, & que la Providence fait son jeu d'exalter les petits, & d'humilier les puissans? Je ne suis point homme à citations, je n'aime qu'à raisonner, il seroit autrement assez aisé de faire voir qu'en mille occasions différentes, celui qui a été malheureux dans une rencontre, est victorieux dans une autre: jamais il ne faut abuser de sa fortune, ni mépriser son ennemi. Je pleure quand je vois

vois des torrens de sang couler si mal à propos, & je tremble de peur que la perte considerable, que nous venons de faire de tant d'Officiers expérimentez, ne soit préjudiciable à ces bienheureuses Provinces. Le mal n'est point pour eux, ils sont morts, & n'ont plus besoin de rien, il n'y a que ceux qu'ils laissent, qui sont à plaindre. En effet, est il des gens au monde, qui exercent une profession plus inhumaine, qui ménent une vie plus libre, & qui s'aperçoivent moins des angoisses de la mort ? Je les compare volontiers à un équipage, qui part dans un vaisseau magnifique bien avitaillé, & qui tire du côté d'Orient, pour aller aux Antipodes: je m'imagine que ces voyageurs, depuis le moment de leur départ, jusques à ce qu'ils ayent terminé leur voyage, ont éternellement beau tems.

Ayant le vent en poupe, personne n'est occupé à la maneuvre, ce qui est cause que les uns se divertissent à lire, les autres à causer : il y en a qui joüent d'un côté, tandis que quelques uns boivent de l'autre : ils fument, ils sautent, ils badinent, & sont dans de continuels plaisirs, parce que tout leur rit, & qu'ils n'ont absolument faute de rien. Au contraire,

je

je regarde les autres hommes comme une troupe de malheureux, entrez dans un autre navire, qui ayant pris sa route du côté d'Occident, pour se rendre au même endroit que le précédent, n'a qu'à peine démaré que le Ciel se couvre, les vents commencent à soufler, la Mer s'enfle. Les pauvres gens batus d'orages, & de tempêtes continuelles, deviennent foibles & malades, ils n'ont aucun relâche, ni jour ni nuit, & sont toûjours dans le travail & dans la crainte. Le Capitaine, qui n'avance point, craignant de ne pouvoir relâcher nulle part pour prendre des rafraîchissemens, retranche tous les jours quelque chose de leur portion ordinaire. L'eau se corrompt, les viandes se gâtent, on a peu de vivres, & ils ne valent rien. Enfin ils découvrent le port, ils y arrivent au bout de six années, au lieu que les premiers ont franchi le trajet en autant de mois. Ont ils été plus heureux, parce qu'ils ont été plus long-tems en chemin ? point du tout. Comme dans la morale on doit compter la longueur de la vie par les actions vertueuses, que l'on a faites, dans le prétendu voyage, que nous décrivons, je croi qu'il faut avoir plus égard à la multitude des plai-

plaisirs, dont on a joüi, qu'au nombre des momens, que l'on a passez, d'où il suit qu'un homme, qui vit cent ans, & qui est toûjours dans l'agitation, dans la misére, ou seulement à l'étroit, & assailli des incommoditez, ausquelles les pauvres sont ordinairement sujets, meurt infiniment plus jeune, qu'un Capitaine sexagénaire, qui a été quarante ans Officier, puis qu'il n'y a sorte de voluptez dans lesquelles celui-ci n'ait été éternellement enseveli, au lieu que l'autre n'a fait que languir depuis le berceau jusqu'au sepulcre. Ce qui est admirable, est qu'en quelque état que l'on se trouve, on n'aime point à mourir. J'ai toûjours été de ce sentiment, & vous n'en êtes pas plus éloigné que Mécénas : vivons donc tant que nous pourrons, contentons nous de notre sort ; ne cessez que le plus tard que vous pourrez d'être mon ami, & je serai aussi long-tems qu'il me sera possible.

*Monsieur, &c.*

# LETTRE XXVII.

*à Madame la Doüairiere de Patot.*

Madame ma chére sœur.

IL est incontestablement vrai que la perte, que vous venez de faire en la personne de votre illustre & aimable Epoux, est inexprimable, puisqu'en lui vous perdez le plus noble & le plus vaillant homme, qui ait jamais endossé le harnois: un soldat qui alloit à pas de géant au Généralat, dont le crédit & le mérite promettoient de vous élever jusqu'au faîte des grandeurs & de la gloire, & avec lequel vous deviez mener une vie heureuse, agréable & accompagnée de tous les charmes & de toutes les délices imaginables. Mes enfans y perdent un Patron bien intentionné, un Oncle qu'ils aimoient comme leur pere, leur apui, leur couronne, leur espérance. Enfin j'y pers en mon particulier, un ami sincère, un frere, qui depuis nos plus tendres années, a toûjours eu en moi une confiance filiale, une déférence respectueuse, & des sentimens grands & reconnoissans: en un mot, un

frere

re, que je préférois aux enfans de ma propre chair, & pour lequel je donnerois encore aujourd'hui le plus pur du sang, qui circule dans mes veines, si je pouvois lui rendre la vie. Quoique les liens, qui nous attachoient à lui, fussent forts, ils n'ont pas été indissolubles, la mort les a brisez en un instant: il ne tient plus à nous que par les simples vestiges d'un cerveau fragile, qui conserve assez imparfaitement quelques foibles traits, & de son visage, & de ses actions: nous ne le possédons qu'en idée, & tout ce que nous pouvons faire à son honneur, par les devoirs religieux ausquels nous sommes naturellement engagez, est d'avoir sa mémoire chére, glorieuse, & en une très particuliere recommandation. Car enfin, pour peu que nous réfléchissions sur la briéveté de la vie, sur les dangers ausquels elle est exposée à tout moment, & sur la nécessité indispensable que les décrets irrévocables d'une sagesse infinie nous ont imposée de mourir une fois, je ne vois pas que l'humanité, la charité, ni le sang nous engagent à autre chose. Quand nos cris & nos hurlemens parviendroient jusqu'au centre des abîmes ; que nos soupirs & nos

gémisgemissemens perceroient la voute supérieure du firmament, & que nos yeux abatus distileroient, comme autant de fontaines intarissables, des larmes améres, qui formassent des torrens, capables d'inonder le globe, que nous habitons, tout cela seroit inutile: nous altérerions notre santé, le défunt n'en resteroit pas moins immobile, & qui pis est, le Ciel en seroit infailliblement offencé. Nous l'avons regreté, nous l'avons pleuré, nous avons satisfait aux loix qu'il semble que nous prescrit la nature. Tachons presentement, ma chére sœur, de satisfaire à notre devoir par raport à nous. Loüons Dieu de ce que ce Héros est expiré au lit d'honneur, pour les intérêts de notre Patrie, à la tête d'un Bataillon, qui s'est autant distingué que celui qui le commandoit, & qu'il a été couronné de l'immortalité, au moment que n'ayant l'imagination remplie que de lauriers, il couroit à la gloire & au triomphe. Quand je vois tant de misérables soldats, qui ne sauroient guérir de leurs blessures, il me semble que c'est une grande consolation pour nous, qu'il soit passé de cette vie à l'autre, sans qu'il s'en soit, pour ainsi dire, aperçû. Il n'a pas eu le déplaisir d'envisager son corps robuste, vigoureux & à la fleur de son âge, ni chargé du faix insuportable d'une vieillesse caduque, & sujette à mille infirmitez accablantes, ni percé des coups de ses ennemis vaincus: son ame généreuse, voulant profiter de l'occasion favorable de rompre les chaines, qui la tenoient dans l'esclavage, s'est elle même ouvert le passage au travers de ses playes, & n'a vû la chute de la masse de sa chair, que lors qu'elle a été afranchie de ses liens. Il est dans la tranquilité, il repose, il attend que nous allions à lui, nous n'avons plus que quelques jours à le survivre, on sera tout étonné que nous le joindrons. Plus ce tems là sera court, plus nous sommes obligez de nous préparer à franchir heureusement la barriére, qui nous sépare de ces bien-heureuses Ombres. Il ne faut pourtant pas que le salut soit l'unique objet de nos pensées, Dieu lui même ne le prétend point, il veut au contraire, tant que nous sommes ici bas, que nos soins s'étendent jusqu'au temporel. Je ne doute point comme Chrétienne, que vous ne songiez sérieusement à l'un, & j'aprens qu'en qualité d'économe, vous travaillez avec zéle à l'autre, en mettant

ordre

ordre à vos affaires domestiques. Je souhaite de tout mon cœur que le succès en soit heureux, & que le Ciel vous suscite les moyens de régler si bien toutes choses, que vous vous trouviez en état de pouvoir subsister d'une maniere, qui réponde à la qualité de la personne, à laquelle vous avez été jointe si étroitement.

Comme j'ignore les liaisons que vous avez aux Pays-Bas Espagnols, que je n'ai qu'une connoissance fort confuse de vos revenus, & que vos inclinations me sont de même tout à fait inconnuës, vous me permettrez de vous dire, Madame, que je n'ai point de conseils positifs à vous donner. Mais suposé que vous vous borniez au seul Epoux, que vous avez eu, que vous n'êtes point attachée à un lieu plutôt qu'à un autre, & que vos biens ne sont que médiocres, comme je l'aprens avec le dernier étonnement, il est seur qu'il fait ici bien meilleur marché vivre qu'en vos quartiers, & que nous avons même de petites villes proches de celle-ci, où l'on a pour cinq sous ce qui en coute ailleurs quinze, & où vous paroitriez infiniment plus que dans un *Brusselles*, où ceux qui ne font pas de grandes dépenses, & une très belle figure, ne sont qu'à peine

peine distinguez du commun. J'aurois outre cela bien des choses à vous dire de notre famille, dont il n'y a personne qui soit instruit comme moi, mais il faudroit que cela se fît de bouche, elles sont trop étenduës, & je n'oserois même les confier au papier, puisqu'il arrive souvent que les lettres s'égarent ou sont interceptées. Ce que je vous dirai presentement, c'est que, nonobstant le testament que j'ai de mon frere, en reconnoissance de bien des obligations, qu'il m'avoit, & les affaires que je pourrois peut être vous faire, en conséquence de mes justes prétentions, je vous déclare que mon cœur, mon affection, ma bourse, mon crédit, & tout ce que j'ai au monde, est un bien dans ma famille, dont je prétens que vous ayez la jouïssance comme ceux qui me touchent le plus près. Je parle sincérement, & l'occasion ne se presentera jamais, que je ne vous en donne des preuves convaincantes.

Peut être nous aprocherons nous quelque jour, j'espére du moins que nous ne mourrons pas sans nous voir, & que vos affaires pourront vous apeller dans un lieu, où vous trouverez une maison à votre service, & des Hôtes qui vous recevront à bras ouverts. Ma femme & mes enfans souhaitent ce plaisir aussi bien que moi, ils vous embrassent du plus profond de leur ame. Nous faisons aussi nos complimens à ma chére Niéce votre fille, que j'exhorte à ne rien faire qu'elle se puisse reprocher, & qui soit indigne de ceux, qui lui ont donné la vie: elle attirera par là la benediction de Dieu, l'estime des honnêtes gens, & l'amour d'un Oncle, qui sent déja pour elle une tendresse toute particuliere, & qui égale le zéle avec lequel je suis &c.

## LETTRE XXVIII.

*à Monsieur de Coeverde.*

### MONSIEUR,

La maniere en laquelle l'Univers & les habitans de la Terre sont gouvernez, est une question si délicate, & tellement au dessus de la portée d'un mortel, qu'il est impossible de vous y répondre. La plûpart des hommes conviennent qu'il y a un être souverainement parfait, mais ils sont si differens sur sa maniere d'agir, & sur les moyens qu'il employe pour la direction de ses ouvrages, qu'il faudroit avoir plus de vanité que je n'en ai, pour s'ingérer de traiter cette matiere à fond. Si vous voulez pourtant en savoir mon sentiment, je vous dirai en peu de mots que, comme j'ai remarqué dans l'étude que j'ai faite de la Physique, que la Nature est uniforme dans toutes ses opérations, je croi de même que Dieu est extrêmement simple dans le gouvernement qu'il exerce sur toutes les créatures : qu'il suit poctuellement les loix, qu'il a lui même établies pour leur conservation, ou pour leur anéantissement, & qu'il ne s'en écarte jamais que dans des cas tout à fait extraordinaires. En effet, je voi qu'il n'y a climat, ni religion, ni secte, ni âge, ni etat, ni rien de ce que l'on peut imaginer, qui exemte les hommes des infirmitez & des incidens ausquels leur nature fragile est sujette. Les Cieux roulent & suivent leur cours ordinaire dans des tems précisément égaux à eux mêmes : la Terre produit ses plantes, ses fruits, ses métaux & ses minéraux sans interruption, pour toutes sortes de gens. La pluye tombe également sur le champ du juste & de l'injuste. Les vents, la foudre, la tempête, les météores en général

ne

ne respectent personne. La mer submerge les païs Chrétiens comme les Payens: & la peste, qui ne considére non plus le sceptre que la houlette, tue le vieillard sur ses potences comme l'enfant dans ses maillots.

On observe de même que dans les guerres, de quelque nature qu'elles soient, les armes sont journalieres: le Turc est batu en un endroit, & victorieux dans un autre: le dévot & l'impie sont traitez également, & il arrive qu'un scélerat vit de la maniere du monde la plus heureuse, & que le sage au contraire, n'a que des traverses & des contretems facheux depuis sa naissance jusqu'au tombeau.

En voici deux exemples récens, qui me paroissent fort remarquables, & qui ne me permettent plus d'en douter. Je ne sai si vous avez ouï parler de Mylord N: Mr. *Crémer* le pere m'a assuré qu'il l'avoit connu particulierement. On prétend qu'il n'y a point de crimes énormes qu'il n'ait commis. La gourmandise, l'ivrognerie & le jeu ne passoient pas seulement pour des foiblesses dans son esprit. La paillardise étoit son métier ordinaire; il a commis deux incestes, l'un avec sa tante, l'autre avec sa propre sœur,

qui

qui en ont eu chacune un enfant. Il se vantoit lui même d'être sodomite : il nourrissoit une chévre, dont il a abusé mille fois : on tient qu'il a tüé plusieurs personnes en duël, & massacré quantité de païsans & de domestiques : en un mot, on peut dire qu'il n'y a point de démon, qui ait commis plus de méchancetez & de vilenies exécrables, que cet abominable animal à figure humaine. Cependant la nature l'avoit rendu charmant, il étoit beau, bien fait, agréable, de bon air, caressant, civil, honnête, vigoureux, toûjours sain comme un poisson, partout favorisé de la fortune, chéri des dames, aimé des grands, craint des petits, & après avoir atteint un assez grand âge, il est mort sans avoir apris par sa propre expérience, ce que c'étoit qu'adversité & douleur.

Au contraire on peut avancer, sans faire tort à qui que ce soit, que Mr. *Tyssot* de *Rance* étoit un des honnêtes hommes, qui ait jamais été : toûjours sage, toûjours modeste : un Israëlite sans fraude, bien-faisant, charitable, pieux : un pére de famille, que Madame de *Diesbach*, son épouse cherissoit, que ses enfans adoroient, parce qu'il les aimoit com-

comme lui même, & comme il étoit aussi aimé & estimé de tous ceux qui le connoissoient ; un véritable Chrétien, sans vices, & qui auroit été au desespoir de ne pas faire à autrui ce qu'il desiroit, que l'on fit à lui même. Avec tout cela il n'a jamais pû éviter d'être batu de l'orage, de perdre ses meilleurs amis, d'avoir des banqueroutes, des incendies, un brave fils, d'une vingtaine d'années, tüé à l'une des derniéres batailles des Païs-Bas, enfin lui même a eu la fin la plus tragique qu'il soit possible de nous ariver. Comme il étoit Seigneur de *Romainmotier*, où l'un de ses enfans, qui lui a succedé, fait encore haute & basse justice, à une lieuë & demi *d'Iverdun*, dans le Canton de *Berne* en Suisse, & que son Chateau *Rance* est situé près de là, peu éloigné d'un Lac, beau & poissonneux, il s'avisa de faire construire là autour un fort, ainsi que cela se pratique assez souvent en ce Païs là pour le divertissement des jeunes gens, & ayant invité tout ce qu'il y avoit de Gentils-hommes & de personnes de distinction à quelques lieuës à la ronde ; on pourvût ce fort de monde & de munitions de bouche & de guerre ;

d'aud'autres enfuite l'ataquerent, & le prirent dans peu de jours. Ce spectacle avoit atiré des miliers d'habitans de tous les endroits circonvoifins, tant par terre que par eau. Le malheur voulut que dans ces entrefaites, un bateau chargé de foixante ou quatrevingt perfonnes, enfonça à une petite diftance des bords du Lac. Mr. *Tyffot*, qui étoit là, pouffé par des mouvemens de fa charité ordinaire, fe défait de fes habits les plus pefants, & fachant parfaitement bien nager, fe jette dans l'eau, où en moins de rien, il fauva la vie à fix femmes & enfans: enfin s'étant faifi d'un feptiéme, un homme, qui enfonçoit, le prit par une jambe, & le tint collé à lui avec tant d'opiniatreté, que nonobftant tous les efforts, qu'il pût faire, les affiftans eurent le chagrin de le voir périr, fans pouvoir lui donner le moindre fecours. Un Théologien qui outre les chofes, vous dira que celui-là a été heureux en ce prefent monde, pour être d'autant plus malheureux en celui, qui eft à venir, & que Dieu, qui eft miféricordieux & bon, a retiré celui-ci d'une vallée de larmes & de miféres, pour le faire jouir plutôt des delices de fon Paradis: mais ce font des contes

contes, qui sont bons à faire à des femmelettes, & à des enfans, puisque nous voions tous les jours arriver le contraire, à l'occasion de quoi ils ne manquent jamais de tenir un langage tout opposé. C'est une sotise aussi de soutenir, comme les Epicuriens, que tout arrive à l'avanture, & que Dieu ne se mêle absolument de rien. Et il est encore plus choquant de dire avec Spinosa, que l'esprit universel n'est que la cause immédiate, & immanente, & non passagére & distincte de toute chose, c'est-à-dire qu'il n'est aux productions de la nature, que comme un ressort à une montre, ou les poids à une horloge: au lieu qu'un Pilote étant la cause étrangére des mouvemens de son vaisseau, il le fait avancer, reculer, arrêter & aller là, où bon lui semble: puisque celui-là se contente d'atribuer à l'être infini un souverain mépris ou une froide indifférence pour toutes ses créatures, qu'il ne croit pas dignes de ses soins, & que celui-ci le confondant avec la matiére, en fait proprement une Idole.

Je prétens au contraire qu'il agisse, mais je veux que son action se fasse, comme je l'ai déja insinué, à l'occasion de certains mouvemens, & en conséquence d'une loi éternelle & immuable, suivant laquelle les substances matérielles doivent avoir leur commencement, leurs progrès & leur fin. Je veux dire que comme suivant la disposition de l'air, & les differentes saisons de l'année, il vente, il pleut, il neige, il tonne &c. sans que la Providence conduise proprement & directement chaque parcelle de matiere agitée, ou d'eau, qui distile des nuës, vers un certain point d'autre matiere telle qu'elle soit, pour la secher, bruler ou humecter, plutôt que sur une autre, où elle pourroit faire un pareil effet; de même, suivant la constitution de nos organes, la température de l'air, que nous respirons, la difference des alimens, la force des objets extérieurs, qui agissent sur les parties, qui nous composent, & autres causes semblables, nous avons nécessairement de certaines pensées, & faisons de certaines actions, dont nous ne sommes pas les maîtres, & qui ne dépendent absolument que de certains principes, que Dieu lui même ne sauroit changer, qu'en changeant l'ordre & la nature de notre être. Je sai bien qu'en cela, je m'écarte un peu des sentimens du commun,

mun, qui s'imagine fortement qu'il ne tombe pas un paſſereau, ni un de ſes cheveux à terre que par la volonté directe & proprement dite de notre Pere céleſte: mais je n'y ſaurois que faire, ces manieres de parler de *Jeſus Chriſt* ne doivent point, ſelon moi, être priſes à la rigueur, & comme ſi Dieu obſervoit chaque coup de peigne, que nous donnons, pour laiſſer les paſſereaux à part, & comptoit les poils, que nous abatons de notre tête. Il eſt vrai que c'eſt de lui que nous avons le mouvement & l'être, que ce que nous faiſons, auſſi bien que ce que l'on nous fait, n'arrive que par ſa volonté, que cette volonté conſtituë ſa puiſſance; mais il n'eſt pas moins vrai, ſi je ne me trompe, que ſa puiſſance ne s'écarte, ni à droite, ni à gauche, des bornes, qu'une loi immuable, qu'il s'eſt impoſée de toute éternité, lui preſcrit. Meditez un peu ſur cette matiere, je vous en prie, voyez ce qui ſe paſſe dans l'univers, mais voyez le ſans préocupation, & je me perſuade qu'il ne ſera pas néceſſaire de vous en dire davantage, & de differer plus longtems à vous aſſurer de nouveau que je ſuis véritablement, Monſieur &c.

LET-

## LETTRE XXVIIII.

*à Mademoiselle D: de R.*

### MADEMOISELLE,

JE ris toutes les fois que vous me demandez l'étymologie des noms des piéces de poësie, que je vous communique, mais vous me faites tourner la tête, lors que vous prétendez que je vous aprenne qui sont ceux, qui en ont été les inventeurs, à cause qu'en badinant, & plutôt par conjecture qu'autrement, je me suis ingéré de me déterminer sur quelques unes, pour me defaire, en votre presence, de certaines gens, qui ne vouloient se payer d'aucune raison, & qui me croyoient voir clair par tout comme dans les mathématiques. Contentez vous de savoir que c'est moi, qui suis l'auteur de ce que je batise de mon nom, & ne vous avisez plus de me demander rien davantage. Sur ce pié là vous verrez souvent de mes productions, & vous n'aurez, à votre ordinaire, que rarement de ma prose, qu'elle ne soit accompagnée de quelques vers de ma façon. Le tribut, que vous

vous recevrez pour ce coup, sera un Rondeau, que vous n'avez pas encore vû, que je sache, quoi qu'il ait été fait pour une personne qui vous touche de plus près que l'on ne pense. Mr. de Voiture, qui invoque Brodeau dans celui, qu'il a composé pour Isabeau sa maitresse, me fait presque croire qu'il a eu la pensée que ce saint est le véritable patron de ceux, qui se mêlent d'en composer de cette sorte : je n'en sai pourtant absolument rien, & me soucie encore moins de l'aprendre. Ce que je sai, & que vous ne sauriez ignorer, c'est que je suis avec beaucoup de vénération &c.

## LETTRE XXX.

*à Monsieur Faber.*

### MONSIEUR,

Vous êtes heureux en Frise de n'être point sujets au caprice de vos bourgeois. Suivant vos loix & vos maximes, vous entrez dans la Magistrature, vous y gouvernez, & vous en sortez au bout d'un certain tems limité, sans entendre de menaces, ni être inquiétez de qui que ce soit,

soit. Dans le païs de Gueldre au contraire, il n'y a pas un homme de justice, qui ne soit en danger tous les ans de faire la culbute.

Les petites villes viennent d'y faire une réforme épouvantable; de huit membres, qui composent la Magistrature à Doesburg, ils en ont congédié six; il y en a d'autres où ils n'ont laissé personne. Ici nous en avons été quites à meilleur marché; nos communes n'en ont demis que trois, dont deux étoient Tresoriers, & l'autre avoit la députation à la Généralité. Comme ce dernier est de mes intimes amis, je n'eus pas plutôt la nouvelle de son élévation, que je lui envoyai un sonnet pour lui en témoigner ma joye, peut être ne serez vous pas fâché que je vous le communique. Ce qui est remarquable en cela, c'est qu'il y a trente six ans que le pere de ce dernier, qui étoit Bourguemaître & Député aux Etats de la Province, fut déposé par la faction des N. pour faire place à Mr. B. Le pauvre homme prit ce coup si fort à cœur, qu'il en mourut de déplaisir quatre jours après. Je ne sai si le tour que l'on vient de jouer à celui ci, ou sans dessein, ou par un principe de vengeance, produira le mê-

même effet, mais je me persuade fortement que le décès de Mr. *Borkelo*, & de mon Collégue *Steenbergen*, quelque habile Philosophe qu'il fut, n'a eu que leur dégradation pour cause. Je serois fâché d'être fait Consul à ce prix là : j'aime trop la vie, & ce ne sera que le plus tard qu'il me sera possible, que je cesserai d'être en état de me pouvoir dire &c.

## LETTRE XXXI.

*à Madame la Baronne de F.*

MADAME,

IL ne me seroit jamais venu dans l'esprit de vous accuser de politique, & j'aurois cru commettre la derniere des injustices de vous soupçonner de dissimulation, après les preuves convaincantes, que vous m'avez données de votre sincerité en mille differentes occasions. Presentement j'hésite, je sursois mon jugement, & si je puis faire fond sur Mr. de *W*. je me vois en droit, malgré moi, de vous reprocher un vice, dont personne ne vous auroit cru capable.

Ti-

Tirez moi de peine, Madame, je vous en conjure : n'eſt il pas vrai que l'hiver paſſé vous m'avez dit verbalement vous même, comme vous me l'avez confirmé par écrit, que le mariage ne vous ſeroit jamais de rien ? que la liberté, dont vous jouïſſiez depuis ſi long-tems, étoit un treſor trop précieux pour prétendre vous en défaire en faveur d'un homme, de quelque condition qu'il pût être? que vous étiez ravie de pouvoir vivre à votre fantaiſie, ſans être dans l'obligation de rendre compte à un autre de vos actions? Cependant nonobſtant toutes ces raiſons, qui me paroiſſoient en effet plauſibles, & très bien fondées, on change tout d'un coup de réſolution, & on embraſſe un parti pour lequel il ſembloit que l'on eut de la répugnance. D'où vient cela, je vous en prie? Eſt-ce l'effet d'une de ces ſaillies, que la médiſance atribuë ſi mal à propos, au beau ſexe? Eſt-ce legéreté? Eſt-ce caprice? Point du tout, vous n'avez jamais été ſujette à de ſemblables foibleſſes. Qu'eſt ce donc, encore une fois? découvrez moi ce miſtére, & mettez mon eſprit en repos de ce côté là. Mais à quoi bon toutes ces inſtances? Je ſai que mes priéres ſeront inutiles, aſſurément

ment vous n'en ferez rien. Patience, les volontez sont libres, il ne m'est pas permis de vous violenter : mais de grace au moins, donnez lieu à mes conjectures : si vous ne voulez pas vous expliquer, soufrez que je parle moi même, & alors je vous dirai franchement que l'ambition a eu le plus de part à ce changement précipité. Oui, Madame, l'amour propre, la gloire, a été cause d'une exécution à laquelle on ne s'atendoit plus : pour moi, je n'en connois point d'autre. Car enfin on ne peut pas dire vraisemblablement, que ce que vous avez fait, ait eu la disette ou la nécessité pour principe, ou que vous aiez manqué de soupirans, vous en avez eu depuis trente ans, que j'ai l'honneur de vivre avec vous comme avec ma sœur, de tout état & de tout âge. L'eloquence des Doctes, le faste des Courtisans, les services des Guerriers, tout cela a été vain, vous n'avez rien vû en eux, capable de répondre à vos grands desseins. Vous n'aviez l'œil attaché que sur des sceptres & des couronnes, tous les autres états étoient indignes de vous, vous ne les regardiez qu'avec indifférence ou mépris. Par malheur il n'y a point de Rois dans ce païs, autrement

ment il est certain que vous n'auriez pas manqué de leur donner dans la vûë. Un des Conducteurs de nos Troupes Hollandoises, dont le caractére aproche assez de la Royauté, a trouvé seul le moyen de vous humaniser, il vous a renduë plus traitable, & après des attaques réitérées de quelques années, il a enfin forcé à se rendre la place du monde, que j'avois toûjours envisagée comme imprenable.

Il ne faloit pas moins qu'un Géneral d'Armée
Pour pousser vivement, & vaincre à main armée,
    Une vierge de cinquante ans;
    Cependant avec son adresse
Ses talens de Héros, son grand art, sa finesse,
Il n'a pû l'emporter qu'après plusieurs printems.
    Quelle gloire pour une fille !
Qgel plaisir n'en doit pas ressentir sa famille ?
    Sur tout dans ce siecle inhumain,
Où Mars force Vénus, la lanterne à la main,
De courir d'Amsterdam souvent jusques à Rome,
    Avant que de trouver un homme,
Qui sans arrêt semblable à celui de Paris,
Veuille bien s'enroller au nombre des maris.

Vous

Vous avec beau prôner vos mérites & vos perfections: vous êtes bien faite, vous avez infiniment de l'esprit, il est vrai; vous avez le port grand, & les maniéres engageantes, je l'avoüe; cependant ce n'est pas peu, Madame, d'avoir repoussé tant d'attaquans, & de ne vous être renduë au dernier qu'en autant d'années que l'on met présentement de jours à subjuguer les plus fortes places de l'Europe: & encore n'a-ce été sans doute, qu'après avoir fait une bonne capitulation. Croiez moi, les titres de Madame la Générale, de Madame la Gouvernante, de Madame la Baronne de *F.* & de plusieurs autres semblables, valent bien ceux de fille, de Mademoiselle, de *Frêle,* & de tout ce qu'il vous plaira y ajouter. Outre cela il faut considérer que le mariage n'est point un esclavage parmi nous, nous ne sommes ni en Perse, ni en Turquie. Comme l'Empire de la femme à ses limites, celui du mari a des bornes, que les loix & la coutume ne lui permettent pas de passer; c'est un doux état, où nous ne savons ce que c'est que la moindre tyrannie.

Vous êtes naturellement bonne, civile, honnête; Mr. de *F.* a aussi la réputation

on d'être généreux, modéré & extrêmement complaisant : je ne doute pas que vous ne viviez parfaitement bien ensemble : cela étant, vous ne perdez rien au change. Pour Monsieur votre Epoux, il y a profité considérablement, ce mariage lui vaut au moins vingt années, avec vous, il ne sauroit manquer de rajeunir de cela. Il me semble déja vous le voir idolatrer, & oublier, pour vous attacher à lui seul, mére, fréres, sœurs, & tout ce que vous avez d'amis au monde. Que de doux embrassemens, ô Ciel ! que d'agréables caresses ! que de chatouillemens voluptueux ! La Loi a beau défendre la convoitise, je me donne à Dieu, si je puis m'empêcher de vous envier, à l'un & à l'autre, tant de bonheur. Ce qui me console, c'est que par cette alliance, je gagne un ami puissant pour ma famille, & sur lequel mes fils pourront faire fond, puis que tout roulera sur votre compte, & qu'il est incapable de vous rien refuser de ce que vous lui demanderez. Il n'y a donc que ma pauvre petite muse, qui n'en tire aucun avantage, le plus beau sujet de ses méditations, & avec lequel elle se donnoit quelquefois la liberté de badiner,

lui

lui échape. Tant que vous avez été à vous, vous lui avez permis de causer; presentement que vous avez un compagnon, & par conséquent un maître, la voila condamnée au silence. C'est un mal auquel je ne saurois m'empêcher d'être sensible; à cause de l'étroite union qu'il y a entre elle & moi, mais dont je tacherai pourtant de me remettre, moyennant que vous me permettiez d'être avec le même zéle que je l'ai toûjours été &c.

## LETTRE XXXII.

### A Monsieur Homma.

Votre Théologien, Monsieur, n'est pas le premier, qui a rendu un sermon sur le champ, & dans des conjonctures, où sans aucun délai, il faloit payer de sa personne : la question est pourtant si cela s'est fait sans supercherie, & sans s'être préparé auparavant. Un de nos Pasteurs se trouvant casuellement dans la vieille Eglise d'Amsterdam, fut obligé, à la priére du Consistoire, de monter en chaire, pour remplir l'action d'un de la ville, qui après avoir pris son texte,

& fait l'ouverture de sa prédication, tomba en sincope. Il commença où l'autre s'étoit arrêté, fit des merveilles, & l'assemblée en fut si édifiée, qu'on l'apella dans ce lieu là peu de tems après, sans qu'il pût pourtant y aller, parce que le Magistrat ne l'aprouva point. Quoique ce Docteur, qui a rempli ensuite une chaire de Professeur à Bréme, fut savant, éloquent, & d'une imagination extrémement vive, on n'a pas laissé de publier, les uns, qu'il avoit traité la même matiere quelques jours auparavant, d'autres que l'indiposition de son ami avoit été feinte, & que ç'avoit été un coup fait exprès pour lui faciliter une vocation dans l'endroit du monde, où il desiroit le plus d'aller. Il y en a un de cet ordre à Almelo, auquel Mr. *N.* à ce que l'on dit, a donné plusieurs fois un texte, lorsqu'il étoit déja dans l'Eglise, & que le dernier coup de la cloche avoit sonné, pour montrer à ses amis le savoir & la promtitude de ce Pasteur; mais bien des gens ont prétendu que le Sr. de *N.* & le Ministre étoient d'intelligence. Je puis dire sans vanité que de ceux, qui parlent en public, j'en connois peu ou point, qui soient plutôt prêts que moi, puis qu'il ne me faut ordinairement que le tems de faire trois ou quatre tours de chambre: cependant le defir de le paroître encore davantage, me fit un jour compofer une harangue, que j'apris par cœur, fur le raport, que l'on m'avoit fait que notre Magiftrat & le corps des Miniftres devoient venir à une de mes leçons, lorfque je les atendrois le moins. J'aurois fait femblant d'être un peu embaraffé à leur arrivée, & le difcours, que je leur aurois adreffé, les auroit d'autant plus furpris, qu'il étoit affez bien limé, & que je ne pouvois pas être foupçonné d'avoir rien fçu de leur deffein. Cependant ils n'y font jamais venus de cette maniere, & ma piéce n'a point eu le fuccès que j'en avois attendu. Mais il n'y a pas fix femaines qu'il m'arriva à peu près la même chofe. J'étois à la campagne chez une de mes bonnes connoiffances, il y avoit grande compagnie, & entre autres un Mylord, avec quelques autres Anglois de la premiere volée, nous bûvions le petit coup, & comme je fuis d'un naturel fort enjoué, l'un d'eux fe mit dans l'efprit que je ne devois avoir, ni femme, ni enfans, & me demanda fi j'étois encore garçon. Là deffus je lui fis fans héfiter une réponfe renfermée

I 2 dans

dans les limites de douze vers irréguliers. Comme cela avoit été dit fort à propos, on ne douta point que ce ne fut véritablement un impromptu; en cette qualité on trouva mes vers, entremélez de termes d'algébre, admirables: on me qualifia de beau génie, & l'on prétendoit que je fusse l'un des premiers Poëtes de mon tems. Neanmoins il est seur que cela avoit été fait pour une autre occasion, il y avoit plus de six mois, mais personne d'eux n'en savoit rien, & bien loin de leur en faire confidence, j'étois ravi qu'ils repassassent dans leur païs avec la pensée qu'ils avoient trouvé dans celui-ci des personnes dignes de l'admiration d'un peuple, qui ne le prétend céder, en quoi que ce soit, à aucun autre de l'univers. Vous voyez par ces exemples, Monsieur, que vous pourriez avoir été abusé, par raport à ce qui est arrivé chez vous: je ne veux pourtant pas vous obliger à avoir cette pensée, vous avez votre franc arbitre à cet égard, il vous est permis d'en juger comme vous voudrez, je ne m'y opoferai point; pourvû que vous me permettiez de me dire toûjours &c.

LET-

# LETTRE XXXIII.

*A Monsieur du Pré.*

## MONSIEUR,

IL n'y a point de gens, qui observent plus exactement le précepte que *Jesus Christ* nous donne, de faire du bien à ceux qui nous font du mal, & de benir ceux qui nous maudissent, que Messieurs les François, par raport à leur Monarque. On peut dire, généralement parlant, que l'estime qu'ils en font, va jusqu'à l'adoration.

Ils en sont tellement infatuez, que non seulement ils en disent tout le bien imaginable, ils ne sauroient même soufrir qu'un autre en pense le moindre mal. Sa volonté leur est une loi inviolable: ses sentimens sont la régle de leurs actions, & ils considérent ses vices comme des perfections ausquelles les autres ne peuvent atteindre. Il n'est pas jusqu'à nos Réfugiez, qui nonobstant qu'il les ait persécutez, proscrits & ruinez, ne l'élevent au dessus des plus vertueux Princes du monde, & n'aiment mieux se faire des ennemis de ceux mêmes, qui leur donnent la subsistance, que d'avouer le moindre des faits, qu'on lui impute, capable de flétrir cette suprême gloire qu'ils lui attribuent.

Nous en avons plusieurs ici qui confirment tous les jours ce que je viens d'avancer : mais il y en a un entre autres, qui outre si prodigieusement les choses, qu'au lieu qu'il paroît fort raisonnable sur d'autres matieres, à l'égard de celle-là, on ne sauroit le prendre que pour un extravagant. Souvent il en est repris dans les compagnies, & j'apréhende pour lui qu'enfin la patience échapera à quelqu'un, qui lui brisera les os. Pour moi, qui ne prétens jamais en venir jusqu'aux coups avec personne, je me contente quelquefois d'honnêtes corrections, ou de dire même pouille aux gens, soit directement, ou indirectement, quand je m'imagine qu'ils le méritent. Ce sont les moïens, dont je me suis servi plusieurs fois à l'égard du personnage, dont je vous parle, quoique fort inutilement. Enfin, je m'avisai il y a quelques jours, de composer le Rondeau, que je vous envoye, aplicable à sa personne, & me trouvant dans une assemblée, où il étoit, je le laissai tomber doucement à terre,

sans

sans que l'on s'en aperçût. Une jeune enfant, qui étoit près de ce Mr. ramassa ce papier, & le lui presenta. Il le prit, & après en avoir fait la lecture, il s'aprocha de la mére de cette petite fille, & lui demanda d'un ton fier, quelle raison elle avoit euë de lui faire donner cette satire: il y ajouta qu'il voyoit bien que cela avoit été fait exprès pour lui, & que s'il en connoissoit l'auteur, il sauroit ce qu'il auroit à lui dire.

La Dame parut surprise de ce compliment, elle lui protesta qu'elle n'avoit aucune connoissance de l'écrit dont il se plaignoit, & qu'elle étoit ravie de ce que son mari n'étoit pas là, puis qu'à peine auroit il pû soufrir qu'on lui eut fait une telle incartade. La dessus je m'avançai, & après quelques petits reproches honnêtes, je lui fis comprendre qu'il ne devoit point être surpris qu'on le traitât de cette maniere, suposé que cela s'adressât à lui, comme en effet il y avoit beaucoup d'aparence: que c'étoit un abus de vouloir paroître bon François dans un endroit, où l'on n'avoit aucune raison de se loüer de cette nation, & que s'il m'en vouloit croire, il se ménageroit, & ne seroit plus si prompt à déchirer les Puissances

sances de l'Europe, & à ne les faire passer que pour des mazettes au prix du Roi de France. Il voulut me répondre, mais comme il vit que tout le monde lui donnoit tort, il jetta le Rondeau dont il est question, sur la table, & sortit, sans prendre congé de personne. Nous fumes ensuite plus d'une heure à nous divertir de ces vers à ses dépens : chacun en disoit la sienne, & quoi que je remarquasse bien que l'on me soupçonnoit d'en avoir été l'inventeur, on ne m'en dit rien sur le champ. Quand vous les aurez lûs, je prétens que vous m'en disiez votre sentiment avec la même sincerité que vous savez que je suis &c.

NB Je l'ai dit ailleurs, je le répéte encore ici, toutes les piéces de poësie dont il est fait mention dans ces lettres, se trouvent dans les œuvres poëtiques de l'Auteur.

# LETTRE XXXIV.

*à Monsieur de Coeverde.*

## MONSIEUR,

JE ne comprens pas comment un homme de votre complexion ose s'embarrasser l'esprit de disputes Théologiques, & veut m'obliger à juger des coups, que se portent avec tant d'animosité les Critiques de notre tems, puis que l'un ne peut qu'altérer votre santé chancelante, & que l'autre exige des talens, dont la nature semble avoir negligé de me favoriser. Les deux personnes sur tout, que vous me nommez les dernieres, sont si éclairées, & traitent des matieres si fort au dessus de la portée d'un petit Mathématicien, que je me garderai bien d'en rien décider. Il est bien plus, je vous jure que, quand mes lumieres iroient beaucoup au delà de celles que vous m'atribuez, je serois toûjours scrupule de m'en mêler; l'afaire est de trop grande importance: outre qu'à vous parler ingénument, je doute fort que ce ne soit un jeu d'esprit, & qu'il ne s'en faille

bien

bien qu'ils different autant dans leurs sentimens que le commun des hommes le pense. Ils ont leurs vûës, sans doute, bonnes ou mauvaises: on verra, ou l'on ne verra pas à quoi cela aboutira.

*L'axiome infaillible & le moins contesté,*
*C'est qu'à des sujets vains le plus sage s'occupe,*
*Ce qu'il donne souvent pour une vérité,*
*N'est au fond qu'une erreur, dont lui même est la dupe.*

Comme l'un de ces Messieurs passe pour Socinien, on a défendu ses notes: l'autre, qui l'est selon quelques uns autant que lui, ou peut être quelque chose de pis, est acculé de faits, qui ont donné occasion de le noircir dans la société. Voila, Monsieur, un beau prétexte pour remettre celui-ci en bonne odeur parmi Messieurs les Ecclésiastiques, si tant est qu'ils ne soient pas jaloux, comme on le prétend, des dons singuliers qu'il a pour la chaire. Il faut qu'il se distingue par quelque endroit, capable de desarmer ses ennemis, & de se faire rapeller dans la Sinagogue, d'où l'on avoit trouvé à propos de le bannir. Quoi qu'il en soit, je connois des gens de mérite, qui trouvent assez étrange que l'on traite Mr. N. d'hérétique ou de libertin, parce qu'il ne veut pas avec la foule, donner tête baissée dans des opinions, qui semblent positivement choquer le bon sens, & qu'il se rit de l'extravagance de cet homme, qui ayant songé qu'il a trouvé un grand trésor, a tant de joye de se voir en possession d'un bien si considérable, qu'il s'efforce à son réveil de rentrer dans un nouvel assoupissement, & apréhende d'ouvrir les yeux, de peur que la tromperie ne se manifeste.

Nous prétendons, disent ils, faire profession d'un culte raisonnable, & nous blâmons ceux qui ont des sentimens qui s'accordent avec la raison, pendant que nous en introduisons d'autres, qui l'excitent à la révolte, sous prétexte que l'Ecriture les autorise. Suposons, continuent ils, que Messieurs N. N. & leurs semblables agissent de bonne foi, qui est-ce qui leur a révélé que l'explication, qu'ils donnent de certains passages, doit être préférée à celle des autres? Il est bien vrai que l'Apôtre avoüe que le mistére de piété est grand, en ce que Dieu s'est manifesté en chair. Mais ne pourroit-on pas

dire

dire que cette manifestation s'est faite en la personne de *Jesus Christ*, comme en un sujet admirable & extraordinaire, sans qu'il participe pour cela à l'essence & à la nature de l'Auteur de l'Univers? Dieu s'est manifesté en une créature humaine, qu'il apelle son fils, par excellence, parce que ce saint personnage a eu des dons fort particuliers, une doctrine saine, des vertus sublimes, & qu'il a vécu d'une maniere exemplaire & édifiante: s'ensuit-il de là qu'il soit Dieu benit éternellement? Point du tout. Si c'étoit une conséquence évidente, comme on le prétend, ajoutent ils, tous les hommes la verroient, au lieu que la plûpart protestent voir tout le contraire. Une preuve de cela, c'est que cette opinion a été combatue des Chrétiens mêmes dès le commencement, & que suivant les aparences, elle ne cessera jamais de l'être. Origéne, Lactance, d'autres excellens personnages avec tous leurs sectateurs, l'ont absolument niée; le Concile d'Arimini, composé de quatre cent trois Evéques, a prononcé anathéme contre ceux qui la suivroient.

La plûpart des peuples de l'Asie, de l'Afrique & de l'Amérique sont surpris que

que les Européens, qui d'ailleurs leur paroissent gens d'esprit, soient capables de faire aller du pair avec l'être des êtres, un homme qui a expiré sur une croix: & les Juifs, qui vivent encore ici parmi nous, nous disent franchement, lors que nous les engageons dans la dispute, que suivant l'explication qu'ils croient devoir donner au vieux Testament, il n'est point de plus horrible blasphême que de vouloir faire un Dieu de ce qui est né d'une femme. L'un des principaux passages, que l'on employe pour justifier cette pensée, savoir qu'il y en a trois au Ciel, qui rendent témoignage, le Pére, la Parole, le St. Esprit, & que ces trois ne sont qu'un, est manifestement suposé. En effet, il ne se trouve point dans les deux exemplaires Grecs d'Alexandrie & du Vatican, vieux de plus de douze cents ans, ailleurs il est en marge, ou dans des manuscrits assez nouveaux. Erasme a protesté qu'il ne l'a vû nullepart: cependant les durs reproches, qu'on lui fit d'avoir omis ces paroles dans les deux premieres éditions de son Testament Latin, l'obligérent à les y inférer dans la troisiéme, sous prétexte qu'il les y avoit trouvées dans un Manuscrit d'Angleterre, mais ce qu'il y a d'incommode, c'est que ce manuscrit a disparu. Pour trencher net sur cette matiere, qui donne si fort la gêne aux Critiques, il n'y a qu'à examiner si les Copistes, ausquels on atribue la cause de ce differend, ont été Païens ou Chrétiens : il n'y a pas d'aparence qu'on se soit servi de personnes d'une religion, qui étoit si fort oposée à la nôtre, pour des ouvrages de cette importance, cela auroit été imprudent, & si la nécessité y avoit obligé, on n'auroit pas manqué de les confronter avec les originaux ; au lieu que si l'on y a employé des gens de notre parti, il n'est pas concevable qu'ils eussent justement passé un texte d'une si grande conséquence, & que ceux, qui les faisoient travailler, ne s'en fussent point non plus aperçûs. Voilà comme chacun raisonne à sa maniere. Pour moi, j'avoüe que tout cela est au dessus de ma portée, & comme je m'imagine fortement que la plûpart des hommes sont dans le même prédicament, si j'étois Souverain, je ne permettrois jamais aux Imprimeurs de rendre publiques des questions de cette nature, à cause des suites, qui sont toûjours dangereugereuses, & qui ne tendent rien moins qu'au renversement d'un Etat. De là vient que je suis surpris qu'on n'est pas plus exact à prévenir ces facheux inconvénients en Angleterre, où le fameux Professeur, Mr. *Whiston* met presentement tout en combustion, pour vouloir de nouveau introduire l'Arianisme, ou quelque chose de semblable dans ce Royaume.

En qualité de particulier, je laisse à chacun la liberté de croire ce qu'il veut, sans m'en mettre du tout en peine, moyennant qu'il vive sagement, & ne commette aucune action, qui donne du scandale à son frere. Croyez moi, Monsieur, c'est un abus de se contenter d'une simple confession de foi, qui ne dépend souvent que du mouvement des lévres, les mœurs sont infailliblement les témoins les moins suspects de la vraye situation du cœur. Je suis assuré qu'il y a des personnes de probité dans toutes les sectes, comme je voi des fripons dans toutes les communions: & comme l'on doit avoir moins d'égard à l'écharpe qu'à la bravoure d'un Officier, au jour de la bataille, j'en veux moins aux honnêtes gens qui s'écartent des sentimens autori-

sez

sez par la multitude, qu'à ceux, qui se récrient sur la pureté de leur religion, & se signalent par leurs méchantes actions. De sorte que l'on a beau me dire que la croyance d'un homme est détestable, tant que je ne lui vois rien faire que de juste, & de conforme aux loix de l'équité, je l'aime; au lieu que celui-là est indigne de mon estime, qui se laisse aller à ses passions, & n'a de force que pour soutenir les opinions de ceux qu'il prétend avoir embrassé le meilleur parti. Je suis Chrétien de naissance, & je le serai toute ma vie; mais, si en général & à l'égard des autres sociétez, il étoit permis de dire son sentiment, je pencherois assez du côté de ceux, qui croient qu'il ne seroit peut être pas mauvais que le merveilleux, & le voile épais, que nous avons reproché aux Payens, & à la faveur desquels leurs Prêtres jouoient impunément leur personnage, fussent bannis d'entre nous, & que l'on prit pour des figures, pour des allégories & pour des métaphores, comme je m'imagine que cela se pourroit, ce que l'on débite au peuple pour des véritez réelles & positives.

Après tout, vous me connoissez, je suis

suis d'un tempérament à ne me pas beaucoup alarmer de rien, ni à me donner de grands mouvemens, sur tout quand c'est pour des sujets, qui ne me regardent qu'indirectement, & qui sont hors de ma dépendance. Je permets aux autres de s'imaginer ce qu'il me plaît, qu'on me laisse la liberté de penser aussi à ma fantaisie, & de vous assurer que je serai éternellement &c.

## LETTRE XXXV.

*A Monsieur de Coeverde.*

MONSIEUR,

Vous avez raison d'être étonné de ce que votre valet de chambre se leve la nuit en dormant, décrote vos souliers, peigne votre perruque, & exécute vos ordres avant le tems, sans qu'il s'en aperçoive lui même, car quoi que cela se fasse machinalement, il ne laisse pas d'être rare, & de marquer le soin & le zéle de ce jeune homme pour votre service. J'ai néanmoins ma femme, qui pendant qu'elle dort, se met souvent sur son séant, passe sa jupe, & en proférant quelques paro-

paroles entre les dents, fait quelquefois mine de vouloir se lever, sans pourtant qu'elle en vienne que rarement à l'exécution, quoi que j'aye essayé à diverses reprises, de lui en donner le tems. Il y a divers autres exemples semblables, dont je pourrois vous entretenir pendant un jour: mais ce qui m'a paru un prodige, c'est ce que l'on raconte d'un certain Mr. le *Févre*, qui non seulement se levoit, marchoit & parloit durant le sommeil, mais qui répondoit aux questions qu'on lui faisoit, en des langues qu'il n'avoit jamais aprises. Comme je tiens ce fait de plusieurs personnes de probité, & entre autres, de ma propre mére, qui l'a très bien connu dans la ville de Roüen, je n'ai point fait de difficulté de le raporter avec ses circonstances dans les compagnies, toutes les fois que l'occasion s'en est presentée. Un jour que j'en faisois le récit chez un certain Mr. *Smit*, qui demeure à une lieuë de cette ville, & que je voi familiérement, ce Gentilhomme m'assura qu'un Capitaine Italien ayant été piqué quelque tems auparavant par une Tarantule, avoit gardé l'incommodité à laquelle il prétendoit que sont sujets ceux ausquels il arrive d'en être blessez,

sez, de se lever en dormant, & de danser comme un perdu, auſſi long tems que quelqu'un s'aviſoit de jouer de la Guiterre en ſa preſence : & non ſeulement il ſoutenoit que cela étoit véritable, il ſe donnoit à Dieu que lui même l'avoit vû danſer dans la ville d'Aloſt, qui eſt le lieu de ſa naiſſance. Mr. *Smit* eſt trop honnête homme pour me permettre de révoquer en doute un fait, dont il déclare qu'il a été le témoin; mais je ne ſaurois m'empêcher de croire que ce maître danſeur a voulu lui en impoſer, & abuſer de la crédulité d'une Dame & de quelques autres perſonnes, que la curioſité avoit portez à examiner ce prétendu rare effet de la nature.

*Il ſe pourroit qu'un jeune Amant,*
*Par les charmes puiſſans d'un Tendron trop*
*crédule,*
*Danſât pendant la veille au ſon d'un inſtrument.*
*Mais une ſimple Tarantule*
*Ne le fera jamais gambader en dormant.*

Et ainſi, Monſieur, il me ſemble qu'il n'y auroit pas grand mal de faire aller du pair avec ce conte celui que fait Pline, d'un poiſſon nommé Rémora, d'environ
ſix

six pouces de long, à peu près de la forme d'un limaçon, qui arrête tout court, en pleine mer, les navires les plus agitez. Il y a pourtant des gens, qui croient l'un & l'autre : mais pourquoi ne le feroient-ils pas ? nous voyons des peuples entiers qui se persuadent fortement qu'un signe de croix, ou trois goutes d'eau benite, font fuir des légions de diables. Et qui fait si bien des choses, que nous faisons profession de mettre au rang des plus constantes véritez, ne sont pas aussi absurdes que celles-là ? Après tout, je ne vous estime pas fort malheureux d'avoir un domestique, qui s'occupe de jour & de nuit, puis qu'il ne sauroit manquer de faire bien de la besogne. Il travaille en dormant, & moi, j'en ai souvent, qui dorment en travaillant, c'est à dire, qui ne font rien, ou du moins bien peu de chose. Il est juste qu'un habile maître, comme vous êtes, ait aussi de diligens valets : je vous en félicite, & suis avec beaucoup d'atache &c.

# LETTRE XXXVI.

### à Monsieur Crémer.

QUe les Anciens ayent compris les mille vingt deux étoiles, que nous voyons au Firmament, sans l'aide des lunettes de longue-vûë, en quarante huit Constellations, pour les distinguer plus aisément les unes des autres, c'est une vérité, Monsieur, que personne ne révoque en doute. Mais la raison pourquoi ils leur ont imposé des noms, qui conviennent aussi peu à leur figure, qu'à leur nature & à leur situation, c'est ce que j'ignore absolument.

Il est vrai pourtant que, si l'on vouloit se donner la peine d'examiner un peu de près les douze signes du Zodiaque, on pourroit vrai-semblablement y trouver des qualitez, qui auroient assez de raport au soleil, aux differentes saisons de l'année, & aux effets que nous en ressentons. Par exemple, le Bélier, qui est un animal actif, & d'une complexion chaude, represente assez bien, si je ne me trompe, le tems de l'Equinoxe, & le moment auquel l'Astre du jour, passant des parties Australes

trales aux Septentrionales, commence à nous pénétrer de ses rayons, qui dégourdissent pour ainsi dire, nos membres, nous rendent dégagez, gais, dispos, & donnent aux animaux & aux plantes de la force, & une nouvelle vigueur.

Le Taureau fougueux, qui avance tête baissée, & d'un air menaçant, comme s'il nous vouloit percer de ses cornes, marque encore plus précisément la cause de l'état, où se trouvent au cœur du Printems, la plus grande partie des créatures.

La fertilité & l'abondance, qui sont les doux éfets de la température de l'air & de la bonne disposition de tous les êtres, ausquels on attribue le mouvement & la vie, représentées par les Gemeaux, suivent immédiatement après. Pour l'écrevice, je n'en connois pas la nature, mais comme elle va lentement, & quelquefois de côté, je m'imagine qu'elle peut passer pour le véritable emblême du Soleil, lequel étant parvenu à l'extrémité de sa course, s'arrête au Tropique du Cancer ou Solstice d'été, & tournant petit à petit, le dos au Nord, reprend à pas lents, le chemin du Pole Antartique. Ensuite, comme l'air & la ter-

terre ont eu le tems, pendant l'espace de trois mois, de s'échauffer considérablement, la figure d'un Lion rugissant nous les fait envisager comme tout en feu & en flamme. La Vierge est d'un côté par raport au tems, le simbole de la tempérance, & de l'autre, elle administre la justice, en ce qu'alors elle distribue aux humains les productions d'une terre bien cultivée, & la récompense de leurs pénibles travaux. La Balance nous montre l'égalité des jours & des nuits, & comment les saisons sont dans un parfait équilibre.

On trouvera de cette manière que le Scorpion, ayant franchi l'Equinoxe de l'Automne, commence à nous piquer de sa queuë, pour nous signifier que le froid incommode va succéder à l'agréable chaleur, dont nous avons joui quelque tems. Le Sagittaire, qui paroît à son tour un mois après lui, nous perce encore plus vivement de ses traits; trop fréquemment décochez, & après nous avoir fait trembler plus d'une fois, il n'abandonne la place que pour donner lieu au Bouc, avec sa grande barbe, & tout couvert de poil long & pressé, de nous avertir que si à son exemple, nous n'a-
vons

vons la précaution de nous bien couvrir, & de nous armer contre les rigueurs de l'hyver, nous courons risque de devenir immobiles, & d'être métamorphosez en glaçons. Les pluies continuelles, qui inondent la Gréce, où ces signes ont vrai-semblablement été inventez, & le froid humide auquel nous sommes sujets dans les climats, que nous habitons, aux environs de Février, nous sont assez bien representez par le Verseau. Et enfin les Poissons ne peuvent bonnement nous rien signifier, sinon que la fin de l'hiver est plutôt la saison des animaux aquatiques que des terrestres. On pourroit, dis-je, de cette maniere, Monsieur, conjecturer dans quelles vûës les Astronomes ont donné de si étranges noms aux signes célestes, mais je doute fort que l'on donnât dans leur sens, vû qu'il pourroit bien être que tout cela s'est fait sans dessein, & proprement à l'avanture, puis qu'il n'est pas possible de rien dire des autres constellations, qui sauve seulement les aparences. Le plus seur est d'en revenir à l'opinion commune, & conclure que cela ne s'est fait principalement que pour faciliter l'étude de l'Astronomie. Avec tout cela, j'ai bien connu des gens,

qui

qui ne laiſſoient pas d'avoir de la peine à retenir les noms & les lieux des étoiles fixes, de ſorte que j'ai enfin réſolu, pour la commodité de mes Etudians, de renfermer toutes les Conſtellations, qui nous ſont viſibles, dans une petite quantité de méchans vers, dont vous ne ſerez peut être pas fâché que je vous faſſe part.

Les huit premiers comprennent les 21. ſignes ſeptentrionaux, les ſix ſuivans contiennent par ordre les 12. qui environnent le Zodiaque, & les 15. du Midi ſe trouvent dans les huit derniers. J'ai ajouté après chaque ſigne la quantité d'étoiles, qu'on lui atribuë, tant celles, qui y ſont renfermées, que les autres, que l'on en exclut, & qui ſont pourtant de ſa dépendance. Par exemple à côté du Dauphin vous trouverez le nombre de 10. du ſerpent 18. du Chartier 14 + 5. ou quatorze plus cinq, ce qui ſignifie que cet aſſemblage d'étoiles conſiſte en 19. dont 14. forment proprement le ſigne, les 5. autres l'environnent, & ne laiſſent pourtant pas de lui apartenir, ni plus, ni moins, que le fauxbourg Saint Germain fait partie de Paris: quoi qu'il ſoit hors de l'enceinte de la ville.

Tome II.　　　K　　　　Pour

Pour ce qui est du sixiéme mouvement de la Terre, dont personne que je sache, n'a parlé avant moi, & que je substituë en la place de celui que les Anciens ont attribué au neuviéme Ciel, ou premier Cristallin, qu'ils pretendoient se mouvoir, tantôt d'Orient en Occident, & tantôt d'Occident en Orient, ce qui devoit rendre irrégulier le progrès des étoiles fixes, de la partie occidentale du monde vers l'orientale, je n'ai rien à vous en dire de nouveau : au contraire, je soutiens toûjours que le mouvement du huitiéme Ciel ne paroît plus rapide ou plus lent qu'à proportion que le Globe que nous habitons, se trouve, ou plus près, ou plus éloigné du Soleil, comme je vous l'ai demontré par une figure, cela n'étant pas facile autrement : & les excursions de cette grosse masse peuvent être si grandes, selon que la matiere par où elle passe, est subtile, ou grossiere, ou suivant que les tourbillons, qui l'avoisinent, se trouvent disposez, qu'il ne faut pas s'étonner si de plusieurs habiles Astronomes, qui se sont mélez de vouloir déterminer la durée de ce qu'ils appellent la grande révolution, les uns la fixent, comme entre autres, Ptolomée à 36000. ans, Alphonse à 49000. & Ticho Brahé à 25000.

Vous avez beau au reste, vous rompre la tête & rafiner sur la Dioptrique de Mr. des *Cartes*, je vous défie de faire jamais des Téléscopes, qui portent votre vûë jusqu'où va votre curiosité. Autrefois on ne comptoit que 1022. étoiles, aujourd'hui nous en apercevons un million de fois plus, & quand on découvriroit un jour quelque instrument, qui nous en fit voir infiniment davantage, nous ne serions pas encore contens.

Mais à propos d'instrumens, il faut avoüer que les microscopes, que fait Mr. *Leeuwenhoek*, sont admirables : vous savez les belles découvertes qu'il a faites par leur moyen, & comment il confirme par mille expériences, les sentimens de quelques Philosophes, qui n'avoient passé jusqu'à lui que pour des fictions, ou au plus, que pour de simples conjectures. Il n'y a pas long-tems qu'en repassant ses mémoires, & ayant fait quelques réflexions sur l'endroit où il assure que les anguilles sont couvertes d'ecailles comme les autres poissons, je ne pûs m'empêcher d'en conclure que si les Juifs avoient eu les yeux bons, ou des lunettes semblables aux notres, à la publication de la Loi, ils n'auroient eu garde de consentir volontairement à se priver si long-tems d'un mets, qui selon moi, est des plus exquis que les eaux fournissent à nos traiteurs.

Ils savent presentement que cet animal n'est point immonde, comme Salomon lui même, avec toute sa prétenduë science, se l'étoit imaginé.

Je doute pourtant qu'ils en tirent de l'avantage, leur synagogue a toûjours cru cela, ce seroit un crime de croire presentement le contraire, on ne se corrige pas si aisément de ses anciennes erreurs. Mais je m'aperçois que c'en seroit une capitale de vous faire un livre au lieu d'une lettre; ainsi il est tems de mettre fin à ce long discours, & de vous assurer que je suis sans aucune reserve &c.

## LETTRE XXXVII.

*à Monsieur Emmerik.*

MONSIEUR,

Dussiez vous de dépit arracher trois poils de votre perruque, je ne consentirai jamais, sans un ordre exprès de sa Sainteté, que Mr. *Leenhof* soit aussi coupable que vous le faites. Je n'ai jamais vû ce Pasteur, que je sache, mais j'aprens de ses ennemis mêmes que c'est un homme poli, bien tourné, fort savant, & qui mene une vie beaucoup plus édifiante que ne font bien des tartufes, qui le décrient. Que l'on déclame tant qu'on voudra contre son *Hemel op Aerde*, je ne voi point qu'il soit dangereux comme on le publie: au contraire, il est seur que ses maximes sont fondées pour la plûpart, sur des passages formels du vieux & du nouveau Testament: & j'avoüe franchement qu'il faut être plus clair-voiant que moi pour y apercevoir les semences de l'Athéisme, que pourtant quantité de femmelettes prétendent y rencontrer à chaque pas.

Au fond il n'y a rien d'extraordinaire en cela: nous savons que c'est le sort des grands hommes d'être exposez à la critique & à la haine de la multitude, aussi-tôt qu'ils veulent s'opposer au torrent, auquel plusieurs se laissent emporter volontairement. Mais dites vous, il suit beaucoup les sentimens de Mr. *Spinosa*: c'est ce que j'ignore, mais quand cela seroit, est-ce que tout ce que ce Philosophe a écrit ne vaut rien? nullement. Ceux qui ont leu ses ouvrages, savent qu'il réconnoit un être souverainement parfait, duquel & par lequel sont toutes choses; y trouvez vous rien de mauvais? En d'autres endroits il s'écarte de l'opinion commune, en ce qu'il veut que ce même Dieu soit la cause immédiate & immanente de tout ce qui existe, qu'il a produit sans choix, sans liberté, sans dessein. Il soutient que tout ce qui arrive au monde, & que l'on distingue par les termes de bien, de mal, de vertu, de vice &c. part de lui nécessairement; & qu'ainsi il ne doit y avoir, ni résurrection, ni jugement, ni salut, ni damnation, ni rien de ce que l'Ecriture nous fait craindre ou espérer après cette vie. Cela n'est pas recevable, on ne sauroit le nier.

Ce-

Cependant tout pernicieux qu'il paroît, il ne laisse pas, au sentiment de plusieurs personnes de bon sens, de favoriser les Protestans, à l'égard de la prédestination.

Je puis me tromper dans des sujets de cette nature, & je consens même que je le fais grossiérement, mais il me semble que bannissant entierement le franc arbitre, admettant la grace à la rigueur, & étant selon nos dogmes, incapables de faire aucune œuvre, qui ait seulement les aparences de vertu, il me semble dis-je que ce souverain être récompense son propre ouvrage de la maniére que Mr. *Spinosa* le prétend, c'est-à-dire comme un enfant fait sa poupée. Que chacun l'entende comme il voudra; il est toûjours constant qu'il n'y a point de si méchant livre, qui ne contienne quelque chose de bon, & si tant est que Mr. *Leenhof* ait copié des passage de Mr. *Spinosa* qui soient bons, a-t-il mal fait, parce que cet écrivain passe pour un libertin à triple étage? je ne le pense pas.

On lit le livre de Pline Second, les savans se font un honneur d'en enrichir leur bibliothéque, à cause que c'est un recueil curieux de tout ce que la nature étale à nos yeux, & produit dans l'univers : cependant on ne disconvient pas que ce qu'il dit de la Providence, de l'ame de l'homme, & de toute l'économie du salut, est pire que ce qu'en a inventé *Spinosa*, puis que celui-là la tourne absolument en ridicule. On menace ce Ministre, & on lui fera ce que l'on voudra, je ne le condamne ni ne l'absous : cela ne dépend point de moi ; mais je m'imagine que quand il se seroit trompé en quelque chose, ses lumiéres, & les beaux talens qu'il a d'ailleurs, mériteroient bien qu'on ne le traitât pas à la rigueur.

Pour ce qui est de l'ame, & des qualitez, qu'on lui attribue, dont vous voudriez savoir mon sentiment, c'est une matiére, où à la vérité je ne voi pas assez clair pour vous rien dire de précis. Mr. *Loke*, dans ses objections Métaphysiques à Mr. des *Cartes*, soutient qu'elle consiste uniquement dans le mouvement de certaines parties du corps organique, & que la raison n'est rien autre qu'un assemblage de noms de la signification desquels les hommes sont convenus à leur fantaisie, par le mot est. Il est inutile d'apliquer cette définition à
l'ame

l'ame végétative, à laquelle elle n'a aucun rapport, puis qu'il n'y a point d'organes dans les plantes, dans les métaux, dans les minéraux, non plus que d'autres semblables productions de la nature. Elle ne peut donc tout au plus convenir qu'à l'homme & à la bête. Tout de même qu'à parler proprement, il ne peut y avoir qu'un sens, qui est celui de l'atouchement, comme je l'ai fait voir dans ma dissertation de 1694. On ne doit, selon ce grand homme, admettre que d'une sorte d'ames, c'est-à-dire de sensuelles. Mr. de *Montagne* n'étoit pas non plus fort éloigné de ce sentiment: il mettoit si peu de différence entre la sienne & celle de sa chate, qu'il ignoroit, disoit-il, si c'étoit lui, qui se jouoit d'elle, ou si c'étoit elle qui badinoit avec lui, suivant cela toutes les ames seront matérielles.

Une grande partie des anciens ont cru la même chose: aujourd'hui l'on s'en fait une autre idée; ainsi nous disons que l'ame des bêtes est dans leur sang, dont elle fait même une partie, au lieu que la nôtre n'a rien de commun avec ce qui est corruptible ou corporel. C'est une substance spirituelle, intelligente & non étenduë, quoi qu'elle soit difuse & renfermée dans un corps borné & étendu. Mr. des *Cartes*, entre autres, tache de démontrer ce problême par des raisonnemens, qui lui paroissent incontestables. Il prétend que la matiere, quelque forme qu'on lui donne, n'est pas capable de penser, de sorte qu'il dénie hautement cette faculté aux bêtes. Il seroit à souhaiter que les argumens qu'il employe pour sa demonstration eussent la force & l'évidence que le voudroit un sujet auquel nous prenons tant d'interêt : ce qu'il y a de fâcheux, c'est qu'il n'y a pas d'apararence que jamais personne y réussisse. J'ai beau en mon particulier, faire des efforts sur moi même pour priver un éléphant, un renard, un chien, un singe de sentiment & de pensée, ma conscience y répugne. Bien loin que ces créatures courent à l'étourdie, donnent tête baissée contre une muraille, ou s'aillent précipiter dans un courant, comme feroit un automate, auquel on veut de vive force qu'elles ressemblent, je les voi par tout agir avec prudence & jugement. Elles engendrent & élévent avec soin & travail leurs petits : elles bâtissent des loges & des nids, se creusent des demeures &

des

des tanieres. Les unes font leurs provisions de grain ou de legumes pour un tems, les autres vont journellement à la quête, nous en voyons qui ufent d'artifices, qui dreffent des piéges, qui conftruifent artiftement des filets, pour en furprendre d'autres, dont elles ont le plaifir de fe nourrir. Enfin, il n'y a rufe, fineffe, ftratagéme, ni peine aucune qu'elles n'emploient, lors qu'il s'agit de fe procurer du bien. Et tout cela fe fait avec tant d'ordre & de conduite, que je ne penfe pas faire tort à notre efpéce, en difant qu'il n'y a pas plus de différence de certaines bêtes à quelques hommes, qu'il y a du dernier des ignorans à un Philofophe confommé.

Soyez le partifan des brutes tant qu'il vous plaira, me direz vous, c'eft un axiome reçû de tout le genre-humain, qu'elles ne parlent, ni ne raifonnent. Bon, c'eft comme fi vous difiez qu'un homme ne fauroit nager parce qu'un Dauphin nage fans comparaifon mieux que lui; ou qu'un papillon ne vole point, à caufe que le vol d'un aigle eft beaucoup plus élevé & plus rapide. Il y a des bêtes, qui parlent, & des hommes, qui ne parlent pas, quoi que ce foit une qualité

té qui est naturelle à l'un, & qui ne l'est point à l'autre : & si elles ne raisonnent point comme nous, nous ne raisonnons point aussi comme elles : chacun a la maniere de raisonner, où peut être n'y a-t-il de la difference que du plus au moins, nous n'en savons rien de positif, & il faudroit avoir été Nebucadnézar, ou Pithagore, pour pouvoir décider cette question au juste. Qu'il en soit pourtant ce qu'il vous plaira, cela ne regarde point directement l'ame, c'est un pur effet des organes du corps, & de l'arrangement des parties du cerveau ; la preuve en est évidente, en ce qu'un jeune enfant ne parle ni ne raisonne point, & qu'aussi tôt que les parties internes de la tête de l'homme le mieux sensé sont tant soit peu dérangées, il n'y a ame, qui tienne, il extravague incontinent ; & ce dérangement peut être si considérable, qu'il n'y a point de bête si bête que lui.

Enfin vous me direz, peut être encore, qu'une marque évidente de la vérité de cette croyance, c'est qu'elle est de tous lieux & de tous tems.

C'est un abus, Monsieur, je doute que jusqu'à Moïse, & même long-tems après, on sçût ce que c'étoit d'une ame,
telle

telle que vous voulez qu'elle soit, du moins je ne sache point qu'il en soit fait mention dans aucun des cinq livres de cet Auteur, & il y a encore des nations, qui la confondent avec le corps. Elle a eu un commencement cette croyance, comme toutes les autres choses du monde, & pour petit qu'il ait été, il a sufi pour lui faire avoir un progrès à l'infini. Un seul homme est capable d'inventer une chose, à laquelle la plûpart des autres ajoutent foi. Je pourrois apuyer ce que j'avance, de plusieurs exemples remarquables, mais il sufira de vous rapeller dans le mémoire l'impértinente secte de Mahomet : vous avez leu aparemment les réveries de son Alcoran, Vous savez comment il remplit son paradis chimérique de belles femmes, d'excellentes liqueurs, de mets exquis, & de toutes les voluptez & les délices imaginables, dont il prétend que les fidéles Musulmans joüiront un jour réellement & de fait, ou du moins c'est ainsi que l'entend le menu peuple. Il y a plus de mille ans que ce fourbe a forgé dans son cerveau creux cette fable grossiere, & mal concertée: Ses sectateurs, qui à l'exemple des Païens, au sujet de leurs oracles, font consister la sainteté de ce galimatias de livre dans la simplicité de son langage, dans la naïveté de ses expressions, aussi bien que dans l'obscurité & la confusion aparente, comme ils disent, des prèceptes & des promesses qu'il contient, ont tellement augmenté en nombre depuis ce tems là, qu'ils possédent une grande partie de l'Europe & de l'Asie, & si la Providence n'y met la main, ils rempliront bientôt tout l'Orient, dont les peuples ont en horreur le Christianisme. De tout cela, Monsieur, je conclus, que ce n'est point au raisonnement auquel il faut avoir recours, pour distinguer notre esprit de celui des autres animaux, mais seulement à l'autorité, c'est à dire à la révélation, aux décisions des Conciles, & au sentiment général des Chrétiens, auxquels nous sommes obligez de nous conformer: & cela d'autant plus que c'est une opinion qui nous est avantageuse, puis qu'elle est accompagnée de l'espérance d'une vie à venir, & d'une béatitude éternelle.

La profession, que vous exercez, vous engage à y ajouter encore plus de foi que les autres, vû qu'elle est dangereuse, & qu'elle vous menace de ne pas faire un fort long séjour parmi nous.

Ce-

Cependant pour finir par un discours moins grave que n'est celui dont je viens de vous entretenir, tout Antileenhoviste que vous êtes, je vous conseille d'observer la leçon de ce galant homme, & de prendre à bon conte ici bas autant de bon tems que vous pourrez, en restant pourtant toujours, comme vous faites, dans les bornes de l'honnêteté, & de la bienséance. Sur tout prenez bien garde de rendre à chacun le sien, & de ne pas caresser une fille au préjudice de sa mére. Assurément je ne saurois m'empêcher de rire toutes les fois que je pense à la bévûë, que vous m'avez dit que vous fites l'année passée à Malines, de prendre dans une assemblée, la mére pour la fille, & de complimenter celle-ci, où le devoir vous engageoit indispensablement de vous attacher à celle-là: si votre œil ne vous a pas fait alors faux-bond, la nature devoit les avoir partagées bien inégalement, puis qu'il faloit qu'elles différassent au moins, de douze ou quinze ans. Cela me fait ressouvenir d'un conte que Madame de *Nieuwenhuys* a fait plusieurs fois depuis son retour d'Angleterre, de trois dames de qualité, qu'elle même avoit vûës & connuës

nuës à Londres, enceintes & prétes d'accoucher en même tems, nonobstant que l'une fut la grand mére, l'autre son enfant, & la troisiéme sa petite fille. Ce sont des exemples aussi rares que celui de ces cinq Messieurs Hollandois, dont j'ai vû le dernier à Amsterdam, qui de pére en fils, l'un après l'autre, avoient été mariez chacun plus de cinquante ans avec leur premiére femme, ce qui les avoit obligez d'inviter leurs amis à la noce d'or, & qui méritoient bien d'être inserez dans cette lettre, quoi que cela n'y vienne pas aussi à propos que de vous assurer que je suis toûjours &c.

## LETTRE XXXVIII.

### à Madame la Baronne de F.

MADAME,

C'Est une maxime reçuë de tout le monde, que l'amour commence par soi même, & cet amour est si fort, que suivant le témoignage de Job, l'homme donne peau pour peau, & tout ce qu'il a pour son ame. De là vient que le sixiéme commandement ne défend que de tuer les autres, & non pas soi même, parceque le Législateur étoit persuadé qu'au lieu

lieu qu'il ne faut que de l'animosité & de l'empórtement pour porter la main fur fon prochain, on ne peut fans avoir perdu les fens, attenter à fa propre vie. A cet axiome général j'en ajoute un autre, & je dis que l'amour diminuë ou augmente, felon les degrez de proximité, & par raport au fang, ou à raifon des lieux, ou fuivant les habitudes, que nous avons avec les autres créatures raifonnables. L'expérience nous fait voir que plus nous avons de liaifon avec une perfonne, de quelque fexe qu'elle foit, plus nous fommes attachez à fes intérêts, & que nous avons plus d'inclination pour ceux, qui habitent nos contrées, que pour les peuples qui demeurent fous des climats étrangers. La maifon de mon voifin n'eft pas en feu, que je ne tremble au moment que j'en aprens la nouvelle; mon émotion n'eft pas à beaucoup près fi confidérable, fi ce malheur arrive dans une autre ruë, & il pourroit être fi éloigné de moi, que j'en entendrois faire le récit avec la derniere indifférence. Nous nous réjouiffons avec nos citoiens, nous participons au bien & au mal de notre Patrie, nous ne fommes pas même tout à fait infenfibles à ce qui arrive en Europe, fur tout lors que

c'eft

c'est un événement remarquable, mais il s'en faut beaucoup que nous prenions autant de part aux avantages ou aux malheurs, que ressentent les habitans des autres parties de l'Univers.

De même, on ne sauroit disconvenir que si l'ame étant seule, étoit capable de quelque passion, elle seroit bien plus afligée de la destruction de son propre corps, que de celle de tous les autres ensemble; nous n'en pouvons pourtant parler que par conjecture, mais nous savons de science certaine que naturellement nous sommes plus touchez de la mort d'un pére, d'une mére, ou réciproquement d'un enfant, que du décès d'un frére ou d'une sœur, & ensuite plus de ceux ci que de la perte d'un mari ou d'une femme, & ainsi des autres, à mesure que le degré de consanguinité va en diminuant. Je sai que bien des gens se persuadent, que le lien le plus étroit est celui de l'himen, mais selon moi, tout idolatre du sexe que je suis, c'est une erreur grossiére, puisque la diférence qu'il y a de l'un à l'autre est immense.

La liaison d'un pére avec son enfant est fondée en nature, celle qui vient du
ma-

mariage n'a pour base que la politique & le bon ordre dans la société; ce qui paroît en ce que ce n'est pas l'action que l'on considére, puis qu'autrement une paillarde devroit toucher de plus près à l'homme, qui l'a connuë, qu'une mére ne touche son enfant: mais seulement la formalité de l'assemblage, par laquelle un Ecclésiastique ou autre, lie en vertu de trois ou quatre paroles qu'il prononce, une Chinoise à un Américain, qui n'ont souvent rien de semblable que la figure; au lieu que je suis véritablement fait & formé de la substance de mon mon pére & de ma mére, & que mes enfans sont, non par métaphore ou comparaison, mais réellement & de fait, chair de ma chair & os de mes os. Cela étant, Madame, vous ne trouverez pas étrange, si je vous dis que je viens de faire la plus grande perte, à laquelle je puisse être sujet de mes jours. Je n'en suis pourtant nullement surpris, il y a long-tems que je m'étois attendu à cela, le mal étoit inévitable, la bonne femme avoit atteint un âge décrepit, & jusqu'où le milliéme des mortels ne parvient pas: mais ce qui me donne de l'étonnement, c'est que je ne trouve personne, qui me plaigne; il y en a eu même

me d'assez imprudens pour vouloir m'exciter à la joye, sous prétexte que c'étoit une femme à bout de course. Assurément cela est admirable : quoi, parce que la Providence m'a laissé la direction d'un bien, qui sera, si vous voulez, d'un million d'écus, pendant l'espace d'un demi-siécle, il faudra que je me réjouisse de ce qu'elle transporte ce tresor à un autre, & me prive des moyens de subsister ! je n'en ferai rien. Je suis ravi de ce que mon pére a vécu jusqu'à soixante & dix ans, & ma mére jusqu'à nonante, j'en rends graces à l'auteur de toutes choses; mais si ç'avoit été sa volonté, je les aurois volontiers gardez plus long-tems, & je proteste qu'au bout de mille ans leur départ ne m'auroit pas été moins sensible que s'ils fussent morts à cinquante. Ma mére étoit vigoureuse, de bon apétit, elle marchoit sans apui, lisoit couramment sans lunettes, & n'étoit pour ainsi dire, sujette à aucune infirmité. Il est vrai qu'elle étoit promte, & dificile à servir, mais elle ne laissoit pas d'avoir le cœur bon, & de porter beaucoup d'amitié à ses enfans : sa colére venoit & passoit comme un éclair. C'étoit un effet de son tempérament, auquel nous étions tellement

ment accoutumez, que je la regrette encore de toute mon ame, & desirerois qu'elle fut pleine de vie, à peine d'essuyer de nouveau ses saillies. Ma femme même ne sauroit retenir ses larmes aussi tôt qu'elle entend parler de son décès. Cela n'est point surprenant, suivant le principe que j'ai posé au commencement : j'ai demeuré chez elle autour de dixneuf ans, & elle en a passé trente cinq chez moi ; d'où il paroît qu'outre l'inclination naturelle, nous avons eu de longues habitudes ensemble, ce qui seul nous la devroit rendre chére.

Enfin nous l'aimions, & qui plus est, il nous sembloit, que sa durée étoit une marque toute particuliere de benediction, & sur elle, & sur ceux qu'elle avoit mis au monde.

Vous êtes d'un naturel tendre, & l'atachement que vous avez pour Madame votre Mére, est si grand, que comme vous n'en soufririez la séparation qu'avec beaucoup de douleur ; je ne doute pas que vous ne participiez fortement à la nôtre. Dans cette pensée, je prie le ciel qu'il vous conserve l'une & l'autre, & que lors qu'il lui plaira de nous mettre à quelque épreuve, il nous donne en même

me tems la force de la soutenir avec résignation.

Vous voulez bien au reste, que je vous dise, Madame, que le cinquiéme jour après que cette chére femme eut rendu l'esprit, nous avons fait ses funérailles, & parce que le rang que je tiens dans la société m'auroit obligé à inviter tous les Colléges de la Ville, si cette cérémonie s'étoit faite de jour, j'ai mieux aimé qu'il m'en coutât une douzaine ou deux de flambeaux, & la differer jusqu'à neuf heures du soir, qu'il m'a sufi de prendre mes Collegues, & une partie de mes meilleurs amis. Cependant avec ma précaution, je n'ai pas pû éviter de voir des éfets de la maudite & haïssable coutume de ces quartiers, qui autorise les excès dans des solemnitez de cette nature. Il étoit minuit avant que la plus grande partie de mes gens m'aient quité, & il y en a eu plusieurs entre eux, qui s'étoient tellement chargez de vin qu'ils ont été contraints de rendre gorge; par où ils m'ont gâté mes meubles, & empesté toute ma maison. Beau spectacle pour des personnes, qui viennent de perdre ce qu'ils avoient de plus précieux au monde, pére, mére, enfans, mari ou femme, car

car cela est général. Les enterremens sont ici des occasions de boire, de fumer & de faire souvent des extravagances en forme, aussi bien chez ceux du premier ordre, que parmi les gens du commun. Si j'avois du commandement, il n'en iroit pas ainsi, & je ferois bien en sorte qu'en ces rencontres, il y auroit moins de dépense & de scandale. Mais enfin, je suis né pour obéir, si vous en doutez, faites en l'épreuve, & je vous ferai voir que je suis véritablement &c.

## LETTRE XXXIX.

*à Monsieur Tyssot.*

JE suis ravi, mon très cher frére, de ce que vous venez de faire une nouvelle aquisition, qui consiste en une des plus belles & des meilleures maisons de votre Ville, puis qu'elle est vaste, neuve, bâtie à la moderne, & située dans un lieu agréable & passager. Je vous en félicite de tout mon cœur, & souhaite, que vous l'habitiez long-tems avec tout l'agrément & la satisfaction imaginable.

A

A vous parler ingénument, je pensois que vous vous en terjez tenu aux trois, que vous aviez, vû qu'il y en avoit pour chacun de vos enfans une : mais il semble que vous aïez de l'inclination pour ces sortes de fonds, aussi bien que pour les rentes viagéres. Je ne suis, comme vous le savez, ni pour l'un, ni pour l'autre. Il est seur qu'un honnête homme, pour peu commode qu'il soit, doit avoir en propre un logement, conforme à sa condition, mais pas davantage. Il n'y a rien qui dépérisse plus qu'un batiment, exposé à la merci d'un locataire, qui soit d'un plus grand entretien, qui coure plus de risque d'être consumé, ou par un embrasement, ou par un incendie, & où l'on soit plus en danger d'avoir des banqueroutes.

Il est vrai que les rentes à vie sont considérables, cependant il faut vieillir pour en profiter. Vous avez eu neuf enfans, il n'y en a qu'un tiers de reste, si vous avez mis de l'argent sur tous, comme il me le semble, il est évident qu'étant morts jeunes, vous y avez plus perdu que gagné.

Voulez vous savoir à qui il est bon de mettre son capital à fonds perdus, c'est

à

à un homme, qui a une famille nombreuse, & qui ne sauroit fournir aux dépenses, auxquelles l'engage indispensablement sa qualité, ou le rang, qu'il tient par son caractére: mais pour vous, qui avez de quoi vivre largement, & qui pouvez outre cela faire de belles épargnes, c'est un abus manifeste. Vous avez tort, selon moi, de ne pas acheter des terres, presentement qu'elles sont à bon marché, ou augmenter le nombre de vos obligations, soit sur le Païs, ou plutôt sur des particuliers, qui vous donnent de bonnes hipotéques: vous ne pouvez jamais avoir de perte à cela, pourvû que vous aiez la précaution de n'en pas plus donner que la troisiéme partie de ce qu'elles valent, & de vous faire enregitrer le premier au Protocole: mais c'est de quoi vous vous moquez, je me trompe même si je ne vous entends me dire. Quand vous aurez des deniers de reste, emploiez les comme il vous plaira, & laissez moi placer les miens à ma fantaisie. Vous avez raison: c'est vous, qui les amassez, c'est aussi à vous à en disposer comme des choux de votre jardin.

*Il est fou, qui s'en formalise:*

L  Je

*Je baise ma femme à ma guise,*
*Et suivant que le cœur m'en dit :*
*Vous vous faites, Monsieur, de même du crédit ;*
*Selon votre caprice, & sans mon entremise.*
*C'est, vous diront des gens, un mal, sans contredit ;*
*Mais enfin, mal ou non, je veux être maudit,*
*Acheter des palais est une douce crise.*

Accumulez hardiment des richesses, entassez tresor sur tresor, cela me fera autant de plaisir qu'à vous.

Vous faites, je l'avoüe, pendant que je raisonne ; les corps sont de votre côté, & du mien il n'y a que des ombres : la différence de l'un à l'autre est immense, je ne saurois le nier : cependant tout cela revient à un, si nous sommes également contens de notre sort. Pour moi, je puis protester que je suis aussi satisfait de mon peu de science, que Crésus l'étoit de l'abondance de ses écus, & je me persuade que je suis plus gai & plus dispos dans la frugalité, & dans mes meditations réitérées, qu'il n'étoit au milieu de la volupté, & dans la distraction continuelle, que lui causoient ses biens & ses occupations

pations intéressées. Je suis d'autant plus en repos de ce côté là, que mon choix a été volontaire; je puis même y ajouter qu'avant que je me déterminasse sur le parti, que je devois prendre, je n'ignorois pas que la sapience est une compagne inséparable de la pauvreté, & que dans le siécle, où nous vivons, il n'est rien de moins estimé que les lettres.

Au reste, je n'ai rien à vous dire de ma famille presente, si non qu'elle se porte parfaitement bien. Il y a plus de trois mois que je n'ai des nouvelles de l'absente, excepté de l'Enseigne, dont on m'aporta la semaine passée une lettre, vieille de dixhuit jours. Il me marquoit que son régiment partoit pour aller faire la campagne, & qu'il ne savoit si ses fréres resteroient en garnison, ou non.

Je ne saurois vous taire qu'après un grand prologue, pour me préparer sans doute, à recevoir comme une vérité, une sotise, qu'il me va dire; il déclare avec serment qu'étant sorti le soir du seiziéme de février, d'une chambre, où il y avoit assemblée chez le Grand Bailli de Menin, pour satisfaire à la nature, il entendit fort distinctement une voix tremblante & plaintive, mais forte, lui crier à

L 2   l'ol'oreille. Adieu, mon cher petit fils, adieu. Là dessus il fut saisi d'un frisson mortel par tous ses membres, & pâlit si fort en même tems, que quelque effort, qu'il fit pour le cacher lors qu'il rentra, tout le monde s'en aperçût incontinent. Comme ils s'intéressoient beaucoup à sa santé, chacun s'empressa à lui faire des questions sur la cause d'une altération si précipitée, il feignit de ne sentir rien, qui l'incommodât, pour n'être pas obligé de donner occasion à des gens, qui sont déja assez portez d'eux mêmes à croire aux fantomes & aux illusions, de se confirmer dans leur erreur, & de convaincre un Calviniste de la vérité des aparitions, par un fait, dont lui même avoit été le témoin auriculaire, suivant sa propre déposition.

Quelques jours après il reçût celle de mes lettres par laquelle je lui aprenois que sa chére grandmaman étoit décédée le dixseptiéme du même mois de grand matin, c'est à dire dix ou douze heures après ce qu'il prétendoit lui être arrivé. S'il écrivoit cela à un autre, je croirois qu'il veut badiner, comme il en est fort capable. Mais ayant beaucoup de respect pour moi, je ne saurois m'empêcher de

penser

penser qu'étant jeune, & aimant ma mére à la folie, comme elle aussi le chérissoit si tendrement, qu'elle ne parloit presque que de lui, il aura été si plein de cette bonne femme, & de sa facheuse maladie, de laquelle je l'avois informé auparavant, que ses organes & toute sa machine étant tournez de ce côté là, il ne lui aura pas été difficile de former au premier bruit, qu'il aura entendu dans l'obscurité, les paroles, que je vous ai recitées, de la même maniere que l'on fait dire aux cloches sonnantes, tout ce qui nous vient, pour ainsi dire, dans l'esprit. Je n'ai pourtant pas voulu par un long discours, le desabuser, dans la réponse, que je lui viens de faire, je remets cela à l'hiver prochain, que j'espére de le voir chez moi.

Cette avanture me fait ressouvenir de ce qui arriva à notre Colonel dans Brusselles, il y a quelques années, & dont je ne sache pas qu'il vous ait entretenu, ne vous ayant peut-être pas vû du depuis. Il étoit un jour à la Comedie, où en attendant que les Acteurs parussent, les assistans causoient, & parloient de diférens sujets. Ceux, qui étoient derriere lui, s'étoient mis sur les sortiléges, & racontoient

toient des choses surprenantes & inoüies: par exemple, qu'ils avoient vû un marteau en l'air, qui sans être soutenu de quoi que ce fut, enfonçoit un clou dans la muraille, des pierres & des cendres, qui tomboient en droite ligne d'enhaut sur eux, sans qu'il y eut aucune ouverture au plancher. Les uns juroient qu'ils s'étoient sentis fraper par une main invisible, d'autres qu'ils avoient oui des voix épouvantables sortir de terre, & autres prodiges semblables. A ces mots, mon frere, qui étoit curieux, & incapable de donner dans la bagatelle, se retourne, & leur demande où tant de beaux faits miraculeux étoient arrivez. Comment, Mr. répondirent ils, ignorez vous ce qui fait tant de bruit dans toute la ville? Il y a trois semaines au moins que les démons ont pris possession d'une telle maison, située dans une telle ruë: jamais on n'a rien vû de pareil à ce qu'ils y font tous les jours: il y a autant de témoins que d'habitans de Brusselles de cela. Des Moines de plusieurs Ordres y ont été en corps, avec croix & bannieres, & tout l'appareil requis dans des cérémonies de cette nature; mais jusques à present, leurs prieres & leurs soins ont été

été inutiles: de sorte que l'on ne sait ce qu'il en arrivera. Le lendemain notre officier conta cette avanture à Mr. *Caasenbroot*, son ami, & l'engagea à l'accompagner pour aller voir jouër le diable.

Lors qu'ils furent à cette maison, ils la trouvérent fermée: ce n'est pas qu'il n'y eut un grand nombre de personnes devant; mais comme ce n'étoient que des Artisans, on ne croyoit pas aparemment, qu'ils valussent la peine qu'on agît. Mon frére s'étant aproché, heurta rudement à la porte: là dessus il parut un homme à une fenêtre, qui voyant des habits chamarrez & des laquais à livrées, décendit dans le moment pour ouvrir.

Mr. de Patot entre, tenant une contenance grave, fait de profondes révérences de tous côtez, sous prétexte que le maître étant invisible, il ne savoit en quel endroit il se tenoit, & s'adressant à Mr. le *Diable*, qu'il traitoit, tantôt de grand Seigneur ou de Majesté Impériale, tantôt de Sainteté, de Hautesse, de puissant Monarque, & par intervalle, de Roi des enfers, ou de Prince de l'air, en un mot, de ce qu'il y a de plus relevé au monde.

Il le suplie très humblement d'avoir la complaisance de paroître sous quelle figure il lui plairoit, devant un homme, qui desiroit passionnément de le voir, de faire entendre sa belle voix, & de lui montrer quelques petits tours de son métier. Le gardien de cette pouillerie enrageoit cependant, il lui témoigna son chagrin, & lui fit comprendre que s'il continuoit, il pourroit bien avoir lieu de se repentir de tourner ainsi en ridicule un fait, qui devoit exciter à la dévotion & à la crainte ceux, qui en entendoient seulement parler : mais il se moqua de lui, & voyant qu'il ne pouvoit rien obtenir par prières d'un prétendu Machiniste, qui quelque habile qu'il fut, aprehendoit sans doute, que cet entrepide guerrier n'examinât de trop près ses actions, & ne découvrît sa tromperie à tout le monde, il changea tout d'un coup de langage, & frapant comme un perdu de sa canne contre les murailles, comme pour en faire sortir celui qu'il cherchoit. Comment Chien, dit il, Filou, Trompeur au Diable, *Béelzebut*, Ange de ténébres, Scélerat, Bardache, Sorcier, Vilain, Puant, Infame, Maudit, & tout ce qu'il put inventer de pire, vous ne voulez

lez donc joüer que devant des femmes, des idiots, ou des gens timides & incapables de découvrir vos ruses & vos finesses monacales, afin d'épuiser la bourse des simples, & abuser de la crédulité du public! Je vous aprendrai bourreau à changer de note, & si vous avez l'impudence de paroître encore sur cette scéne pendant que je serai ici en garnison, dussé-je me travestir pour vous surprendre, je ferai voir à toute la terre que vous êtes un fourbe & une chimére, qui n'existez que dans des cerveaux mal conditionnez.

Toutes ces invectives, prononcées par un Officier Hollandois, c'est à dire un Hérétique, épouvantérent les autres, & craignant que le diable ne leur vint rompre le cou, aussi bien qu'à lui, ils s'enfuirent, & le laissérent là seul. Il s'étoit si fort agité qu'il suoit à grosses goutes, & étoit devenu tout enroüé. Cette action étoit téméraire, & hazardeuse dans un païs comme celui-là. Cependant qu'en arriva t-il? le Diable ne revint plus. Un cas si extraordinaire faisoit le sujet des entretiens de toutes les Assemblées, on ne parloit d'autre chose dans les Caffez, chacun montroit l'Exorciste au doigt partout, où il paroissoit, & crioit; voila le personnage qui a chassé le démon. Les Capucins, & d'autres Péres, se sont tourmentez inutilement pour le faire disparoître, il n'a pas discontinué un jour de se faire voir ; mais depuis que celui-ci a usé de ses menaces, il est resté dans l'inaction, & n'ose plus se montrer à personne.

Je ne vous conte cette histoire qu'en abrégé, je differe à l'assaisonner de plusieurs circonstances agréables jusques à ce que j'aye le plaisir de vous embrasser, ce qui pourroit bien arriver avant que cinq semaines se passent, puis que je fais état de partir dans quinze jours pour Alkmaar, & delà, aller séjourner un mois à Utrecht: c'est alors que je vous confirmerai verbalement, comme je le fais de ma plume, que je suis plus que jamais &c.

## LETTRE XXXX.

### à Mr. du Puis.

MONSIEUR,

JE suis bien aise de ce que vous êtes de mon sentiment par raport à la beauté du voyage de Mr. *Massé* : il est en effet instructif, il est agréable, bien diversifié, rempli d'incidens rares & curieux ; & son Auteur y fait sufisamment connoître qu'il avoit de l'érudition, du savoir, du génie ; & qu'il pouvoit, pour ainsi dire, passer pour universel dans les sciences. Mais je suis surpris de ce que vous doutez d'une rélation si bien circonstanciée : que vous prétendez qu'il y traite un peu cavalierement de la Religion : & ce qui m'étonne le plus, que vous me soupçonnez d'en avoir été l'inventeur.

Pour répondre à cela en peu de mots, il est seur que ç'a été de tout tems le fort de ceux, qui ont les premiers découvert de nouveaux pays, de passer pour des fourbes, pour des écrivains, qui veulent en imposer à leurs lecteurs, & abuser de leur crédulité. Cela s'est vû à l'égard de diverses parties de l'Afrique, des Isles du Japon, de la Chine, de l'Amérique, & de quantité d'autres lieux. Les premieres rélations qu'on en a faites, ont passé pour des fictions: cependant on a trouvé dans la suite qu'on n'en avoit pas dit la centieme partie de ce qui en étoit. Ce sera peut être ici la même chose; nous ne le verrons pas, mais il y a aparence qu'un jour nos neveux se riront de notre incrédulité, & admireront notre foiblesse.

Pour ce qui est de la Religion, on ne sauroit nier qu'il y a des endroits, où elle est ouvertement profanée, & traitée du haut en bas, mais il faut considérer que lors que ce sont des Païens, qui parlent, on ne sauroit le prendre de mauvaise part, à cause que cela est réciproque; & que toutes les foisque ce sont des impies, l'auteur a soin de faire remarquer qu'ils en ont été punis, ou qu'ils ne pouvoient manquer d'en recevoir un jour le chatiment. Outre que si les uns & les autres ont allégué de fortes raisons pour énerver & éluder plusieurs passages de l'Ecriture sainte, on a eu l'adresse, toutes les fois qu'on en a eu la commodité,

d'y

d'y répondre par des argumens autant forts qu'il en ait paru jufqu'à cette heure dans une piéce de cette nature: de forte que fi dans toute cette rélation il y a quelque chofe capable de choquer une oreille chatouilleufe, c'eft cette fable des abeilles du chapitre 15. que je defaprouve entierement, & qui en effet, s'il faut que je le dife, n'eft nullement de l'Auteur.

J'en ai vû le manufcrit avant qu'elle fut imprimée, j'en puis rendre témoignage: l'Editeur doit être acculé feul de cette fupercherie, & non feulement il s'eft ingéré d'ajouter cette parabole à ce bel ouvrage, mais il en a auffi retranché des chofes en des endroits, qui étoient dignes de celui, qui les y avoit inférées.

Enfin, j'en viens à moi même, & je dis que m'atribuer ce livre eft me faire bien de l'honneur: il eft vrai pourtant qu'il ne contient rien, fans vanité, qui foit au deffus de ma portée, & qu'encore qu'un efprit tourné aux Mathématiques, s'applique rarement à la Mythologie & aux Romans, il s'en eft vû néanmoins, qui y ont fort bien réuffi.

Qui que ce foit, qui ait écrit ce favant livre, sa memoire me sera toûjours glorieuse, tout Déiste que l'on veut qu'il ait été, comme cela pourroit fort bien être, à cause de sa candeur, de ses lumiéres & des belles découvertes, qu'il a faites ; je suis &c.

## LETTRE XXXXI.

*à Monsieur Tyssot.*

Monsieur mon cher Neveu.

C'Est si peu ma pensée de vous entrer en compte les momens, que j'ai emploiez à tracer des figures avec vous, & encore moins les manuscrits, que je vous ai fournis pour vous faciliter les moiens de vous avancer dans les mathématiques, que bien loin de prétendre que vous m'en aiez la moindre obligation, je ne veux absolument pas que vous m'en parliez davantage ; je croirai être parfaitement bien récompensé de l'un & de l'autre, si vous en tirez l'utilité, que vous en attendez. La joie d'un pére, par raport à ses enfans, qu'il croit avoir bien morigénez, est de voir qu'ils se comportent à tous égards, comme des sujets dignes de de lui : & le plaisir d'un maître consiste à entendre que ses écoliers ayent la réputation d'être de grans hommes. Je suis votre père en second, par un droit, que l'on ne me sauroit disputer ; & vous voulez bien me permettre de m'arroger celui d'être en même tems votre maître. L'intérêt que j'ai ici est donc double, & quoi que la gloire, que je me flatte d'en tirer, soit à proprement parler, sans fondement, en ce que vous avez reçu votre éducation & vos enseignemens de personnes plus sages & plus éclairées que je n'oserois me vanter d'être : je ne laisserai pourtant pas d'y participer : & cette participation sera d'autant plus considérable, que vous me donnerez occasion de vous être de quelque secours.

Suivant ce raisonnement, c'est moi, qui serai le redevable : mais je veux, pour éviter la dispute, que les choses soient jugées être dans un parfait équilibre, & que ce soit une juste compensation, qui termine notre différent, afin qu'il n'en soit plus parlé dans la suite. Sur ce pié là il est clair qu'il ne m'apartiendra plus de vous rien commander, aussi me suffira-t-il de vous assister de mes conseils. Le premier, que j'ai à vous donner, est

est que vous vous fortifiiez dans Euclide, c'est la base & le fondement de la connoissance des grandeurs.

Ne négligez point non plus l'Arithmétique : la science des nombres s'étend loin, elle est dans la vie d'une nécessité indispensable, & l'on peut dire que le divin Platon l'a estimée au dessus de toutes celles que nous cultivons. Si ensuite vous voulez vous enfoncer dans la Géométrie, nous pourrons nous voir pour en traiter, ou ici, ou à Utrecht, pendant les vacances, & à faute d'une entrevûë, qui seroit pourtant le meilleur moien, parce qu'il n'est rien tel que la vive voix, je vous fournirai encore de mes écrits, qui vous donneront infailliblement de très grandes ouvertures, puis que tout y est méthodique, clair, & parfaitement bien démontré. Mais comme je serois d'avis que cela se fit sans aucun préjudice de vos autres études, vû qu'il n'est pas juste que l'accessoire nuise au principal, je serois bien aise aussi d'aprendre que point d'obstacles ne vous rebutent. Vous l'avez déja expérimenté au sujet des raisons & des proportions : vous vous en êtes apperçû lors qu'il étoit question des raports, & des lignes commensurables

bles & incommenfurables, qui faillirent d'abord à vous faire renoncer au métier. Ce que fouvent on n'entend pas la premiere fois, on le comprend à la feconde, à la cinquiéme, à la dixiéme. Il ne faut point forcer fon efprit quand il s'agit d'une démonftration ; cela doit venir, pour ainfi dire, en badinant.

Vous avez bon fens, & vous êtes laborieux, avec de fi belles qualitez on vient enfin à bout de tout. Pour moi, je vous le dis ingénument, j'en attends une très bonne iffuë : faites moi part, de tems en tems, de vos progrès, & ne m'épargnez point dans vos befoins, je vous jure que vous me ferez plaifir.

Pour finir par un endroit, qui doit vous en faire de même, il y a autour de trois mois que païant un compte à Mr. *Schlichtenbre*, un de mes amis m'envoia un gros melon. Nous l'ouvrimes, & il fe trouva fi excellent que ce Marchand m'en demanda de la graine, pour envoyer à Mr. *Hagedoorn*, pére de fon beau-fils, qui eft intendant des jardins de *Loo*. Il la mit d'abord en terre, à ce que j'ai apris du depuis, & le tems a été fi favorable, qu'il vient de m'en faire tenir du fruit. C'eft quelque chofe de fingulier
que

que d'avoir de cette maniére, deux fois des melons dans une même année. Je n'en ai eu que deux, nous en expédiames hier un, dont je fis present d'une côte à mon Compére *Cordes*, que j'accompagnai de l'Epigramme, que vous trouverez ici: j'ai cru, pour la rareté du fait, devoir faire part de l'autre à votre pére; il a bonne mine, je ne doute pas qu'après avoir contenté l'œil, il ne satisfasse aussi au gout. En tout cas, s'il ne lui agrée pas, je me flate en récompense, que vous trouverez d'autant plus agréable l'impromptu à l'un de mes Collégues, que j'y ai ajouté pour vous, puis que vous n'étes pas moins admirateur de mes productions, que je suis &c.

# LETTRE XXXXII.

### à Monsieur du Puit.

## MONSIEUR,

Toutes vos afirmations sont inutiles; quand vous feriez les sermens du monde les plus exécrables, encore ne vous croirois-je pas. Pour la découverte de la longitude, du mouvement perpétuel, & autres semblables sujets, dignes de la spéculation des savans, & desquels la societé tireroit des avantages considérables, oui, je l'avoüe, il y a plusieurs Puissances, qui ont mis un prix de cent mille francs, ou plus; mais que la Cour de Rome promette une grosse somme de deniers à celui, qui pourra indiquer le Chef ou Gouverneur du Purgatoire, cela n'est pas vrai-semblable. Elle est trop intéressée, cette Cour, pour faire des récompenses de cette nature; ce seroit beaucoup si elle pouvoit se résoudre, dans une telle occasion, à retirer gratis, une ame de ce lieu ardent, pour la mettre trois jours plutôt en possession d'une bonne place en Paradis. Voyez le livre des

des indulgences, imprimé à Rome en 1519. Vous y trouverez entre autres, qu'en l'Eglise de St. *Eusébe*, il y a bien à la vérité sept mille quatre cents cinquante quatre quarantaines de jours de pardon, mais c'est seulement pour ceux, qui y feront une honnête offrande, ou comme porte la Bulle; *Manus porrigentibus adjutrices*. Outre que Messieurs les Prélats sont persuadez que la question est présentement trop aisée à résoudre; & que la plûpart des gens ne s'en mettent plus si fort en peine qu'autrefois. Une preuve convaincante de ce que je vous dis, c'est qu'il n'y a pas trois mois qu'étant à la campagne chez un Catholique de mes amis, un Etudiant de cette Communion, qui frequentoit le Collége des Jésuites d'Emmerik, & étoit sur le point de recevoir l'ordre de la Prêtrise, nous entendant causer de cette matière, se prit à dire d'un air grave. Il ne faut pas mentir, je suis extrêmement étonné, toutes les fois que je me mets dans l'esprit qu'il n'y a qu'un seul endroit assigné pour la demeure des hommes tant qu'ils sont en vie, & qu'il leur en faut cinq différens au moment qu'ils sont trépassez. Vous les connoissez, Messieurs,

con-

continua-t-il, le premier est le Ciel Empirée, l'azile des Bien-heureux, c'est là où Dieu habite lui même, & se fait voir manifestement à ses Elus.

L'Enfer est au centre ou dans les entrailles de la Terre; Satan gouverne là en personne, il y punit les Damnez, il les y tourmente, & leur fait souffrir des peines inexprimables, qui doivent durer éternellement.

Les Limbes des petits Enfans sont à la porte du Paradis, comme à Paris le Fauxbourg St. *Laurens*, afin qu'ils soyent à portée d'en entendre les joies, les chants de triomphes, la mélodie, & de participer ainsi par l'ouïe, aux divins plaisirs, qui ravissent en extase les Benis du Pére, par le secours des sens; c'est proprement où l'innocence a son siège, elle y domine seule, point d'autre n'y sauroit avoir de l'autorité.

Les Limbes de Péres, où régne la foi, & qui sont présentement vuides & à louer, en sont à une prodigieuse distance, parce que les vieillards, venérables & pieux qui y ont habité jusqu'à la résurrection de Christ, ayant des yeux de Lynx, étoient capables de découvrir les mystéres les plus cachez de la Religion, d'infiniment
plus

loin que nos Astronomes les Astres, par le moien de leurs telescopes, & qu'ils se contentoient aisément de la vûë des objets, au lieu que nous ne sommes pas à notre aise, si nous n'en avons la possession.

Enfin, pour ce qui est du Purgatoire, où il n'y a point de doute que préside l'imagination, ajouta-t-il, il est incontestablement dans l'Ether, immédiatement au dessous de la Lune. Les parties de la matiere céleste, qui composent cette région, sont dans une si grande agitation, qu'elles peuvent, comme un feu pénétrant, purger les esprits de leurs ordures, & se mettre en état de se débarrasser de ces élémens grossiers, & de passer dans un ciel plus épuré.

Si cela est, Messieurs, comme on ne sauroit le revoquer en doute, sans enfraindre les ordonnances de notre Mére sainte Eglise, & s'opposer aux sentimens communs des hommes les plus sages de l'Antiquité, poursuivit il, à quoi nous servent les voyages, & la frequentation des honnêtes gens, puis que le commerce étroit, que nous avons en ce monde ici, n'empêche pas que nous ne soyons sujets à vivre séparément dans l'autre? Il ne vaut pas la peine, pour le peu de jours que nous avons à être les uns avec les autres, de nous donner tant de mouvemens. Je serois d'avis que nous nous fissions d'abord Hermites, ou du moins, que nous nous missions en religion.

Cette raillerie froide, qui donna occasion de rire à la compagnie, me fit lever les épaules. Cela n'est il pas pitoïable, dis-je alors, que les hommes soyent capables d'abuser de certains siécles ténébreux, pour en imposer à la crédulité des simples, & introduire dans l'Eglise des sentimens chimériques, qui dans des tems plus éclairez, font ouvertement honte à la Religion? Les vivans n'ont qu'un seul séjour, qui est le Globe terrestre, comme ce jeune homme l'a tantôt bien remarqué, qu'est il besoin que les morts en ayent davantage? Les jeunes & les vieux, les riches & les pauvres, les grands & les petits, ceux qui sont dans la joie, ceux qui sont dans l'affliction, en quelque état que les hommes se trouvent, ils vivent les uns parmi les autres. Pourquoi les ames, dans quelque classe qu'on les mette, ne peuvent elles pas de même former une seule & même communauté?

La

La Providence a son siége par tout; elle est présente au centre comme aux extrémitez de l'Univers: il ne tient qu'à Dieu de nous rendre heureux ou malheureux en quelque endroit que nous soyons: le lieu ne contribue rien à notre félicité, l'état où l'on se trouve, en est la seule & unique cause. Que l'on se récrie contre cette opinion tant que l'on voudra, je la trouve la plus raisonnable de toutes, je l'ai euë aussi long-tems que je m'suis connu, elle m'est au fond naturelle, & quand je n'aurois pas apris dans un âge plus avancé, que de très habiles docteurs parmi nous l'ont aussi bien que moi, je n'aurois pas laissé de persévérer dans mes sentimens: sur tout je m'y sens extrémement fortifié depuis que j'ai leu dans l'excellent manuscrit d'un habile voyageur, nommé Pierre de Mésange, que dans tout le païs de Russal, situé sous le Pôle Arctique, où il a passé quinze ou vingt ans, c'est le sentiment commun que les hommes en général, au sortir de cette vie, sont transportez dans les champs de Raoul, les uns pour y jouïr de la félicité éternelle, & les autres pour y expier, par un sommeil d'une centaine d'années

nées, plus ou moins, les crimes qu'ils ont commis, avant que de passer de ce monde à l'autre.

Avec tout cela, Monsieur, vous venez d'apprendre en badinant, ce que, de votre propre aveu, vous aviez ignoré jusqu'à cette heure. Vous connoissez presentement l'inquisiteur des ames penitentes, le souverain maître du séjour, où se purgent les humains de leurs péchez ; s'il y a un prix, comme vous le prétendez, pour celui qui l'indiquera le premier, n'y faisant aucune prétention, je vous félicite de la récompense que vous en allez recevoir, vous aurez lieu de vous en contenter sans doute : pour moi, je ne veux que la continuation de votre amitié, & de l'honneur que j'ai d'être &c.

## LETTRE XXXXIII.

*à Monsieur Tyssot de Patot.*

Mon cher fils,

Lors que l'on est tombé en decadence, & que l'on se trouve éloigné de sa patrie, il est bien dificile de prouver évidemment son extraction. Cependant pour contenter votre curiosité, je vous envoye l'arbre généalogique & les armes de notre famille, du côté de Pére & de Mére, jusqu'à mes Bis-aieux, ce qui vous rend seize quartiers, je n'ai pas bien pu de si loin remonter encore plus haut. Quoi que ce ne soit rien, si vous voulez, par rapport à ce que vous & moi voudrions savoir, vous devez néanmoins le conserver précieusement, dans l'espérance que le Ciel voudra bien un jour rétablir en quelque façon les affaires, & mettre nos Neveux en état de se faire connoître pour ce qu'ils sont. Si votre Oncle l'Officier avoit vécu jusqu'à la paix, étant en belle passe, il n'auroit sans doute pas manqué, suivant le projet qu'il en avoit fait, d'aller lui même au Païs, & de pousser les choses plus loin que je n'ai pu faire jusqu'à cette heure par lettres. Pour des papiers, je n'en ai presque point : ma tante Susanne, entre les mains de laquelle mon pére avoit laissé tout ce qu'il en avoit, lors qu'il partit de Généve, en qualité de Capitaine d'une Compagnie de cent hommes, au service des Vénitiens, en prit aparemment si peu de soin, qu'étant venüe à mourir en son absence, le bon homme ne trou-

va

va, ni écrits, ni éfets mobiles, à son retour; quelqu'un de nos parens, qui s'en étoit sans doute saisi, a si bien tout caché, que nous n'avons jamais sçu ce que l'un & l'autre étoit devenu. La principale piéce autentique, que votre grandpére m'a laissée, est une Attestation judicielle, avec sein & sceau, où l'on a eu soin de le caractériser, & de le recommander fort étroitement, comme une personne bien noble, à toutes les Puissances ausquelles il s'adresseroit dans ses voyages, avec promesse actuelle d'agir réciproquement, & de rendre la pareille à d'autres dans de semblables occasions.

Lors que vous me viendrez voir, nous nous entretiendrons plus particuliérement de cette matiére, & les instructions que je pourrai vous en donner de bouche, vaudront bien celles, que je vous ai mises ici par écrit.

Cependant, mon fils, que votre extraction ne vous donne point de vaine gloire; il est ce me semble ridicule de vouloir se prévaloir du travail de nos Ancétres, tandis que nous restons dans l'oisiveté, & que nous ne faisons rien, qui ne soit indigne de leur mémoire. La véritable Noblesse c'est la vertu, ou du moins c'en est la base, sans cet apui il est impossible qu'elle se soutienne. Croiez moi, vous aurez plus de plaisir & plus d'honneur d'entendre parler de vos mérites, que d'entretenir les autres des actions de vos prédécesseurs. Soiez toûjours civil, honnête, obligeant, vous attirerez par là l'estime de tout le monde, & l'on conclura qu'il faut que vous ayez de la naissance, si vous êtes revêtu de tant de bonnes qualitez. Je vous souhaite au reste une heureuse campagne, & suis tout à vous &c.

## LETTRE XLIV.

*à Monsieur Tyssot.*

Mon cher fils.

Nous venons de recevoir la nouvelle de la défaite des Turcs par les Moscovites, & par conséquent de la mortification de Louis quatorziéme, si tant est comme on le prétend, qu'il ait excité ces Puissances l'une contre l'autre, dans la vûë de nuire indirectement aux Alliez. Si cette bataille a duré trois jours, & qu'il y soit resté soixante dix mille hommes, comme on le dit, cela est épouvantable.

Il

Il seroit pourtant à souhaiter que toutes les guerres se terminassent de cette façon, & qu'à l'exemple de ces Monarques, qui n'ont pas voulu sortir du champ de bataille avant que d'avoir conclu la paix, les Princes, qui ont des differens, en remissent la décision à un seul combat, ou particulier, ou général, suivant qu'il seroit trouvé le plus à propos pour le bien public.

On a beau perdre en un seul coup, il en coute toûjours infiniment plus à tous égards, lors que les mécontentemens durent long tems. Voila autour de quarante ans que nous sommmes presque toûjours dans l'agitation; des troubles si longs épuisent les païs d'hommes & de finances. Les charges de l'Etat augmentent, à cause que nos armées deviennent de jour à autre plus nombreuses; cependant je ne vois encore aucune aparence d'en venir à un accommodement.

Nos ennemis en sont la cause. Dans l'espérance où ils sont qu'en gagnant du tems, il pourra arriver des changemens dans l'Europe, qui leur seront avantageux, ils se tiennent simplement sur la défensive. Ils se retranchent, ils se barricadent, ils se fortifient, & à l'exemple des lapins, ou des animaux les plus timides, ils ne sortent de leurs tanieres que par nécessité, & pour aller chercher leur subsistance. Ils font bien pis, les misérables n'osent pas attendre qu'on les attaque dans leurs lignes à grands fossez, & à doubles parapets; ils redoutent si fort la bravoure des Hollandois, qu'ils abandonnent des retraites inaccessibles, au moment qu'ils les en voient aprocher.

Ces maximes ne sont pas seulement injurieuses pour leur nation, qui a eu autrefois la reputation d'être belliqueuse, mais elles sont pernicieuses pour les peuples, puis qu'elles nous obligent à gagner la terre pié à pié, & à faire tous les ans de nouveaux siéges, qui coutent la vie & la subsance à une infinité de personnes.

J'aprens avec chagrin que vous êtes nommez pour assister à celui de Bouchain, qui est une place forte, bien située, & pourvûë abondamment de toutes choses. Vos deux freres ont eu leur tour l'été passé; celui-ci, vous aurez le votre: Dieu veuille que vous vous en tiriez aussi heureusement qu'eux. Ce que j'ai à vous conseiller, c'est que vous ne vous exposiez point sans nécessité, aussi bien

cela

cela n'est il point mis en compte. Il semble que les Souverains observent presentement dans la politique, ce que les Docteurs ont introduit dans le culte des Reformez: ils ne savent, ni les uns, ni les autres, ce que c'est que d'œuvres méritoires & de surérogations; quand on a fait tout ce qu'on a pu, ils prétendent qu'on n'a fait que son devoir, qu'on n'est que des serviteurs inutiles, & que si l'on obtient quelque chose au dessus de ce que l'on a, c'est par grace, & par un pur effet de la bonté de ceux qui en sont les dispensateurs.

M. du *Patot* a eu le bonheur de remarquer cela assez à tems pour en profiter. Il a bien vû que quand il auroit rempli la Sale de la Haye, de Drapeaux & d'Etendarts, gagnez sur l'Ennemi, & qu'il auroit batu seul toute l'Armée de France, il n'en auroit pas été considéré davantage. Il fait maintenant son devoir, comme cela est juste, & rien de plus; s'il en avoit agi autrement à la prise d'Aire, peut être y auroit il laissé le moule du pourpoint. On vouloit un jour qu'il allât à une attaque: autrefois il l'auroit lui même demandé; mais comme ce n'étoit pas son tour, il le refusa, & obligea Mr. *van Arkel*, qui devoit effectivement être commandé, de remplir ce poste, le pauvre infortuné ne fut pas plutôt sur le lieu, qu'une bale lui caſſa la tête.

Vous auriez beau faire, vous ne ſerez avancé que lors que vous vous trouverez le premier de votre corps, & encore ſera-ce beaucoup. Votre Cadet eſt Enſeigne, vous êtes Lieutenant, & votre Aîné eſt Capitaine d'Infanterie, après avoir été Officier à pié, & enſuite Lieutenant & Capitaine Commandant d'un Eſcadron, ou de la plus belle compagnie de Grenadiers à cheval, qui ſoit dans notre ſervice; mais vous n'avez, ni l'un, ni l'autre, pas encore eu la moindre gratification de Meſſieurs les Etats; ç'a été le Roi, ou ce ſont Meſſieurs les Généraux, qui vous connoiſſoient, dont vous avez eu ſans exception, tous vos avancemens; & Dieu ſait ſi ce Monarque avoit vécu, ſi le Capitaine ne ſeroit pas Colonel à cette heure. Il me ſouvient à cette occaſion, que j'ai eu autrefois une ſervante, qui étoit niéce de notre meunier, laquelle étoit rarement plus d'un quart d'heure au moulin que ſon blé ne fut dans la tremie: depuis alors on ne demande plus

à

à mes gens à qui ils apartiennent, mais devant ou après qui ils ont aporté leur grain; il faut que chacun attende son rang, car suivant le proverbe, *Die eerſt komt, die eerſt maalt.*

J'avoüe que ſi l'on obſervoit cette régle à la rigueur, dans la diſtribution des emplois militaires, comme font ordinairement les Allemans, cela ne ſeroit pas mauvais, du moins la plûpart du monde en ſeroit content; mais nonobſtant qu'on en ait fait une loi dans quelques Provinces, elle n'a guére lieu qu'à l'égard de ceux, qui n'ont point de patrons; les autres paſſent devant ſans dificulté, comme vous l'avez vû pluſieurs fois à mon grand regret, & à votre préjudice, pour des gens qui ne valoient pas mieux que vous.

Je ſai bien que ceux, qui ont le Gouvernement en main, ne peuvent pas avoir toûjours les bras liez, ils doivent pouvoir jouir de leur autorité quand il leur plaît; mais il me ſemble que l'on dévroit auſſi regarder aux actions d'éclat, s'informer de ceux, qui en font, prévenir leurs ſolicitations, & les récompenſer généreuſement: cela animeroit les honnêtes gens, & pluſieurs, qui reſtent comme

ent mieux, aussi bien que moi, qu'il restât au milieu de sa partie.

Il ne tient qu'à vous, Monsieur, de satisfaire à nos desirs. La chaire en cette faculté vaque presentement à *Harderwyk*, par le décès de Mr. *Almeloo-Veen*. Vous êtes Président des Curateurs de cette Academie, vous avez du crédit & de très puissans amis. Employez les, je vous en suplie, ne négligez rien pour la faire obtenir à ce jeune Docteur, il a une multitude de parens, qui seront reconnoissans de cette grace, & vous obligerez sensiblement &c.

## LETTRE XLVIII.

*à Monsieur de Keppel.*

MONSIEUR,

IL y a quatre mois, que m'étant transporté à Utrecht pour profiter, suivant ma coutume, des vacances, je fus surpris de voir tout d'un coup, & au milieu de nos divertissemens, que mon cadet fut attaqué d'un pernicieux dévoiement, dont j'appréhendai d'abord les suites funestes. Quoique le malade fut habilissime, & chéri pour ce sujet, des principaux membres du Congrès, & entre autres, de l'Evéque de Bristol, qui dans toutes ses indispositions mettoit en lui seul sa confiance, ne s'en voulant pas fier à lui même, ni donner sujet à personne de l'accuser de présomption, il consulta incontinent deux des plus habiles & des meilleurs de ses amis, Messieurs le Professeur *Leusden* & le Docteur *Bachelé*. Mais au lieu que ce mal indiscret & opiniatre s'accommodât à leurs soins, & cédât à la force des remedes, il a toujours été en empirant, & a enfin tellement abymé un corps, d'ailleurs fort, robuste, à fleur d'âge, & qui paroissoit capable de résister aux plus rudes attaques, ausquelles la nature humaine est sujette, que les médecins desespérant de son retour, on m'avertit que si je voulois voir encore une fois le pauvre patient en vie, je ne devois pas négliger le premier ordinaire pour me rendre promtement chez lui. J'arrivai là le cinquiéme du courant, & le sixiéme au matin j'eus le sensible déplaisir d'entendre le dernier de mes fréres nous dire un éternel Adieu.

Il seroit inutile de vous dire, Monsieur, que ce coup fatal est comme un foudre épouvantable, qui a jetté sa famille dans la derniere consternation. Cela est naturel, & nous voyons tous les jours chez d'autres arriver la même chose, mais qu'une ville grande & populeuse soit dans le deuil & dans l'afliction à la mort d'un simple particulier, c'est ce qui est rare, & très digne de remarque. Cependant il n'est pas moins vrai que j'ai l'honneur de vous en faire le récit, que depuis les plus grands jusques aux plus petits, excepté ceux, qui dépendent de la faculté de médecine, qui en effet étoient les envieux, il a été autant pleuré & regrété que le pourroit être un souverain, qui se seroit sacrifié volontairement pour la conservation de ses sujets. Il est incontestablement vrai qu'il y a bien des gens, qui y perdent, mais il n'y en a point à qui cette mort soit plus préjudiciable qu'à mes enfans. Comme je suis l'ainé de ma famille, & que naturellement parlant, le reste des membres, qui la composent, me devoient siller les yeux, je m'étois toûjours flaté qu'ils auroient été un jour les conseillers, & pour ainsi dire, les colomnes de ma femme & de mes filles. Une navigation ne sauroit guére manquer d'être promte & heureuse, lors qu'Eole & Neptune agissent de concert en sa faveur, au lieu que quand on a un vaisseau à mener contre le flux de la mer ou le

cours

cours d'une riviere, quoi qu'on ait le vent en poupe, lors qu'il n'eſt que médiocre, il eſt certain qu'il faut être habile nautonnier, ſavoir parfaitement bien tendre ſes voiles, & profiter du tems & de l'occaſion, pour avancer. On ne peut être un moment diſtrait, qu'on ne reſte fixé en un même lieu, & pour peu que la manœuvre ſe néglige, on recule. Après moi je ne laiſſe que des matelots, capables à la vérité de bien obéir, mais qui ne ſavent, ni commander, ni conduire, & qui ſans une grace toute particuliere de la Providence, ne ſauroient manquer tôt ou tard d'échouër. Cependant il n'y a point de reméde, les arrêts du Ciel ſont irrévocables. *Quod factum eſt infectum fieri nequit*: cela ne laiſſe pourtant pas de donner la gêne à mon eſprit, & de me cauſer de fâcheuſes inquiétudes.

Le ſixiéme jour après le décès de ce cher homme, il a été inhumé d'une maniere fort honorable, car ſans avoir égard à une amende de cinq cent francs, que doivent payer ceux, qui s'écartent d'une loi poſitive, laquelle impoſe à tous les habitans de cette Province là ſans exception, de faire leurs obſéques à pié, il a été porté jusque dans son tombeau en carosse, & suivi de nos parens & de nos amis dans un nombre considérable de voitures semblables, toutes couvertes de drap noir.

Les autres formalitez de cette pompe funébre ont été exactement observées, & ont toutes éclaté à proportion. Je l'ai trouvé ainsi à propos, tant pour l'honneur du défunt, que pour contenter plusieurs personnes de mérite, qui sembloient fortement s'y intéresser, quoi que la veuve & ses enfans ne fussent pas tout à fait de ce sentiment.

Outre ce malheur, j'ai encore eu celui d'aprendre que le second de mes fils ayant été pris à Marchienne, a été conduit en France, où je ne sai ce qu'il est devenu, n'ayant point eu de ses nouvelles depuis plus de trois mois. Le plus jeune a aussi été fait prisonnier à Doüai, mais sous prétexte que la fiévre, dont il venoit d'être attaqué, ne lui permettoit pas bien de marcher, on l'a laissé venir chez moi, où il est encore à l'heure qu'il est. J'apréhendois que l'ainé n'eut aussi le même sort, parce que Béthune, où il est en garnison, a long-tems été menacée d'être assiégée, & de tomber

ber entre les mains de nos ennemis; jusqu'à préfent nous en avons été quittes pour la peur, j'éspére que la paix mettra bientôt fin à nos alarmes.

Comme vous avez toûjours pris beaucoup de part dans ce qui me touche, j'ai cru, Monsieur, qu'il étoit de mon devoir de vous aprendre ces facheuses nouvelles à l'iſſue de mon voyage, sans compter qu'il semble que l'on se décharge d'une partie de sa douleur, lors qu'on en communique le sujet à ses intimes amis. Je souhaite que celui, qui me visite un peu sévérement depuis autour de trois ans, en retirant mes plus chers parens, continuë à vous combler de ses graces, & à répandre ses benédictions sur vous & sur ceux, qui vous apartiennent. Nous les embraſſons tous du plus profond de notre cœur, je fais principalement offre de mes respects à Madame votre Epouse; & après vous avoir aſſuré de la continuation de l'estime, que je conserve pour votre personne, je reste &c.

## LETTRE XLIX.

*au Même.*

MONSIEUR,

C'est une vérité incontestable, que la naissance & l'éducation ont un si prodigieux ascendant sur les créatures raisonnables, qu'elles s'en défont avec autant de répugnance que de la vie. Les maximes, que nous avons succées avec le lait, nous les conservons ordinairement jusqu'au tombeau. Les sentimens des autres nous paroissent, ou barbares, ou chimériques, non seulement nous les haïssons; nous détestons même ceux, qui les ont; quelque impertinents que soient les nôtres en eux mêmes, ils nous semblent justes & raisonnables, & bien loin de douter de leur pureté, pour ce qui touche la vie civile, ou de leur infaillibilité, lors qu'il s'agit de religion; nous croirions commettre un crime irrémissible de penser seulement à les examiner, & à voir s'il pourroit bien y en avoir au monde qui leur fussent en rien préférables.

Vous

Vous avez eu la même foiblesse jusque dans un âge fort avancé. Il ne vous paroissoit pas vrai-semblable que le Pére Universel de l'Eglise Romaine pût être sujet à l'erreur. Tant de Conciles, composez d'un nombre infini de Cardinaux, d'Evêques ou de Prélats, graves, savans, qui passoient pour des personnes de probité, dont les mœurs étoient si saintes, & la piété si exemplaire, que plusieurs d'entre eux ont été canonisez, ne pouvoient pas selon vous, être soupçonnez de prévention, de partialité, de mauvaise foi. Tout ce qu'ils avoient résolu dans leurs assemblées, ne pouvoit pas manquer d'être équitable, & conforme aux Canons, des Prophétes, des Apôtres & des Evangelistes. Leurs décisions étoient des Articles de foi que les seuls hérétiques étoient capables de révoquer en doute.

Cependant, Monsieur, comme vous êtes amateur de la lecture des bons livres, & de la conversation des honnêtes gens, vous avez enfin apris, tant par des écrits authentiques, que par les raisons convaincantes de ceux, qui ont des opinions différentes de celles, que l'on avoit eu soin de vous inculquer, que les Papes & les Conciles s'étoient souvent contredits

tredits ouvertement, que ce que les uns avoient établi pour constant, avoit été rejetté comme scandaleux & impie par d'autres, qu'ils en sont venus jusqu'à s'accuser d'hérésie ou de schisme, & à s'anathématiser publiquement. Cela vous a fait revenir de vos préjugez, & vous lassant enfin de suivre aveuglément des directeurs, que l'ignorance, l'ambition ou l'intérêt font agir, vous êtes remonté jusqu'à la source, vous avez vous même voulu voir le vieux & le nouveau Testament, & vous avez été frappé du dernier étonnement de trouver dans ces sacrez Cayers mille choses, que l'on avoit eu grand soin de vous cacher, & de n'y rencontrer nulle-part mille autres choses, que vos Prêtres vous obligeoient de croire sous peine de damnation.

Vous y avez leu, par exemple, l'Election & la Réprobation éternelle des hommes, l'Impuissance où nous sommes, de faire aucune œuvre méritoire de nous mêmes, & sans l'operation du St. Esprit: que le Batême n'est point d'une nécessité indispensable à salut ; que la très sainte Trinité est seule & uniquement digne de nos adorations : que *Jesus Christ* n'est que spirituellement dans l'Euchachariſtie; vous n'aurez pas manqué de remarquer avec ſurpriſe, le juſte paralléle de Rome avec la Bête de l'Apocalypſe.

Au contraire, vous y avez cherché inutilement le Franc-Arbitre; les Oeuvres de ſurerogation: le Sacrifice de la Meſſe: l'Invocation des Saints; un Purgatoire; des Limbes; la Confeſſion auriculaire; l'Abſtinence des viandes & la Défenſe du mariage, qui ſont des Doctrines du Diable, ſuivant la 2. épitre à Timothée. En un mot, vous avez été convaincu de la fauſſeté du culte dans lequel vous avez été élevé, & de la vérité de la Réligion dominante de ces bienheureuſes Provinces. Vous avez rejetté l'un comme indigne d'un homme de bon ſens, & vous venez de choiſir l'autre comme le meilleur parti, que vous deviez prendre pour vous ſauver. Je vous en félicite, Monſieur, je prie Dieu qu'il vous illumine de plus en plus, qu'il vous faſſe la grace de conformer vos mœurs à la croyance, que vous avez embraſſée, afin que l'envie ne porte pas vos ennemis à publier qu'une pure politique, & le deſir d'entrer dans les Etats des Nobles d'Over-Yſſel, a été le motif de votre converſion. Mais ſur tout ne négligez rien pour porter vos enfans à suivre promtement vos traces, puis que l'incertitude du moment de votre mort, quelque vigoureux que vous paroissiez, ne vous permet pas de différer un si grand ouvrage.

Ce sont de jeunes plantes, de la culture desquelles vous êtes en conscience responsable, leur salut vous doit être aussi précieux que le vôtre: vous les tenez de Dieu, sacrifiez les lui; il ne manquera pas de récompenser de sa benédiction les peines que vous vous donnerez à les instruire, à leur enseigner ses statuts & ses voyes, & vous aurez un jour la joye de lui pouvoir dire, Me voici, Seigneur, & les enfans, que tu m'as donnez pour signes & miracles. Toute ma famille fait des vœux ardents pour la continuation de votre bien, & après vous avoir recommandé aux soins de la Providence, je reste avec toute la sincerité, dont je suis capable &c.

# LETTRE L.

*à Monsieur de Wynbergen.*

*Si par malheur pour vous, & par bonheur*
*pour moi,*
*Qui suis à sec, de bonne foi,*
*Vos finances, Monsieur, ne sont pas épui-*
*sées,*
*Je vous prie de m'envoyer*
*Cent cinquante francs, pour payer*
*Le Ramonneur de cheminées.*

NE pensez pas, Monsieur, que par ce Ramonneur de cheminées, j'entende quelque petit Savoyard, malôtru, un coureur de pays, un misérable, la raclure des hommes, & l'objet du mépris de tous les honnêtes gens : rien moins que cela. Vous devez par ce terme équivoque, vous figurer, s'il vous plaît, un Hollandois, bien tourné, un ancien Bourgeois de la célèbre Ville de *Deventer*, un Jurisconsulte habile, commode, estimé de tout le monde, en un mot, Monsieur le Receveur *Tichlaar*. Comme ce Docteur est exact à rendre ses comptes à Messieurs de la Régence, il ne néglige pas auſſi de ſe faire payer à jour nommé des charges de l'Etat, qui, comme vous le ſavez par expérience, ne ſont pas peu onéreuſes preſentement, que nous avons à faire à de ſi redoutables ennemis.

Quand de toute l'année je ne brulerois pas une douzaine de coterets, & qu'on ne me ſerviroit à table que des viandes fades & inſipides, ma maiſon eſt taxée à ſept cheminées, ou quarante deux florins, & ma famille à conſumer une certaine quantité de ſel par an, il n'en relâcheroit pas la valeur d'une obole; il faut le contenter ſous peine de ſa diſgrace, & d'une promte exécution. Je hai ces extrémitez, & c'eſt pour les prévenir, que ne pouvant rien recouvrer d'ailleurs, je prens la liberté de m'adreſſer à vous, dans l'eſpérance que vous me tirerez bientôt d'affaire. Je ne veux ſimplement pour cette fois, que ce que je viens de vous demander; dans une autre occaſion, nous pourrons régler nos comptes : j'aurai encore ſans doute, quelque choſe de bon; mais, en récompenſe, vous devez vous conſoler de ce que je ſuis entierement à vous, & que j'ai fait voeu d'être toute ma vie &c.

# LETTRE LI.

## à Madame de Fraiquin.

Madame ma très chére sœur,

Quoique Philosophe, je ne suis plus insensible. Autrefois j'étois, pour ainsi dire, à l'épreuve de tout ce qui me pouvoit arriver. J'ai vû partir mon pére, un des plus honnêtes hommes que je connusse, huit enfans, & plusieurs de mes intimes amis, d'un œil sec. La foudre est tombée chez mes voisins, j'ai vû deux ou trois fois ma maison prête à être consumée par le feu, que mes imprudens domestiques y avoient mis, sans sentir la moindre émotion du monde. Les banqueroutes, les vols, les adversitez, de quelque espéce qu'elles fussent, avoient toûjours frapé un intrépide : presentement ce n'est plus cela. Depuis le décès de mon frére l'Officier, je suis devenu mou & lâche comme une femme: ce coup, qui enlevoit à ma famille son lustre, sa couronne, son apui, semble avoir entierement changé ma constitution. Peu de tems après, ma bonne mére mourut,

rut, j'en fus de même touché jusqu'à l'ame. Ensuite est arrivée la mort fatale & imprevûë de mon autre frere, qui a encore pensé me terrasser. Enfin, pour comble de malheurs, le Ciel enflamé de couroux, vient de pénétrer jusque dans mes entrailles, & a arraché de mon sein la partie de moi-même la plus précieuse, & qui me tenoit sans contredit le plus au cœur. Oui, ma chére sœur, la personne à laquelle j'avois été joint par l'indissoluble lien du mariage, n'est plus, elle a quité mon habitation, un tombeau lugubre fait à l'heure, qu'il est sa triste demeure. Elle avoit soixante ans, je l'avoüe, c'est un assez grand âge dans le siécle, où nous vivons, la dixiéme partie des mortels n'y parvient point. Outre cela, je puis dire sans hyperbole, que depuis trente-huit ans que je l'avois épousée, je ne pense pas l'avoir vûë trois jours de suite posséder une parfaite santé, quinze ou seize couches, qu'elle avoit eües, avoient tellement altéré son pauvre corps, qu'à peine étoit-elle un seul moment sans sentir de la douleur en quelques-unes de ses parties, de sorte qu'elle étoit, pour ainsi dire, dans un martire continuel.

Tou

Toutes ces raisons sembleroient, diroit on, me porter naturellement à loüer Dieu de ce qu'il l'a délivrée de ses miséres. Cependant je n'y saurois que faire, tout ce que je puis gagner sur moi est de ne la pas plaindre, parce qu'elle est heureuse; quelques efforts que je fasse, il m'est impossible de ne pas la regréter, & la pleurer amérement.

Une grande consolation pour moi, c'est que je lui ai été bon à l'excès: je n'ai rien à me reprocher de ce côté là. J'ai été son maître, il est vrai, je l'ai gouvernée à ma fantaisie, parce que j'ai cru que cette autorité m'apartenoit, & qu'il n'étoit pas en ma puissance de rien relâcher de mes droits, sans faire visiblement tort aux personnes de mon sexe; mais je ne me suis point servi de crochet, de caveçon, ou de mors, comme l'on fait pour dompter les éléfans & les chevaux: un simple fil de soye en a fait l'office, & encore n'étoit il souvent pas besoin que je misse ce doux moyen en usage. La pauvre femme savoit si bien me prévenir dans les occasions, & s'accommoder à mon humeur, que nous avons vécu sans interruption, dans une parfaite intelligence. Elle étoit avec cela la d'une chasteté exemplaire, d'une piété à toute épreuve, laborieuse, sage, honnête, d'une propreté achevée, grande ménagére, sobre, bonne & vertueuse à tous égards. Il y a peu d'ouvrages de main, qu'elle ne sçût en perfection, & à quoi elle ne s'occupât toute la journée.

Tant de qualitez si rares & si extraordinaires dans un seul sujet lui attiroient tellement mon amitié & mon estime, que selon moi, je ne voyois point de femme, qui la valût. Une union si étroite, si agréable, & qui a fait l'admiration de ceux, qui nous connoissoient, me flatoit que la Providence elle même, y prenant quelque plaisir, auroit voulu forcer la nature à en continuër la durée. Ce qui me fortifioit dans cette pensée, c'est que cette aimable personne étoit enfin delivrée de son asthme, qu'elle commençoit à trouver plus de goût à la vie, qu'elle n'avoit fait dans un âge moins avancé, où elle seroit morte avec joye. Ses enfans, qui la respectoient, & pour qui elle avoit beaucoup de tendresse, l'attachoient de plus en plus au monde. Une preuve convaincante de cette vérité, c'est qu'il y a environ quinze jours que je reçûs deux lettres à la fois, l'une de mon

fils

fils le Capitaine, en garnison à Béthune, l'autre du Lieutenant, datée de Brioude, dans la basse Auvergne, où il est encore prisonnier de guerre, qui penférent la faire expirer de joye; l'espérance de les revoir après la publication de la paix, faisoit qu'elle ne se possédoit point. Le lendemain à la sortie de l'église, nous fimes une promenade ensemble, sans qu'elle se plaignit que d'un leger mal de tête, qui ne l'abandonnoit que rarement. Néanmoins le jour suivant, je fus surpris de la sentir la nuit à mon côté saisie d'un frisson mortel, qui faisoit trembler le lit, où nous étions couchez. Aussi tôt que je fus levé, j'envoyai querir son médecin, mais tous les remédes, qu'elle ne prenoit qu'avec répugnance, ayant été inutiles, le quatriéme jour de son indisposition, la chére femme s'éteignit comme une chandelle, sans s'être nullement agitée, ni avoir donné aucun signe, qui marquât qu'elle fut si près de sa fin. Jugez, ma sœur, de notre surprise à la vûë d'un départ si précipité, nous en demeurâmes extasiez: mon fils l'Enseigne, & mes quatre filles pensérent se noyer dans leurs larmes: leurs cris redoublez attirérent les voisins, que l'on ne s'étoit pas encore avisé de faire venir. La

La nouvelle de ce desastre se répandit incontinent au long & au large. Comme la défunte étoit estimée & chérie de tous les habitans de cette ville sans exception, il y en eut peu, qui ne fussent touchez sensiblement de mon malheur: je m'en aperçûs à ses obséques, que j'ai fait célébrer de nuit, à la clarté d'un nombre convenable de flambeaux, en ce que les Grands aussi bien que les Petits, étoient sur pié, & donnoient des marques évidentes de leur tristesse: on eust dit que tout *Déventer* étoit en combustion. Il n'y avoit point de ruë, par où nous allâmes à l'Eglise, qui est assez éloignée de ma maison, qui ne fût tellement remplie de gens, qu'à peine y pouvions nous passer, de maniere que de plusieurs années il ne s'est fait ici un enterrement où la curiosité & la tendresse ayent attiré tant de spectateurs: & je fus confirmé dans cette pensée par les complimens de condoléance qu'une foule de monde s'empressa de me faire plusieurs jours de suite: Après tout, ma perte n'en est pas moins grande pour cela, mais enfin, quel remède apporter à un mal véritablement incurable? pour moi, je n'en connois point de meilleur, si tant est qu'il y en ait pour un homme autant affligé que je le suis, qu'une entiere réſignation à la volonté de Dieu. J'eſpére que ce Pere Céleſte me donnera la force de ſoutenir cette épreuve avec patience, qu'il ſupléra par ſa grace au défaut d'une fidéle compagne, qui faiſoit mes délices, & partageoit également avec moi, & mes diſgraces, & mes plaiſirs, juſques à ce que j'aille joindre cette bien heureuſe ombre, & joüir avec elle d'un repos, qui ſeul ſera capable de me mettre à l'abri des traverſes, auſquelles nous ſommes tous ſujets.

En attendant, puis qu'à proprement parler, je n'ai plus que vous de ſœur au monde, ne diſcontinuez pas, je vous en ſuplie, de me donner des marques de votre amitié, & je vous aſſure que je ne négligerai jamais les occaſions favorables de vous témoigner, comme j'ai fait, que je ſuis toûjours avec un zéle inexprimable &c.

## LETTRE LII.

### à Monsieur de Keppel.

MONSIEUR,

C'Est mon ordinaire de vous donner en abrégé, le récit du voyage, que je fais tous les ans à la vacance, parce que j'ai remarqué que vous y prenez du plaisir, à cause de la diversité des incidens, souvent rares & grotesques, qui en font le sujet. Il est juste que je m'aquite encore maintenant de ce devoir, de peur d'encourir votre disgrace: ce qu'il y a de facheux, c'est que je n'ai pas grand chose à vous conter. Depuis la mort de mon Cadet, tout a bien changé de face à Utrecht; sa maison n'est plus un lieu de visites, ni l'abord de mille honnêtes gens, qui y accouroient de toutes parts; sa veuve y vit comme dans une solitude, & il en faut sortir pour aller ailleurs aprendre des nouveautez.

Outre cela presque tous les Ambassadeurs se sont retirez, ce qui rend la ville deserte, au prix ce ce qu'elle a été pendant dixhuit mois. Le plus grand plaisir que j'y aye eu pour ce coup, a été d'aller souvent à la Comédie & à l'Opéra, où les Acteurs ne sont pourtant que fort médiocres.

J'ai veu aussi le carosse du Duc d'Ossune, dont les gazettes ont fait tant de bruit à plusieurs reprises. Il est indubitablement vrai que c'est une très belle machine, où la dorure, la sculpture, la broderie, & le nombre considérable de cloux de cristal, taillez à facettes, qui l'enrichissent de tous côtez, en augmentent la valeur; mais avec tout cela je ne saurois m'imaginer qu'elle ait couté un million, comme bien des gens le prétendent: ce sera beaucoup, si elle va jusqu'à cent mille francs.

A cela il faut que j'ajoute, faute d'autre matiere, que pendant que j'étois dans cet agréable séjour, il s'y contracta un mariage entre deux personnes agées de nonante ans, comme vous l'aurez aussi peut-être vû dans la gazette françoise de Mr. *Chevalier*. Ma sœur, qui s'étoit renduë là *d'Alkmaar*, pour l'amour de moi, eut la curiosité d'aller voir ces deux bonnes vieilles gens, accompagnée d'une Demoiselle, qui les connoissoit.

Elles trouvérent l'homme à la maison,
de-

défait, courbé, ridé & fort incommodé du pesant fardeau de ses ans, qui s'occupoit à son métier de Cordonnier.

Elles aprirent de lui, entre autres choses, que la femme, qu'il avoit uniquement épousée pour lui tenir compagnie, & le subvenir dans ses nécessitez, l'avoit quitté, & s'étoit retirée chez une de ses Niéces. Ces Demoiselles furent la trouver là; à leur dire, elle paroissoit vigoureuse, alerte, & en très bon état, pour une personne de cet âge. Ma sœur lui demanda pourquoi elle avoit abandonné son mari? Pour deux raisons, lui répondit elle, dont l'une est qu'il me plaint le pain que je mange, étant d'une avarice sordide: l'autre qu'il semble être destitué de la chose pour laquelle je l'ai principalement épousé. Oui, Mesdemoiselles, ajouta cette galante femme, depuis huit jours que nous sommes ensemble, je ne me suis pas encore aperçûe s'il est mâle ou femelle; comme je me couche le soir, je me réléve le matin. Ma sœur resta interdite à ce discours, n'ayant pas pû s'imaginer que son sexe fut capable d'une telle foiblesse. Elle l'exhorta pourtant à s'en retourner chez elle, & à bannir de son esprit des pensées voluptueuses &

char-

charnelles, indignes d'une femme de bon sens : elle s'y en alla effectivement, mais une mort précipitée l'en chassa trois jours après pour jamais.

Cette avanture, qui est tout à fait extraordinaire, servit long-tems de matiere à nos conversations : un jour que nous nous en entretenions dans une célébre compagnie, une Demoiselle dit qu'en effet, elle avoit remarqué avec surprise d'aussi loin qu'elle se souvenoit, que les veuves témoignent plus d'empressement à se marier, & à jouir de la compagnie d'un homme, que les filles. Là dessus une Dame, qui portoit encore le deuil d'un Capitaine de Dragons, son époux, ayant pris la parole, soutint avec chaleur, que cela étoit naturel, & qu'il y avoit des raisons fortes, qui autorisoient ce procédé, & le rendoient juste & légitime. Elle en allégua un nombre, qui ne sont ignorées de personne, mais lorsqu'il s'agit de la principale. Attendez, dit elle, je m'en vai me servir, d'une comparaison, qui doit entierement vous persuader de cette vérité. Aimez vous la musique, continua-t-elle, en s'adressant à la même, ne vous êtes vous jamais trouvée à un concert, où il y avoit un Violon? Non, répondit la Demoiselle, j'ai eu un pére & une mére si rigides, qu'ils n'auroient pas voulu soufrir que j'eusse assisté à aucune partie de divertissement. Vous savez au moins, reprit la veuve, ce que c'est qu'un Violon? Oh pour cela, lui dit l'autre, oui, j'ai vû souvent, sur tout au tems de la foire, de ces Violons d'enfant, dont joüent les petits garçons, & qui s. Oui, bon, interrompit brusquement la Dame, c'est bien dequoi il s'agit; ce n'est pas de ces diminutifs d'instrumens que je veux parler, cela n'a presque point de son, & encore ce qu'il en rend choque une personne raisonnable, ou ne merite pas au moins qu'on y fasse la moindre réflexion: j'entens un grand Violon, dont les cordes sont grosses & bien tenduës. Ah! la jolie chose, s'écria-t-elle, comme extasiée, qu'un beau Violon dans un concert! Je ne connois rien, qui en aproche, sur tout quand celui, qui y joüe, observe la cadence, & entend bien son metier. Je ne sai ce que c'est que de grands Violons, repartit l'ingenuë Demoiselle, il pourroit pourtant bien être que j'en ai vû, mais je n'y ai point fait d'attention. Et bien, reprit la veuve, ve, quand je vous en entretiendrois pendant un siécle, & que même vous se riez naturellement amatrice de cette musique là, comme le sont la plûpart des personnes de bon goût, il est impossible que vous puissiez desirer avec autant de passion de vous trouver en un pareil divertissement, que seroit une autre, qui s'y seroit rencontrée plusieurs fois. Il en est de même du mariage, une fille peut avoir de soi même du penchant à s'y engager, mais ce penchant n'égale que rarement celui d'une femme, qui en connoit les tenans & les aboutissans.

J'avoüe, dit une autre Dame, qui avoit assisté à ce dialogue, que celles, qui ont eu un mari, paroissent plus empressées en amour que les autres: mais je pense que cela ne vient que de ce que le caractére de femme les rend un peu plus hardies, & qu'elles se sont en partie dépouillées de cette modestie puérile, & affectée, que l'on trouve d'ordinaire dans les jeunes gens; car autrement si l'on examine les choses à la rigueur, on verra que comme il se rencontre des filles, qui s'abandonnent précipitamment à la moindre déclaration d'amitié, que leur fait le dernier des hommes, il y a au contraire

un

un grand nombre de veuves, qui aimeroient autant mourir que de se remarier. Il n'est point de régles sans exceptions, repliqua la premiere; il y a des violons, pour en revenir à mon exemple, qui écorchent de certaines oreilles, & d'autres, qui les chatouillent agréablement: il faut qu'en un concert les instrumens soient parfaitement bien d'accord pour causer une douce simphonie. Quand le mari & la femme sont de differente constitution, que leurs inclinations varient, qu'il n'y a aucune harmonie dans leurs actions, & qu'en un mot, l'un veut toûjours ce que l'autre ne sauroit soufrir, il n'est nullement étonnant que quand la mort les sépare, ils vivent sans penser à une seconde noce, & n'en veuillent plus entendre parler; mais il est rare de trouver des humeurs si oposées: si on ne convient pas entierement en une chose, on s'accorde du moins en une autre, & il arrive peu souvent que l'on ne s'entende en ce qui est le plus essentiel, & qui est au fond la véritable cause du mariage.

Chacun donna raison à cette derniere, & il n'y eut que sa comparaison du Violon dans un concert, qui fit branler la
tête

tête à quelques vénérables matrones, qui faisoient mine d'en être un peu scandalisées, mais qui n'osérent pourtant pas le faire trop paroître, de peur d'exciter par là la curiosité des jeunes gens, & les obliger à en demander une plus ample explication.

On resta plus d'une heure à traiter ce beau chapitre là, & il se dit à cette occasion, des choses, à mots couverts, qui firent bien rire la meilleure partie des assistans.

On s'entretint aussi largement des avantures galantes de M.º de *Vederines*, mais je n'ai, ni le loisir, ni l'envie, de vous en faire présentement le narré, j'en remets l'exécution à un autre ordinaire, & finis ma lettre par un je suis &c.

## LETTRE LIII.

### à *Monsieur Hibelet*.

MA bonne complexion, Monsieur, & l'habitude que j'ai contractée depuis l'âge de dixneuf ans, d'avoir éternellement à mon côté une femme, qui m'a donné une fourmillière d'enfans, & avec laquelle j'ai vécu dans une très douce harmonie, me la font extrêmement regréter, & me forcent à en souhaiter une autre. La dificulté est d'en trouver une telle qu'il me la faudroit, c'est à dire, fille ou veuve, d'honnête famille, de bonnes mœurs, hors d'etat de faire plus de couches, sociable, & sur tout, qui ait dequoi.

C'est une vérité connuë,
Qu'on se doit marier, Monsieur, propter O-
pus ;
Mais voulant quelquefois chanter Gaudeamus,
J'ai le propter Opes aussi de même en vûë ;
Et quand je serai vieux comme Méthusalem,
Je pourrai réfléchir sur le propter Opem.

Comme il n'y a rien à faire en cette ville, où les habitans d'ordinaire assez grêlez, n'ont nulle disposition à s'allier avec des étrangers, on m'en a proposé plusieurs à Utrecht, d'où je suis de retour depuis quelques jours ; entre lesquelles il y en a trois à caroße, que l'on me flatoit d'emporter sans aucune difficulté : mais elles ne m'accommodent pas, à cause de leurs défauts personnels ; si je me relâche sur les agrémens du corps, je veux au moins que les inclinations de l'ame soient belles. J'ai de l'aversion pour tout ce qui passe, pour avare, & je ne saurois souffrir une yvrognesse, une coquéte, ni une mégére.

Au contraire, on m'en a dépeint une de vos quartiers, que j'ai vûë casuellement autrefois, nommée Mademoiselle C. de K. dont le pere étoit Gentilhomme & Professeur, qui a toutes les qualitez, que je demande. Mon fils l'Enseigne, qui s'est trouvé diverses fois en sa compagnie, où il a été charmé de sa belle humeur, & de ses manieres agréables, en dit aussi mille biens. Il reste de savoir si cette aimable fille a du penchant au mariage: c'est ce que je ne saurois aprendre par moi même, à moins que je ne fusse sur le lieu, & encore ne hasarderois-je pas de m'en informer directement, de peur des conséquences.

Mon éloignement me force donc à me servir d'un tiers pour m'en instruire, & comme je n'ai personne là que vous, auquel je me puisse fier, pour une affaire de cette importance, qui soit mieux intentionné pour mes intérêts, & plus propre à me rendre ce bon office, je prens la liberté, Monsieur, de vous prier très-humblement, par notre ancienne amitié, de travailler soigneusement à découvrir tout ce qui regarde cette personne, &

sui-

suivant ce que l'on vous en dira, de l'aller voir, lui proposer un engagement avec un homme tel que vous savez que je suis, & enfin me nommer, si vous remarquez qu'elle vous écoute.

Je ne pense pas qu'il soit nécessaire de vous donner aucunes instructions; vous me connoissez, vous savez que je suis honnête homme, sobre, économe, patient, & d'une si bonne humeur qu'il est impossible, pour peu qu'une femme se montre raisonnable, qu'elle ne soit parfaitement heureuse avec moi. Outre cela, j'ai de la naissance, un rang considérable dans la société, & un caractére, qui autorise mon Epouse à prendre le titre de Dame; circonstance qu'il ne faut pas omettre, puis qu'en général le sexe est susceptible de vanité. Mais au moins, prenez y garde, je prétens que tout cela se profére avec cet air insinuant, & cette éloquence persuasive, que vous employez ordinairement, lors que vous vous proposez de ne point essuyer un refus; autrement vous courrez risque d'échouer, & alors il n'y aura plus de ressource.

Si fait, à propos, il me vient là dans l'esprit, qu'au défaut de celle-là, il y a la sœur du maître de votre célébre verrerie,

rie, qui est richissime, & néanmoins d'une modestie & d'une simplicité achevée. La question est, aussi bien que de la précédente, si elle voudra se résoudre, après avoir été émancipée depuis l'espace de plus trente ans, à se remettre sous tutelle, & si l'éclat du verre, qui pourroit bien l'avoir éblouie, lui permettra de jetter les yeux sur des livres, que le tems & le continuel usage, que j'en ai fait, ont rendu crasseux & obscurs comme la nuit. Il vous sera aisé de le savoir, en l'appellant comme l'autre, à confesse.

Après toutes ces démarches, qui vous vont donner, & beaucoup d'inquiétude, & bien de la peine, vous aurez la bonté, s'il vous plaît, de me faire part du succès de votre négociation, que j'espére qui sera heureuse.

Je vous le dis franchement, je serois ravi de tenir une femme de votre main, il me semble que je l'en aimerois davantage, parce que sa présence renouvelleroit à tout moment l'idée d'une personne, qu'une distance considérable s'efforce d'effacer de mon imagination, nonobstant la gêne, que je donne à mon esprit pour en conserver le souvenir par les obli-

gations,

gations, que je vous ai déja, & la ferme résolution que j'ai prise d'être toute ma vie &c.

## LETTRE LIV.

*à Monsieur Touillieu.*

MONSIEUR,

LE départ du Docteur *Nilant* m'est si sensible, que si je ne regardois qu'à mon bien & à mon repos, j'aurois lieu d'être extrémement courroucé, & contre vous, & contre moi; contre moi de ce que je l'ai recommandé à vos soins pour le professorat de *Lingen*, & contre vous, de ce que votre sollicitation a eu un si heureux succès que Messieurs vos Curateurs ont prévenu dans la vocation, qu'ils ont faite, ceux de l'Academie d'*Harderwyk*. Notre grand zéle est cause que je me voi tout d'un coup privé de l'unique personne de *Deventer* avec laquelle j'avois des liaisons veritablement de frere, & que j'aime sans hyperbole comme mon enfant. Mais enfin, c'est pour son avantage, de ce coup là dépendoit le commencement de sa fortune: ainsi m'étant cher, il n'y a point à hésiter.

L'é-

Déja mes œuvres superflues,
Ou de surérogation,
En quatrevingt cinq jours, depuis notre u-
nion,
Jusqu'au nombre de cent, deux fois se sont
accruës.
Suputez à proportion,
A combien en vingt ans, ce grand travail se
monte,
Et ce que nous aurons de bon,
Pour pouvoir, étant vieux, mettre en ligne
de compte.
Ma foi, j'aurai, Monsieur, sans contesta-
tion,
Jusqu'à cent ans au moins, la réputation
D'avoir bien observé les devoirs du ménage,
Et les loix du contract de notre mariage.
Divertissez vous comme moi,
En amour, rarement il faut se tenir coi ;
C'est pour cela qu'on se marie,
Et Madame Toullieu n'en sera point marrie.
Je suis &c.

## LETTRE LV.

### à Monsieur de Patot.

Mon cher fils.

Vous serez sans doute bien étonné d'aprendre qu'à mon âge, & chargé de quatre filles nubiles, capables, par conséquent de prendre soin de mon ménage, je vienne néanmoins de me remarier. Je n'avois pas été veuf l'espace de quatre mois, qu'il me parût extrémement dur de me voir forcé de vivre sans la compagnie d'une femme, après en avoir eu une durant près de quarante ans. La peine que cela me faisoit m'engagea à en chercher une autre. Je jettai d'abord les yeux sur plusieurs, en différens endroits : enfin ceux de mes amis, ausquels j'avois confié mon dessein, m'en recommandèrent une si expressément, & me dirent tant de choses à son avantage, que j'abandonnai celles-là, pour m'attacher uniquement à celle-ci, où je trouvois sans exception, tout ce que je pouvois raisonnablement espérer dans une semblable conjoncture : & afin que vous en

jugiez

jugiez vous même, je m'en vai vous en faire le portrait en racourci.

Elle est Suédoise de naissance, âgée de près de quarante quatre ans, de médiocre stature, potelée, très agréable, tellement expérimentée en tout ce que le beau sexe doit savoir, qu'on la peut dire universelle, & fille de Mr. *Isaac Bex*, Commissaire du Roi de Suéde, d'une illustre & ancienne famille, quoi que suivant les piéces autentiques, que j'en ai entre les mains, & ce qu'en a principalement la veuve de feu Mr. l'Ambassadeur *Valkenir*, qui porte le même nom, étant Cousine germaine de ma chere Sara Louise, ils ne puissent remonter que jusqu'à un certain *Jonker Jan Bex*, Seigneur d'*Oeurshaek*, dans le pays de Fauquemont, il y a environ trois cents ans.

Ils comptent depuis alors parmi leurs ancêtres plusieurs personnages de considération, & de la premiere volée, tant Ecclésiastiques que Politiques & Militaires. Cette jeune Dame, qui a presque toûjours été nourrie à *Stockholm*, a eu occasion d'être tous les jours à la Cour, surtout depuis que sa sœur aînée eut épousé Mr. le Baron *Rumpf*, Ministre de leurs Hautes Puissances en ce païs là.

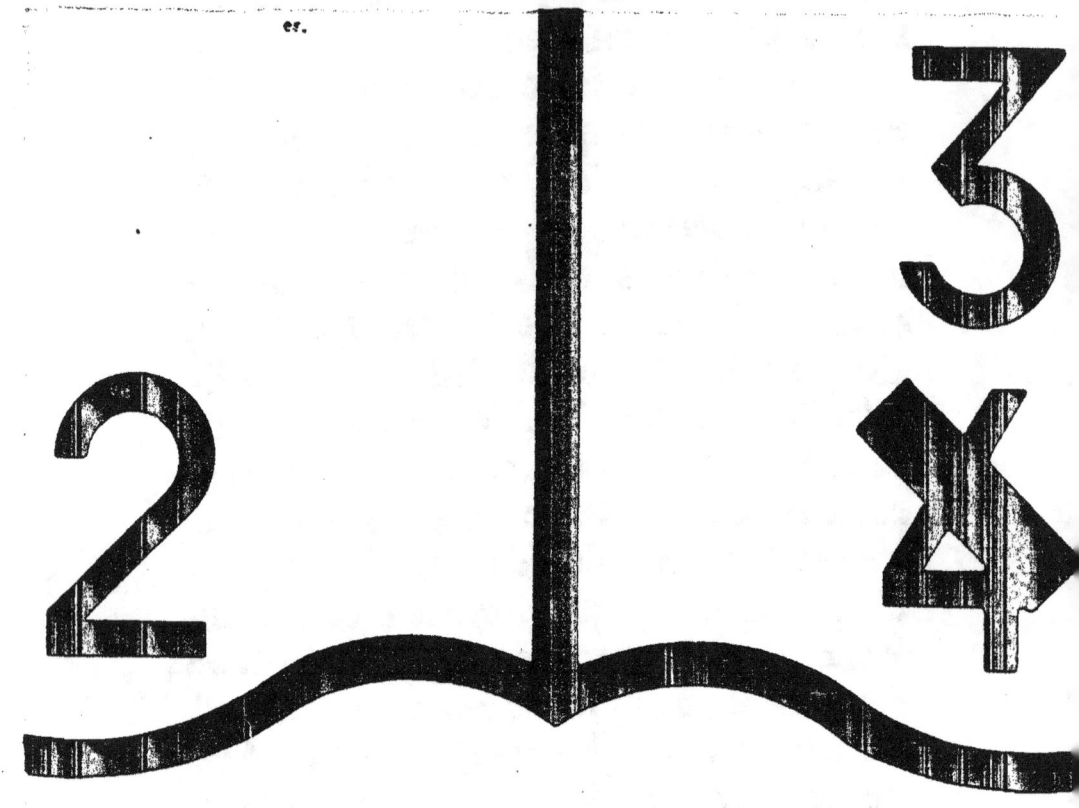

Pagination incorrecte — date incorrecte
**NF Z 43**-120-12

Il est aisé de juger qu'étant bien faite, spirituelle, & élevée dans le grand monde, elle n'a pas manqué d'Adorateurs Dès l'âge de quinze ans elle fut prétenduë du Comte P. Cela continua jusques à ce qu'elle en eut atteint trente trois, durant quoi il s'en presenta, & d'Epée, & de Robe, qui de son aveu, ne le lui cédoient, ni en naissance, ni en biens, ni en mérite, mais qu'elle refusa également, tant parce qu'ils étoient Lutériens, pour qui elle avoit de l'aversion, qu'à cause qu'elle avoit fait comme voeu de ne rendre jamais sa liberté à quelque prix que ce fût. Enfin la Providence, qui dirige toutes choses comme bon lui semble, porta là un certain Mr. d'Oostbroek, Sécrétaire d'Ambassade, à la vérité de très bonne famille Bourgeoise de Groningue, Docteur en Droit, Théologien, & qui étant très habile dans les Langues saintes, n'avoit fait ce voyage du Nord qu'en attendant que quelque Chaire de Professeur venant à vaquer, il fut appellé pour la remplir.

Ce savant n'étoit pas mal tourné, il avoit de l'esprit, de l'éloquence, & n'ignoroit nullement l'art de s'introduire & de se faire remarquer dans les meilleures

compagnies, où il étoit admis sans dificulté, en considération de ses maîtres : mais avec tout cela il n'étoit point de qualité. La Frêle *Bex*, qui avoit paru insensible jusqu'alors, fut ébranlée par la presence continuelle de ce bien-heureux Hollandois, qui demeuroit chez son beau frére Mr. *Rumpf*, aussi bien qu'elle. Elle ne pouvoit s'empêcher de publier par tous ses mérites, & d'avouer ingénument qu'elle avoit de l'estime pour lui. Cela lui ayant été raporté, il fut assez intrigant pour faire entrer dans ses interêts la Comtesse de *Steenboc*, qu'il savoit être intime amie de cette Demoiselle ; elle lui parla de ce Docteur d'une maniere fort avantageuse. Notre jeune Dame fut ravie de la voir dans de si bons sentimens pour un homme qu'elle aimoit déja au fond de son cœur, elle le lui fit même connoître. Tout cela lui fut redit, ainsi elle ne resta pas long tems sans être attaquée du Galant, qui en fut fort favorablement reçû, ils parlerent ensuite de mariage. Les parens, qui en eurent bientôt le vent, en furent extremement formalisez ; on employa pourtant tant de gens auprès de Madame sa mére, que la bonne femme donna enfin les mains à cette alliance, à

con-

condition pourtant que Mr. d'*Oostbroek* auroit premiérement une vocation au moins de Pasteur, en attendant quelque chose de meilleur. Il ne lui fut pas difficile de la satisfaire ; peu de tems après il fut effectivement appellé à *Nieuw-Niorop*, dans la *Nort Hollande*, de sorte qu'ils se marierent. Environ quatre ans après ce Prédicateur mourut dans une espéce de langueur : sa veuve s'établit à *Alkmaer*, avec le seul enfant qu'elle en avoit eu, dans le dessein d'y rester, jusques à ce que les affaires fussent rétablies dans son Païs natal, où tout étoit encore en combustion. Mais un de ses demifreres, Mr. *Jean de Geer*, Seigneur de *Gnigard*, ayant perdu son Epouse, qui étoit fille du Landt-graff *Bulo*, & Cousine Germaine de la Comtesse de *Konigs-Mark*, Doüairiere de la *Gardie* : car vous devez savoir, par parenthése, que Madame *Bew*, avoit épousé en secondes nôces le Chevalier *de Geer*, fils de ce fameux Loüis de *Geer*, qui assista d'un million de livres les *Bohémiens* de la Religion, durant leur refuge, érigea les mines de fer & de cuivre en *Suede*, & fournit, au témoignage de Puffendorf, à la Reine *Christine* une Flote de plus de trente

Na-

Navires, équipez en guerre à ses dépens, pour agir contre les *Danois*, ses ennemis; cette jeune Dame, dis-je, étant décedée, la Veuve de Mr. d'*Oostbroek* fut si fort priée de ses parens d'aller prendre soin de la famille de son frere, qui consistoit en sept jeunes enfans, & bien plus de domestiques, qu'elle consentit à s'en retourner chez elle, après avoir encore pû faire des partis fort avantageux. Dans ces entrefaites, ma sœur, qui connoissoit particulierement cette Dame, lui fit parler de moi par un tiers, celui-là fut soutenu par d'autres, qui retournérent souvent à la charge, & ils le firent avec tant de succès, qu'elle commença à hésiter sur son départ: j'en fûs incontinent la nouvelle par des personnes afidées, qui m'informérent en même tems de sa qualité, de ses effets & de sa conduite, où il n'y avoit absolument rien à redire. Là dessus je lui écrivis, quinze jours après elle m'honora de sa réponse, mais qui étoit conçuë en des termes si vagues que je n'en pouvois rien conclure, ni à mon préjudice, ni en ma faveur; sa froideur ne me rebuta pourtant point, je me servis de ma plume pour la seconde fois, & fis de nouvelles tentatives; elle de son côté, ne me me voulant rien devoir, nous nous engageâmes insensiblement dans un assez doux commerce de lettres, qui a duré jusques à ce que je me sois transporté sur le lieu.

Si mes expressions foiblement tracées sur le papier, avoient eu la force de la toucher assez vivement pour causer de fois à autre quelques petits troubles à son esprit, je puis dire sans vanité, qu'elle acheva d'être démontée par ma presence, & je sçus si bien lui representer les raisons convaincantes, qui m'empêchoient de rester hors de chez moi, sur tout dans le tems des leçons, & la nécessité, où j'étois de la presser à se déterminer sur ce que je lui avois proposé, que peu de jours après nous nous promimes réciproquement pour jamais un amour constant, & une foi inaltérable. De sorte que dans tout mon procedé il paroit évidemment que j'ai observé à la rigueur la méthode des Généraux d'Armée, qui lors qu'ils se veulent rendre maîtres d'une forteresse, ouvrent la tranchée à trois ou quatre cents pas de la place; c'est à dire hors de la portée du mousquet, & se contentent de gagner doucement & sans bruit la terre pié à pié, mais

mais quand ils font une fois parvenus aux environs de la Contre-escarpe, tout l'Olimpe gronde, on diroit que le Ciel & la terre font en feu. Ces intrépides heros dreffent de formidables bateries de canons & de mortiers, dont ils tirent inceffamment des boulets rouges, des bombes, des carcaffes, des grénades, & d'autres femblables inventions, qui forcent fouvent les Affiégez à fe rendre en peu de jours à leur difcrétion.

Auffi tôt que nous fumes fiancez, les annonces coururent dans les deux villes de notre demeure, & nous avons été mariez à *Alkmaer* le douzieme d'Avril de cette année 1714.

Je puis vous affurer au refte, que ce mariage fait autant de bruit que s'il avoit été contracté entre des perfonnes beaucoup plus relevées que nous ne fommes: tout le monde m'en félicite comme du plus grand bonheur, qui me pouvoit arriver. Ma belle Mere, âgée de quatre-vingts ans, y a auffi applaudi par fes obligeantes Lettres, elle paroît en être fi contente qu'elle ne fe foucie plus de mourir, puis que fes defirs font accomplis, & qu'elle n'a, dit-elle, plus rien à demander au Ciel.

Je

Je ne doute pas, mon fils, que ce mariage ne vous soit de même fort agréable: ma volonté vous a toûjours été une loi, à laquelle vous avez rarement resisté. Vôtre mere a été l'une des plus vertueuses de toutes les femmes; celle-ci, qui ne lui céde en rien, a de même des qualitez, qui meritent qu'on la cherisse & qu'on l'honnore. Il n'y a rien à perdre pour vous avec elle, sa famille ne peut que vous faire de l'honneur: ne manquez pas de lui écrire au plûtôt, pour lui marquer la joie, que vous ressentez de lui apparrenir à present; vous vous aquiterez par là de vôtre devoir, & me donnerez de nouveau l'occasion de vous témoigner de plus en plus, que je suis véritablement, &c.

## LETTRE LVI.

### à Monsieur Gril.

MONSIEUR,

Vous êtes surpris de ce que j'aprehende la mort, & je ne saurois comprendre pourquoi vous haissez la vie, puis qu'il est seur que cela répugne, &
que

que la nature confidérée en elle même, s'y opofe ouvertement. Examinez là, cette nature, je vous en prie, voyez fi elle n'eft pas Logicienne, & fi elle ne forme pas des fyllogifmes, qui détruifent entierement vos fentimens. Je ne veux pas que vous vous en raportiez à moi, confultez le plus lourd animal de notre efpéce, il vous dira fans héfiter, que de l'être au néant il y a une diftance infinie, & d'autant qu'il eft impoffible de dénier l'exiftance à une créature vivante, de quelque genre qu'elle foit, & qu'au contraire, on ne peut pas dire qu'une fubftance deftituée de la penfée & des mouvemens naturels, dont elle trouve les principes en elle même, foit autre qu'une maffe immobile, ftupide, fans intelligence, fans fentiment, morte & conftituée par la feule étenduë, ce qui au fond peut à notre égard, être comparé au néant, il eft inconteftablement vrai que l'état le plus glorieux eft d'être en vie, & le plus abject, de ne l'être pas.

Pouffons cette penfée plus loin, & voyons où elle aboutira. De deux chofes l'une, ou vous croyez que la vie fenfuelle & animale eft la feule, qui nous eft propre, à l'exclufion de toute autre,

de

de quelque nature qu'elle soit: ou vous vous imaginez qu'après celle-ci, il y en aura une spirituelle, qui durera toûjours. Si vous avez la premiere de ces pensées, vous devez nécessairement fuir la mort, puis que par là vous rentrez dans le néant, dont le nom seul est épouvantable: & si vous avez la seconde, il est évident que vous n'aspirez à perdre la vie, dont vous jouissez maintenant, que pour en aller posséder une plus excellente ailleurs.

D'où il paroit, à parler sainement, que ce n'est point la mort, que vous desirez, comme vous voudriez bien nous le persuader, c'est une vie parfaite & éminente. Mais en quoi consiste la perfection de la vie? n'est-ce pas dans le plaisir, dans la satisfaction, dans le contentement, dans la joye? Hé bien! n'avez-vous pas tout cela? que vous manque-t-il, dites le moi, je vous en suplie? Vous êtes sain & vigoureux, vous avez du savoir, de l'esprit, des honneurs, du bien, du crédit, autant qu'un autre homme de votre sorte, que vous manque-t-il, encore une fois? Je ne sai si je jouis de tous les avantages, que je vous attribuë, cependant je prens le Ciel à témoin que je ne pense pas que ma félicité puisse augmenter, en quelque état ou lieu que je sois : c'est pourquoi je me borne aisément à celle-ci, tant qu'elle dure, & ne languis après aucune autre.

J'étois tranquille & heureux étant garçon, je l'ai été pendant que j'ai eu ma premiere femme; je le suis de même à présent que j'en ai une seconde.

Une preuve infaillible que celle-ci, non plus que la précédente, qui ne m'a quité qu'à regret, n'aspire conjointement avec moi, à aucun changement, mais qu'elle croit son bonheur accompli de vivre avec son mari une éternité toute entiére, si cela étoit possible, dans la même intelligence, où nous vivons à l'heure qu'il est, voici comment elle s'exprime dans les vers qu'elle vient de composer sur mon anniversaire.

## VERJAAR GEDIGT.

Aen Myn lieve Echtgenoot, de Edele Hoog geboren Heer, S: *Tyssot* de *Patot*, P: M: Ord: geworden 59. jaren den 7 Junii 1714.

*Op de wyse van*

O schone uytgelese Maagt &c.

'K verjaar U hier, myn Liefste Pandt,
Daer toe, van God gedreven in dit gesegent
   Landt;
'K verlaet myn eerste Trouw,
En gy, u waerde Vrouw.
Dog byd' sonder berouw, Dog byd' sonder
   berouw.

Sy rusten t'samen sonder spraak;
Wy leggen hier te mallen, niet sonder groot
   vermaak:
Wanneer wy syn by een,
Is jeder wel te vreen,
Vinden steeds nieuwe reen, Vinden &c.

'T manqueert aen stof noch waere vreugt;

'K wensch maar, myn Lieve Mantje, hebben dat geneugt,
Altyt by my te syn,
Sonder verdriet of pyn,
Bevryt van Medecyn, Bevryt, &c.

Geluckig dees geboorten dag,
Van eewigheyt beschore, dat ik besitten mag
Dit pandt begaeft met deugd;
Dat is al my geneugt;
'K begeer geen grooter vreugd, 'K begeer &c.

Ook sien wy al dees vreugten aen,
Rontsom ons tafel henen, als Olyf-planten, staan.
Vier sonen wel gemoet,
En soo veel dochters soet,
Dat ons genoegen moet, Dat ons &c.

U deugt bekroont met soo veel vrugt,
Sal altyt sterker bloeyen, en syn al u genugt;
Sy treden met my aen,
En sullen ook voortaen
U tot een steunsel staan, U tot &c.

Tot dankbaerheyt voor al U sorg,
Sullen sy U verheugen, ik blyft haar vaste borg:

P 2 Gy

*Gy sult ook wel gemoed,*
*Besitten 's werelts goet,*
*In groten overvloet, In groten &c.*

*Den Hemel, die vergelding geeft,*
*Die genen, die van herten nae synen wetten leeft;*
*Die alles schiep uyt niet,*
*Bekoomt al U verdriet*
*Met zegen, soo men siet, Met &c.*

*Lang leeft dan Tyssot, liefste Pandt,*
*'K heb U myn hert gegeven, doen ik u gaf my hand:*
*'K wensch nu alleenlyk maer*
*Wy het honderste jaer*
*Beryken met malkaar, Beryken &c.*

*Sara Louisa Bex.*

J'ai bien voulu, Monsieur, vous faire part de cette agréable félicitation, pour vous prouver que j'ai raison de vouloir vivre un monde entier, au lieu d'un petit nombre d'années, puis qu'après la femme que j'ai, je n'ai plus rien à souhaiter.

Vous êtes encore garçon, peut être est-

est-ce auſſi une compagne, qui vous manque. La privation d'un bien ſi conſidérable pourroit bien être l'unique cauſe du langage, que vous me tenez, & que je trouve ſi fort opoſé à mon opinion: ſi c'eſt cela, croyez moi, je ſuis le meilleur Maquereau d'amour, qui fut jamais; je connois entre autres, une Demoiſelle, qui ſeroit juſtement votre affaire, & avec laquelle je me trompe, ſi vous ne changeriez bien tôt de ſentiment: mais enfin, changez en ou n'en changez pas, vivez, mourez, faites ce qu'il vous plaira, je ne laiſſerai pas de perſévérer dans la réſolution, que j'ai priſe, d'être auſſi long tems que je pourrai &c.

## LETTRE LVII.

### à Monſieur Trip.

MONSIEUR,

Quoique l'emploi que vous avez eû la civilité d'accorder au plus jeune de mes fils, ne ſoit pas fort conſidérable pour un Officier âgé de vingt trois ans, qui a paſſé près de la moitié de la vie dans les armes, dans la conjoncture où il se trouve, & au moment qu'une action d'honneur, mais fatale à mon repos & à sa fortune l'éloigne de sa patrie pour jamais, il est seur que j'ai lieu de me loüer de votre générosité. Oui, Monsieur, je vous ai infiniment de l'obligation de la grace que vous me faites, je vous en remercie du plus profond de mon cœur, & je vous jure que je n'en perdrai le souvenir qu'avec la respiration & la vie.

Mais comme je ne pense pas que vous pretendiez qu'il se borne à cela, & que nonobstant sa naissance & sa bonne conduite, il n'ait absolument rien à espérer par lui même dans les climats pour lesquels il va entreprendre un si grand voyage, & où il aura par conséquent besoin de protection, je prens la liberté de vous prier très humblement, Monsieur, de faire en sorte, par votre sage direction, qu'il puisse être embarqué directement d'Amsterdam, ou indirectement du Cap de Bonne-Espérance, ou enfin, de Batavia dans quelque vaisseau, qui le porte à Ceylon, auprès de Mr. *Isaac Rumpf*, fils du feu Résident de leurs Hautes Puissances, à la Cour de Suéde,

&

& propre Neveu de Madame *Sara Louisa Bex*, mon Epouse, qui est là en considération, comme vous savez ; & de l'honorer outre cela, s'il vous plaît, de vos puissantes recommandations, afin qu'il y trouve, en la personne de son Cousin, & de ceux ausquels vous lui ferez la faveur de l'adresser, des patrons, qui secondent les bonnes intentions, & lui aident à faciliter les moiens de son avancement. Vous ferez en cela une œuvre digne de votre grande ame, envers un enfant, qui n'y sera pas moins sensible, que son pére est avec tout le zéle dont il est capable &c.

## LETTRE LVIII.

*à Monsieur Bréant.*

MONSIEUR,

JE vous avoüe franchement que votre lenteur à me répondre m'a surpris, comme je le suis encore jusqu'à present au sujet de celle de Mr. de *Loerbec*, notre beaufrere, auquel de même qu'à vous, je n'ai pas manqué de faire savoir, en tems & lieu, le bonheur, que j'ai eu de parvenir à la possession du tresor inestimable de Madame S: L: *Bex*. Sa léthargie continuë aussi bien à l'égard de sa sœur que de moi; je n'ai pas assez de pénétration pour en découvrir la cause, je l'aprendrai quelque jour, & je ne doute pas même que ce ne soit avec autant de plaisir que j'en ai ressenti à la réception de votre très agréable lettre, qui bien loin de marquer de la froideur ou de l'indifference à un parent nouveau & étranger, me donne toutes les assurances imaginables d'une satisfaction toute entiere. Je vous en remercie, Monsieur, & je vous assure que dans la vûë de mériter de plus en plus votre estime, je tenterai l'impossible, toutes les fois que la nécessité le requerra, pour les intérêts de ceux, qui ont la moindre afinité avec ma chére Epouse, & pour les persuader de mon amitié. J'en porte déja infiniment à tous, quoi que je ne les connoisse la plûpart que de réputation. Sur tout je puis dire sans mentir, que j'en portois une à feu Madame de *Gongard*, ma belle-mere, qui étoit accompagnée d'une vénération & d'un zéle, qui m'auroient sans doute conduit jusqu'aux extrémitez du Nord pour l'en aller assurer

ver-

verbalement, si la mort, qui vient de nous priver de cette chere personne, ne m'avoit pas en même tems interdit les moiens d'exécuter un si légitime dessein.

Cette aimable femme me fit l'honneur, peu après lui avoir donné connoissance de mon mariage, de l'aprouver de la maniere du monde la plus obligeante, jusqu'à me protester qu'après l'aquisition d'un fils, qui faisoit, & la joye, & le bonheur de sa fille, elle ne demandoit plus qu'à mourir.

Quelque vertueuse qu'elle fut, & quelque ardent qu'ait été le desir que nous avions de la conserver en vie, il a plu au Ciel de nous en priver pour toûjours.

Cette perte nous est extrêmement sensible, nous aurions de la peine à nous en consoler, mais après de meures réflexions sur son grand âge, qui étoit au moins de quatrevingts ans, sur son corps, usé & valétudinaire, sur le triste état de la Suéde, son séjour ordinaire, qui continuë à être exposée à la fureur de ses ennemis, sur le desir qu'elle avoit elle même de déloger pour être avec *Christ*, son sauveur, & enfin sur l'impossibilité de changer les destinées, je croi que nous devons mettre la main sur la bouche,

nous

nous soumettre aux décrets de la Providence, qui sont en effet irrévocables, & nous borner à suplier cette Essence Divine de nous vouloir regarder d'un œil de compassion, & nous donner ce qui nous est nécessaire. C'est ce que je souhaite du plus profond de mon cœur qu'il nous accorde à tous en général, & en particulier à votre nombreuse & brillante famille, pour laquelle je ne cesse de faire des vœux ardens, étant avec beaucoup de droiture &c.

## LETTRE LXIX.

### à Monsieur Tyssot.

MONSIEUR,

LE tour obligeant de la lettre, que vous m'avez fait l'honneur de m'écrire le 13. de Septembre, a augmenté sensiblement l'estime, que le simple nom, que nous portons l'un & l'autre, m'avoit fait concevoir pour vôtre personne, puis que j'y aperçois des marques évidentes d'une grande probité, & d'un singulier mérite: mais ce qui me charme le plus, c'est que nonobstant la maxime
établie

établie dans le monde, & confirmée par l'expérience, qu'il est peu d'hommes, lors qu'il s'agit d'extraction, qui hésitent à soutenir hautement qu'ils sont de qualité, votre modestie vous fait avoüer ingénument qu'étant de pere en fils, originaire d'Orgelai, où vos ancétres ont éxercé la judicature, & cultivé les sciences, aucun de votre famille, que vous sachiez, ne s'est arrogé le titre de Gentilhomme, & que connoissant parfaitement la mienne, cela sufit, contre ce que j'avois espéré, pour prouver que nous ne sommes point parens.

Je ne sai si vous pouvez remonter assez haut, pour m'obliger à faire fond sur une déclaration, qui semble passer dans votre esprit pour incontestable.

De tout tems les maisons sont sujettes à de prodigieux changemens; il se trouve des enfans d'un même lit, dont l'un est élevé par la fortune jusqu'au faîte de la grandeur, & l'autre précipité dans les abîmes du dernier abaissement, & de la plus afreuse misére: de sorte que si cela continue jusqu'à trois ou quatre générations, les Neveux, qui se trouvent souvent dispersez, ne se connoissent absolument plus, & ne peuvent pas s'imaginer que des branches si differentes en aparence, puissent avoir pris leur origine d'un seul & même tronc.

Le nom de Tyssot me paroit trop singulier pour avoir été pris de plusieurs personnes séparément : ceux de la Montagne, de la Forge, de l'Etang, & mille autres semblables, ont une signification connuë de toute la terre ; il peut être venu dans l'esprit de bien des gens de se les aproprier differemment, & de se distinguer par là des autres vivans ; mais pour le nôtre, à vous parler franchement, je pense que ceux, qui le portent légitimement, viennent d'une même tige, & qu'il ne peut y avoir que des mesaliances, ou des revers facheux, qui les obligent à se méconnoître.

Tout ce que vous m'avez allégué, ne détruit en aucune maniere mes sentimens : une seule chose, à laquelle vous n'avez peut-être pas fait de réflexion, & qui n'est pas encore sans exemple, est que nous n'avons pas les mêmes armoiries, & qu'au lieu, à en juger par votre cachet, que vous portez d'argent à la croix d'Azur, accompagnée de quatre Besans ; je porte d'azur à trois Tisons de sable, en bande, acôtez, & allumez de gueules par les bouts & par les côtez.

Et d'autant qu'il y a une ancienne famille Italienne, nommée Tisoni, qui a aussi les mêmes armes, feu mon pere tenoit par tradition de ses prédécesseurs que nous avions une même origine, l'une & l'autre, & étions issus d'un certain Alexandre *Tisoni*, qui à son retour de la Terre Sainte, où il avoit accompagné Louis septiéme, surnommé le jeune, Roi de France, lequel à la sollicitation de saint Bernard, étoit allé à la conquête de Jerusalem, d'où ce Prince retourna chez lui en fort mauvais ordre, vint s'établir dans le pays de *Gex*, après avoir épousé la sœur de l'un de ses camarades, nommé *Tsierhousen*, qui l'avoit fait son héritier universel en mourant, & changea son nom de *Tisoni*, non seulement en celui de Tison, comme quelques uns le prétendent; mais en *Tissot*, afin de n'être point reconnu de ses parens, avec lesquels il s'étoit brouillé, & leur avoit même joué un vilain tour avant son départ, pour se mettre en état de faire belle figure. A quoi je puis ajouter en passant, que depuis que nous sommes dans ce pays, nous avons affecté de substituer dans ce même nom, un y, au lieu d'un simple i, parce que *Tissot*, signifiant en Hollandois, cela est sot, ou c'est un sot, causoit souvent des disputes entre nos militaires & d'autres gens de guerre, ce qui fut enfin la raison pour laquelle mon frere le Colonel commandant, pour éviter des malheurs semblables à celui, qui lui arriva dans Malines à cette occasion, de tuer le Vicomte de Dormal, résolut de ne se faire plus appeller que Mr. de *Patot*, qui est le nom d'une terre, que nous avons possédée de tems immémorial; en quoi mes enfans l'ont en partie imité, malgré mes opositions, dans l'apréhension où je suis que cela n'aporte un jour de la division dans la famille.

Ce prétendu changement, qui se seroit fait dans le douziéme siécle, me semble à la vérité un peu apocriphe, du moins je n'en voudrois pas être caution, d'autant plus qu'il me paroit au fond de si peu d'importance, que je ne m'en mets point du tout en peine. Car enfin soyons d'un même sang, ou n'en soyons pas, je vous proteste, Monsieur, que je ne vous en estime pas moins pour cela.

La naissance est quelque chose, j'y con-

consens, mais je la compte pour rien, lorsqu'elle n'est pas accompagnée de ses qualitez essentielles. Vous êtes honnête homme, vos études continuelles, & votre travail opiniatré, vous ont mis en état de prendre le degré de Docteur en Théologie, la Sorbonne, où vous vous êtes distingué, a aplaudi à votre promotion. Feu Mr. *l'Evéque* de St. Omer vous a trouvé tellement digne de ce caractére qu'il vous a honoré d'un Canonicat dans son Eglise Cathédrale, il vous a ensuite créé son Vicaire général ; & enfin celui-ci, dont on parle avec éloge, a ajouté à tous ces bien faits, son estime & son amitié. Trouvez bon, je vous en prie, que je vous donne aussi la mienne, & que si nous ne sommes pas parens, nous soyons au moins intimes amis, sans aucunes vûës d'intérêt, mais toûjours réciproquement prêts à nous rendre de bons offices : c'est à quoi vous vous ofrez de votre côté, c'est du mien à quoi je m'engage de même, & cela avec tout le zéle & toute la sincerité, dont est capable. &c.

## LETTRE LX.

*à Monsieur Charles Rumpf.*

Monsieur mon cher Neveu.

CE n'a jamais été la coutume chez mes parens de faire aucune réjouissance aux jours de notre nativité : il y a des gens, qui à l'exemple des Chinois, lesquels sont supersticieusement exacts dans l'observation de cette vaine formalité, croiroient commettre une hérésie domestique, s'ils manquoient à célébrer l'anniversaire, & d'eux, & du moindre de leurs enfans : ma chére compagne est de ce nombre, elle a été élevée à cela, & n'en démordroit pas pour un empire. J'ai naturellement de la complaisance, & je l'aime avec trop de tendresse pour m'oposer au desir qu'elle a de se satisfaire à cet égard. Elle a fait des vers en Hollandois sur l'accomplissement de ma cinquante neuviéme année, au commencement de notre mariage, elle auroit lieu de me traiter d'ingrat & d'insensible, si je négligeois de lui rendre la pareille dans une semblable occasion.

Je

Je commençai hier par un sonnet, qui lui a été fort agréable, & qu'elle a payé d'un régal, qui a fait souhaiter à nos enfans que cela arrivât une fois au moins tous les mois.

Comme vous êtes amateur de ces piéces de poësie, & que vous vous mêlez même d'en composer, vous ne serez peut-être pas fâché que je vous communique celle-ci. Si elle n'est point de votre goût, comme cela pourroit arriver sans miracle, ne laissez pas, je vous en prie, de faire semblant de l'aprouver; vous courriez risque autrement de choquer vivement votre Tante, ou de diminuer considérablent l'estime qu'elle fait de son epoux; je suis persuadé que vous ne voudriez ni l'un, ni l'autre, puis que d'un côté, vous l'honorez infiniment, & que de l'autre, vous ne sauriez vous résoudre à desobliger l'homme du monde, qui est plus que je ne saurois vous le dire &c.

## LETTRE LXI.

*à Monsieur de Keppel.*

MONSIEUR,

JE ne suis nullement surpris de voir un ignorant être saisi d'étonnement à la vûë des moindres ouvrages de la nature, & d'entendre comme des nouveautez inouies, la cause des Eclipses, des Vents, du Tonnerre, & en général de tous les météores : mais qu'un homme comme vous, qui connoissez la vertu des Plantes, des Métaux, des Minéraux, & qui savez les apliquer suivant les maladies, de quelque genre qu'elles soient, pour la guérison des pauvres mortels : qui avez voyagé, qui êtes versé dans la Physique & dans l'Anatomie, & qui en un mot, n'ignorez rien de ce qu'un habile Docteur en Médecine doit entendre pour exercer sa profession avec l'aplaudissement & à la satisfaction de toutes les honnêtes gens, je vous demande pardon si je vous di que je ne saurois m'enpêcher de rire de vous voir donner à corps perdu dans les sentimens d'un bourru, quelque grand personfonnage qu'il foit, qui fous le titre fpécieux de recherche curieufe du fens Phyfique & litteral de l'endroit du chapitre 8. de Jérémie, où il eft dit que la Cigogne a connu par les cieux fes faifons &c. voudroit bien nous perfuader que ces oifeaux fe retirent autour du mois d'Août dans le globe de la Lune, & reviennent ici au commencement d'Avril; de forte qu'ils reftent fur la terre environ quatre mois, autant dans cette Planette, & qu'ils employent l'autre tiers de l'année, à y aller, & à en revenir.

Pour vous montrer que j'ai lû ce petit traité, l'Auteur pour rendre fon hypothefe probable, fupofe avec d'autres Philofophes, que tous les corps céleftes, qui n'ont de lumiére que ce qu'ils en empruntent du Soleil, comme Saturne, Jupiter, Mars &c. font à peu près de la même nature que la terre, & qu'ils font effectivement habitez, ou le peuvent être: que l'air étant extrémement fubtil au deffus de notre atmofphére, les oifeaux peuvent y voler fans beaucoup de peine, avec une grande viteffe, qui n'interrompt pourtant point leur fommeil, lequel felon lui, dure prefque pendant tout leur voyage. Il dit qu'ils ont peu de fang sang au moment qu'ils paroissent parmi nous, au lieu que leurs vaisseaux en sont suffisamment remplis lors qu'ils sont prêts à nous quiter: ce qui les peut aisément tenir en vie dans un endroit, où il ne se fait qu'une dissipation fort médiocre.

Il remarque outre cela, que quand ils sont sur leur départ, ils s'assemblent, & se voyant complets, s'élévent, & gagnent le haut en tournant, & parcourant une vis ou ligne spirale, dont le centre se joint par une autre ligne droite au point vertical; à quoi il ajoute qu'il a lû bien des voyages, & consulté un nombre infini de voyageurs, sans jamais avoir pû aprendre d'eux le véritable lieu, où les Cigognes se retirent en hiver, & qu'ainsi ce n'est pas sans sujet qu'il conclut qu'elles passent nécessairement dans un autre monde.

Ce raisonnement renferme quelque chose de curieux, on ne sauroit le nier, mais il embarasse en même tems la raison; cependant comme il traite d'un fait, où je n'aperçois rien de contradictoire, je ne voudrois pas en nier absolument la vérité; il y a là même plusieurs circonstances, qui ne me paroissent pas impossibles. Je n'en voi point, par exemple, à faire dormir un oiseau pendant un espace de soixante jours, puis que nous avons des insectes, & différens animaux, qui vont beaucoup au delà; comme les Hanetons, les Mouches, le Loir, la Marmote &c. & pour ce qui est du long jeûne, qu'il faudroit que les Cigognes observassent ici à la rigueur, outre ce que les Naturalistes disent de l'Ours, dequoi je ne voudrois pourtant pas être caution, c'est une vérité constante qu'il y a des Tortuës dans les Indes, qui sont quatre mois consécutifs de l'année sans manger & sans boire.

Ce qui pourroit faire un peu plus de peine, c'est le trajet de quarante mille lieuës, qu'on veut que cet oiseau franchisse en si peu de tems, & en montant toûjours; mais encore cette difficulté ne sera-t elle pas insurmontable, si l'on considére d'une part, que nous avons une espéce de Pigeons, qui montent par une ligne perpendiculaire au niveau de la campagne, d'une rapidité, qui éblouit, jusqu'à une hauteur si considérable, qu'ayant passé au travers des nuës, ils en reviennent incontinent tout mouillez; & de l'autre, ce qui est aussi digne de remarque, qu'étant environ à deux lieuës de de la superficie de notre globe, il n'y a pour ainsi dire, plus de haut ni de bas: de sorte qu'un Agent, qui a une fois atteint cette hauteur, où la matière est peu ou point agitée, peut parcourir en moins de rien, des espaces infinis, jusques à ce qu'il parvienne dans la dépendance de quelque autre tourbillon, comme cela est évident par la fameuse question de Monsieur des *Cartes*, proposée au Révérend Père *Mersenne*, qui en a fait l'expérience, suivant ce qui en est dit dans trois differentes lettres du second volume de ce célébre Philosophe, savoir que si l'on décharge un canon, pointé vers le Zénit, la bale, qui en sortira, ne retombera point à terre.

Mais avec tout cela, ce beau composé de mots n'est au fond qu'une enchainure de simples conjectures, que l'on pourroit aisément réfuter, s'il en étoit besoin. Il vaut mieux, pour ne vous plus tenir en suspens, mettre fin à ce problème, en vous en donnant la solution, & en vous aprenant ce qu'il en faut croire, si tant est pourtant que l'on puisse faire fond sur ce qu'en raporte Mr. *Jaques Massé*, vers la fin de ses avantures, dont j'ai lû le manuscrit, avant qu'il fut imprimé;

primé, & que l'Editeur en a retranché, je ne sai pourquoi. Il proteste qu'il y a autant de Cigognes dans le pays, qu'il a découvert le premier, & qu'il apelle de Bénédiction, qu'en celui-ci, & que s'en entretenant par occasion, avec le Roi *Bénédon*, ce monarque lui raconta comment on en avoit attrapé une du vivant de son prédécesseur, qui avoit autour du cou un colier de cuivre, sur lequel on avoit gravé deux Clefs, croisées l'une sur l'autre, avec ces caractéres L. B. à côté, & au dessous ceux ci, L. B. 52 g. mais qu'on en avoit ignoré la signification. A quoi il répondit qu'il y avoit une ville en Hollande, nommée *Leiden ou Lugdunum Batavorum*, qui avoit deux semblables Clefs pour ses armes, & que d'autant que sa Latitude Boréale est environ de 52 degrez, il y avoit aparence que quelque curieux avoit fait cela pour donner occasion aux habitans des climats, où se transporteroit cet oiseau, de connoître le lieu d'où il venoit, & d'y marquer en même tems, ou sur quelque autre corps semblable, ce qu'ils étoient, & l'endroit du monde où ils avoient leur habitation. Dans l'incertitude où nous étions, reprit le Roi, qu'il qu'il y eut d'autres hommes que nous, nonobstant ce qu'on en debitoit, personne sans doute ne s'avisa de rien faire de semblable.

Supposant donc Mr. que cette relation est véritable, nous ne différerons ce savant Ecrivain Anglois, que vous admirez, & moi, que principalement au sujet de l'endroit où se termine le cours des Cigognes: il s'imagine que c'est la Lune, au lieu qu'il paroit plus vrai-semblable que c'est le Royaume de *Benédon*, ou quelque autre, fort éloigné de celui-ci, dans les terres Auſtrales: dans la plûpart des autres circonſtances, il n'y a que du plus, ou du moins.

Il est vrai que le trajet d'ici là, n'est que d'environ deux mille lieuës, mais il ne laiſſe pas d'être ſi dangereux pour des animaux peſans: qui auroient d'horribles tempêtes, des vents contraires, & toutes les injures du tems à eſſuyer, s'ils ſe haſardoient de reſter dans l'enclos de notre atmoſphére, qu'il n'eſt pas croyable qu'un ſeul en pût échaper, au lieu que montant au deſſus de la premiere region de l'air, ils ont toûjours un Ciel doux & ſerein, & où ſans preſque battre les ailes, ils ſe peuvent en ſommeillant,

transſtransporter jusqu'aux extrémitez de la terre dans l'espace de deux mois, s'il est véritable qu'ils n'arrivent pas là plus tôt, ou qu'ils n'en partent pas plus tard qu'on le prétend au sujet de la Lune.

On peut de même, à mon avis, épargner aux lourdes Bécasses la peine de passer aussi dans des mondes imaginaires, en leur permettant de tenir la même route que les Cigognes: il est bien aparent qu'elles les imitent en effet. Ce n'est pas d'aujourd'hui qu'on a remarqué qu'elles abordent dans nos contrées à la dérobée, pour ainsi dire, ou d'une maniere imperceptible. On ne les voit point venir de loin comme les Oyes & les Canards: les Chasseurs les trouvent ordinairement là, où personne ne les a vû arriver. Si l'on ajoute à cela qu'elles se vont rasseoir, un moment après qu'on les a fait lever, & que si l'on se trouve de nuit en quelque endroit, où il en vient, on les entend se précipiter de haut en bas, comme si c'étoient de grosses pierres, qui tombassent des nuës avec violence, il sera aisé de conclure qu'elles décendent comme en droite ligne, d'un lieu extrémement élevé, où la matiere étant fort subtile, n'a presque point fait d'obstacle

*Tome II.*       Q       à

à leur vol; au lieu que l'air grossier, que nous respirons, semble les fatiguer extrêmement, & les empêcher de faire de grandes courses.

Si vous réfléchissez sur tout cela, je ne doute pas que vous n'entriez dans mon sens; en tout cas, je vous laisse votre franc arbitre, pourvû que vous me fassiez seulement la grace de ne point douter que je suis véritablement &c.

## LETTRE LXII.

*à Madame la Comtesse de Konigsmark.*

MADAME,

J'ai eu l'honneur de recevoir votre lettre, vieille de vingt sept jours, avec toute la joye, dont je suis capable; ce n'est assurément pas sans sujet, non seulement elle est belle, cette lettre, elle est éloquente, elle porte des marques évidentes de l'esprit, de la sagesse, de la probité & de la grandeur d'ame de son auteur, qui obligent, qui enchantent, qui charment. Tout y rit, tout y plaît, tout y brille. Mais après tout, Madame, est elle bien composée de bons matériaux? l'aloi l'aloi en est il bien pur & sans mélange? pour moi, à vous parler franchement, j'entre en quelque façon dans le doute, & s'il m'est permis de vous déclarer mon sentiment, je m'imagine que c'est un alliage, où il y a, je n'ose pas dire, un peu de flaterie, de peur d'insulter à votre sincérité, mais beaucoup de prévention. Car enfin, on a beau crier, quelque vertueuse que soit mon Epouse, quelque éclatantes que soient ses meilleures qualitez, il est impossible qu'elles atteignent au suprème degré, où vous avez la complaisance de les faire monter: ce seroit être dépourvû de bon sens que d'en avoir seulement la pensée: de sorte qu'au lieu d'en tirer de la vanité, elle en a de la confusion, la rougeur lui en monte au visage.

Ce n'est pas seulement à l'égard de la pureté des mœurs, des differens agrémens & des beaux dons de la nature, que vous lui attribuez, que nous disconvenons, c'est encore en ce que vous prétendez que si elle a un seul défaut, ce ne peut être que celui de vous considérer comme son idole, & d'avoir trop de déférence pour vos décisions & vos jugemens, puis que selon moi, c'est la vé-
rita-

ritablement la plus grande de ses perfections.

En effet, n'a-t elle pas été élévée auprès de vous, comme St. *Paul* aux piez de *Gamaliel*? tient elle rien que de vos judicieuses leçons, & de vos édifians exemples? elle même fait gloire d'avoüer que ce qu'elle a de lustre, n'est qu'un simple diminutif de vos rayons, & que ce n'est qu'à peine qu'elle trouve en elle en petit ce que vous possédez formellement & éminemment dans une grandeur extraordinaire. Je suplie votre Excellence de juger de là si elle n'a pas raison de vous aimer, de vous estimer, de vous admirer : & si vous n'avez pas tort, permettez moi cette expression, de relever si prodigieusement en elle ce qui au fond ne lui convient qu'en qualité de votre ouvrage? Je vous en remercie pourtant, Madame, puis que prévenuë ou non, c'est toûjours une marque de l'amitié, que vous lui portez, & du desir, que vous avez qu'à votre imitation, j'aye pour elle l'amour, les égards & la consideration, que l'on doit avoir pour les personnes de mérite. Je voudrois que vous pussiez, pour votre satisfaction, être témoin de la vie, que nous menons,

il

il ne se peut rien de plus doux, ni de plus agréable, ce n'est qu'un continuel plaisir : je la porte sur la paume de ma main, & je suis assuré qu'elle m'aime comme ses yeux. En un mot, notre union est parfaite, elle ne sauroit souffrir d'augmentation, mais ce qui la va cimenter pour jamais, & la rendre indissoluble, c'est l'agréable fruit, qu'elle va produire dans peu. Oui Madame, nonobstant notre âge, qui est sans contrédit, fort avancé, & au grand étonnement de tout le monde, ma chére Louison est au moins enceinte de six mois. Suivant mes conjectures, qui n'ont jamais manqué dans mon premier mariage, ce doit être immancablement d'une fille; soufrez que par une juste reconnoissance de vos bien-faits, de vos honnêtetez, & de la part, que vous prenez à notre félicité, nous vous la sacrifiions toute entiere, & lui imposions votre nom, lors qu'il plaira à la Providence de lui faire voir le jour. C'est une grace toute particuliere que je vous demande, & dont je vous aurai bien de l'obligation, mais que vous êtes incapable de refuser à l'enfant, après en avoir tant fait à la mere. Aussi puis je dire que je ne connois personne, qui

soit

soit mieux en état que votre Excellence, de remplir à son égard, les devoirs d'une véritable Marreine; vous avez toutes les qualitez nécessaires à cela, & qui plus est, nous sommes en quelque façon alliez, en ce que Mr. *Jean de Geer*, Seigneur de *Gingard*, mon beau frere, avoit épousé en seconde noce, la fille du *Land Graaf Bulo*, votre Cousine germaine, qui vient aussi de lui être enlevée, au grand regret de tous nos parens.

Je prie Dieu cependant qu'il vous fortifie dans vos infirmitez corporelles, & qu'il renouvelle vos nombreuses années comme à l'aigle, afin que vous puissiez voir cette petite créature en état de vous rendre service, & que j'aye l'avantage de vous pouvoir témoigner dans vingt ans, que je suis fort respectueusement,

Madame,

De votre Excellence &c.

# DE Mr. TYSSOT.

# LETTRE LXIII.

*à Monsieur d'Ozanne.*

## MONSIEUR,

IL est naturel que nous prenions autant de soin de nous mêmes que des enfans de notre propre mere, & l'expérience nous aprend qu'après nous, nous travaillons à la conservation des autres à proportion des liaisons, que nous avons avec eux, ou de l'amitié que nous leur portons. Tout le monde sait que le Roi de Prusse n'a rien de plus cher dans son royaume que ses soldats; il les protége, & apréhende autant de les perdre, que les plus précieux bijoux de sa couronne. Il ne me seroit pas difficile d'apuyer cette vérité de preuves incontestables; pour m'épargner la peine de les marquer ici en détail, & à vous d'en faire la lecture, il sufira, selon moi, de vous dire presentement que la gazette en contient une, qui seule peut supléer à toutes les autres. Ce Monarque voyant que les Suédois, excitez par deux des plus formidables ennemis du Calvinisme, Soliman le petit, & Louis le grand.

*J'apelle l'un petit, je nomme l'autre grand,*
*Petit, mais petit fils d'Hibrahim le sévére;*
*Grand, parce qu'il est le grand pére*
*De Philipe, en Espagne à cette heure régnant.*

Voyant dis-je, que ces fameux guerriers commencent à le harceler, & sachant d'autre part, que ses hommes de cheval, n'ayant vrai-semblablement jamais été plongez dans le Stix, comme autrefois Achilles par sa bonne mere Thétis, ne sont rien moins qu'invulnérables, il prétend absolument, & telle est sa volonté, qu'ils se couvrent le corps d'écailles ou armes défensives, forgées du meilleur métal, que produisent les mines des ses remuans voisins, pour se garantir par là de leurs plus dangereuses atteintes. Si vous êtes du nombre de ces favorisez, & que vous ne soyez pas encore pourvû de casques ou pots en-tête, nécessaires à votre Compagnie, Mr. *Cordes* le marchand en possède en propre une trentaine de tout neufs, & cinquante ou soixante, que les Cavaliers de Mr. du *Boulai*, à qui ils ont apartenu, ont employez au service des Etats Généraux dans la derniere guerre, mais garnis d'orillons, comme les precédens, doub'ez de de peau, avec une barre de fer d'un pouce de large, pour garantir en quelque façon le vilage des coups de fabre, en un mot, complets, & auſſi bons que s'ils fortoient de la main de l'ouvrier, & dont vous ne donnerez que ce qu'il vous plaira, c'eſt à dire, pour parler intelligiblement, & ne rien laiſſer à votre généreuſe diſcrétion, une vingtaine de fous, plus ou moins, l'un portant l'autre, de la piéce, ce qui, comme vous ſavez, n'eſt qu'environ le tiers de ce qu'ils doivent avoir couté à ce Lieutenant Colonel, qui pour le dire en paſſant, eſt préſentement Aide de Camp du Roi de *Danemark*, en attendant le premier Régiment, qui viendra à vaquer dans ſes troupes. Si vous y avez envie, vous n'avez qu'à donner ordre par où & comment vous voulez qu'on vous les faſſe tenir, on vous les envoyera incontinent: & pour vous les rendre plus agréables, j'y ajouterai gratis du mien, des vœux, capables de vous conſerver encore cinquante ans dans une ſanté parfaite, & de nouvelles aſſurances de la ſincerité avec laquelle je ſuis véritablement &c.

## LETTRE LXIV.

*à Monsieur Tyssot.*

Monsieur mon cher Neveu.

Quoi que je sois persuadé que ma sœur, votre Tante, ne manquera pas de vous entretenir largement de l'état de ma famille, je ne saurois m'empêcher de vous marquer moi même, comme à mon fidéle médecin, que mon intermission de poux a entierement cessé, & qu'excepté un rhume, qui m'a pris, je ne sai comment, & dont j'ai de la peine à me défaire, sans pourtant que j'en ressente aucune incommodité considérable, je me porte aussi bien & me sens autant de vigueur que jamais; ma bourse seule est toujours valétudinaire, & ce qu'il y a de remarquable dans son indisposition, c'est qu'au lieu que ceux, qui se mêlent de faire des Aphorismes en Médecine soutiennent que les maladies de réplétion sont plus dangereuses que celles qui viennent d'inanition, je remarque qu'elle n'est jamais plus mal que lors qu'elle se trouve comme à présent, tout à fait vuide.

Ne pensez pas, mon cher Neveu, que je m'aflige de ce desastre, je n'ai personne chez moi, qui bien loin d'en oublier le boire ou le manger, en voulût seulement perdre un coup de dent, au contraire, ils en dorment plus en repos, persuadez qu'ils sont, qu'il n'y a point de danger que les voleurs leur viennent couper la gorge pour se saisir plus aisément de leurs tresors, comme ils ont fait ces jours passez à un jeune Mercier de seize à dixhuit ans, que j'ai vû de mes yeux, en revenant de *Leeuwenburg*, dans un champ d'avoine, où ses bourreaux l'avoient trainé à vingt pas du chemin, & si proche de la ville, qu'on l'avoit entendu à la porte fermante, crier de toute sa force au secours.

Ce pauvre garçon n'étoit chargé, à ce que l'on dit, que d'environ une quinzaine de francs en argent, & d'un peu de mercerie, qu'il alloit debiter chez les païsans; néanmoins cela lui a couté la vie: on ne sait pas encore au vrai qui a fait cet exécrable meurtre, lequel merite bien un sévére chatiment.

Le tems facheux, où nous vivons, oblige bien des gens à s'abandonner à des crimes, ausquels ils n'auroient peut être

être pas pensé, s'ils étoient moins à l'étroit qu'ils ne sont.

Si vous connoissiez Mr. le Receveur *Gordens*, je vous dirois qu'étant allé à *Zwol* avec sa femme, la semaine précédente, pour se divertir avec leurs amis, ils y sont décédez assez subitement, l'un & l'autre, au grand regret de leurs enfans, qui en font faire les obséques aujourd'hui ici.

Il vaut mieux que je vous aprenne que Mr. de *Leerbec*, mon beaufrere, m'a mandé de Suéde que sa chére Epouse étoit heureusement accouchée d'un petit bijou de fille, dont il m'avoit créé le parrain, & choisi la Comtesse de *Konigsmarc* pour en être la marreine.

Voila comme la Nature ingenieuse à reparer ses dommages, suplée par la naissance des enfans, à la destruction des peres, que la mort lui arrache de ses entrailles. Dieu nous préserve des atteintes de cette ennemie jurée des hommes, & nous fasse la grace d'être du nombre des tranquilles spectateurs de ses tragiques exécutions, aussi long-tems que j'ai résolu d'être &c.

## LETTRE LXV.

*à Monsieur H. W. Rumpf.*

MONSIEUR,

Il y a assurément de la fatalité dans notre commerce de lettres, puis que je pose en fait qu'à peine la Poste nous rend compte de la troisiéme partie de celles, que nous confions à ses soins.

Quoi que des incidens de cette nature ne soient point du tout agréables, ils n'empêcheront pourtant pas que je ne persiste dans le dessein, que j'ai formé de ne me pouvoir jamais reprocher d'avoir négligé les occasions de vous écrire, lors que mon devoir y est en quelque façon engagé. Celle, qui se presente maintenant est sans contredit trop considérable pour rester ensévelie dans le silence. Mon Neveu Isaac votre frére, vient d'être créé Membre du Grand Conseil des Indes Orientales. Il me semble qu'un emploi, au témoignage de *Moréri*, de vingt quatre mille francs par an, sans les émolumens, & auquel, de l'aveu de tous les honnêtes gens, il est parvenu, bien moins par le crédit de ses amis que par ses propres mérites, vaut bien que l'on risque un quart de feuille de papier : car au moins, Monsieur, vous devez savoir que mon économe de femme m'a forcé plus d'une fois à commettre l'incongruité de n'en pas employer davantage pour nos amis du Nord, & encore le plioit elle en huit, de peur que son étendue n'en augmentât le port, & ne vous mît en de plus grands frais, comme si l'épaisseur en devoit diminuer le poids, & qu'un cube & un parallélépipéde, contenant la même quantité de matiere, ne restassent pas en équilibre, étant posez séparément dans les deux plats d'une balance; malgré elle, j'y en mettrai le double pour ce coup, afin qu'étant moins gêné, j'aye la commodité de vous témoigner plus librement que je prens toute la part imaginable à cette bonne nouvelle, dont je vous félicite de tout mon cœur, souhaitant ardemment que nous voyons bientôt ce jeune homme Général de ces fertiles contrées, d'où il ne sauroit alors manquer de revenir un jour chargé de ses plus riches dépouilles, pour passer ici le reste de sa vie dans l'abondance & dans la tranquilité : j'en aurai de

la

la gloire, & le plus jeune de mes fils, que je lui ai envoyé, pour avoir été proscrit à l'occasion d'une action d'honneur, où il a eu le malheur d'atterrer son homme, qui étoit aussi Officier avec lui dans un même Régiment, aura sa part du profit, puis qu'il en sera indubitablement plutôt avancé.

Au lieu de cet enfant, que je ne reverrai vrai-semblablement plus, & auquel j'ai dit un éternel adieu, la Providence m'en a donné un autre. Votre Tante, par une grace toute particuliere du Ciel, s'en délivra jeudi dernier, vingt quatriéme du courant, à notre grande satisfaction. Les matrones, qui assistoient à la réception de ce nouvel hôte, étoient surprises de la facilité apparente avec laquelle il rompit les liens, & força le passage pour se procurer la liberté, & se mettre au large. Elles s'imaginoient qu'il falloit être né sous des climats heureux, ou être d'une constitution plus robuste qu'on ne l'est d'ordinaire parmi nous, pour se tirer à si peu de frais, d'une affaire, qui coute si cher à la plus grande partie des individus de leur espèce. Mais ces innocentes créatures ne savoient pas que notre Suédoise a plus d'ambition que de force, &
qu'elle

qu'elle auroit mieux aimé succomber au mal que de lâcher un soupir, capable de donner aucun indice de la douleur qu'elle sentoit. Et ce que je dis est si véritable qu'avec tout son grand courage, le travail, quoi que court, l'avoit tellement abatuë, & ébranlé les parties de son corps, que j'ai été quelques jours atteint d'une frayeur mortelle de la perdre, ou de la voir alitée pour long-tems. Dieu merci, cette bourasque a passé; elle se porte à present autant bien que je le souhaite. L'enfant est aussi en très bon état. Nous l'avons fait nommer Béata, Henriette, Marie, par raport à son Excellence la Comtesse de *Konigsmarc*, la Baronne de *Weelderen*, & Madame la Résidente *Rumpf*, votre chére & vertueuse Epouse, ses illustres Marreines: auxquelles nous avons donné pour compéres, Messieurs de *Gougard*, mon beau frere; le Conseiller Batavien, mon Neveu; & le Capitaine de *Parot*, l'ainé de mes fils.

La naissance de cette fillette surprendra sans doute Mr. *d'Iguefond*, mon beau frére: il s'imagine qu'un homme séxagénaire, & une femme aux yeux de laquelle se sont écoulez neuf lustres Romains,

sont

sont déclarez inhabiles pour la propagation du genre humain ; mais il se trompe lourdement, puis que mille exemples prouvent le contraire, & il paroît que ce qu'il avoit avancé par dérision, a eu son accomplissement, en ce qu'il prétendoit m'avoir vû en songe bercer un enfant avec des besicles sur le nez, en quoi ce maître goguenard ressemble à quelques Prophétes du vieux tems, qui ont prédit des événémens, qui leur paroissoient peut être impossibles, & qu'il y a aparence qu'ils prenoient eux mêmes pour des chiméres, & des contes faits à plaisir. Mais laissons là notre boufon, qui sait bien que j'aime pour le moins autant que lui à badiner & à rire, & disons plus tôt que ma Compagne, qui a prodigieusement sa noblesse en tête, n'avoit qu'à peine envisagé cette petite marmote, qu'elle me proposa de lui dresser ses quartiers, comme je l'avois fait pour mes autres enfans. Mais la pauvre femme, qui s'est aparemment toûjours imaginée qu'il suffisoit qu'elle fut connuë dans son pays, & que la science du Blason ne consistoit qu'à examiner les *Blaasbalken* des Forges de *Gougard* & de *Leerbec*, ne sait pas qu'un projet de cette nature ne s'exécute pas

pas si aisément qu'on le pense. Car enfin, il est évident qu'encore que l'arbre généalogique des *Bex*, acompagné de certificats & de preuves autentiques, qu'elle m'a remis entre les mains, me convainque du lustre, de l'ancienneté & de l'extraction de ses ancêtres, n'ayant qu'une connoissance assez confuse de l'origine & de la qualité de ses Ayeux du côté maternel, il est absolument impossible que je la contente.

Je ne saurois pourtant me résoudre non plus à l'éconduire, mais j'ai besoin de secours, on a beau me dire que le pére de ma belle mere s'appelloit *Hovius*, sa mere *Cabeliauw*, de très bonne famille de *Flandre*, & la mere de celle-ci *Wyting*, que le pere de ce Docteur avoit pour femme une *van de Brande*, & que son oncle est mort Archevêque de Malines; j'ai besoin de quelque chose de plus.

Et d'autant que je ne sai à qui recourir, & qu'il ne me sauroit venir dans la pensée que feu Mr. le Résident *Rumpf*, mon beau-frere, qui avoit suivant le raport, que l'on m'en fait, de la naissance & de l'ambition, ait négligé de rechercher, pour l'amour de ses enfans, & de

en

peur d'encourir leurs reproches, tout ce qui concerne la famille & les armes de la mere de son Epouse; je vous prie, Monsieur, de me communiquer ce que vous en trouverez parmi ses manuscrits, pour m'éviter la peine & la dépense à quoi cela m'engagera, si je suis forcé d'aller ailleurs.

L'Accouchée, que vous estimez, & qui vous embrasse tendrement, vous demande la même grace, le plaisir qu'elle en recevra, sera sensible, & vous m'obligerez infiniment. Enfin, je vous recommande les incluses, pour mes freres & sœurs, & pour nos amis. C'est sans contredit bien de la liberté, que je prens; mais que n'oserois-je pas entreprendre à cette heure, que j'ai pour Protectrice & Commére celle, qui doit en effet captiver toutes vos volontez, & avoir un empire absolu sur votre ame: il n'est rien que je ne me flate de vous pouvoir demander, & rien à l'occasion de quoi j'apréhende d'essuyer le moindre refus.

Non, Monsieur, ne craignez pas que j'abuse des droits, que vous avez eu la civilité de m'accorder, & des prérogatives que l'alliance spirituelle, que je viens

d

de contracter avec Madame *Rumpf*, me donnent, je vous honorerai toute ma vie, l'un & l'autre, & tacherai dans tous les lieux, & dans tous les tems, où j'en aurai la commodité, de vous persuader que je suis véritablement &c.

## LETTRE LXVI.

*à Monsieur G: Rumpf.*

Monsieur mon cher Neveu.

NOnobstant le savoir & la capacité, que vous avez aquise par vos longues & continuelles études, je n'avois point attendu qu'une vocation de Pasteur eut sitôt succédé au glorieux examen, que vous soutintes avec l'aplaudissement de vos Examinateurs, pour le degré de Proposant il n'y a que sept ou huit mois; j'en ai donc été frappé d'étonnement: cependant cet étonnement n'est rien en comparaison de la joye, que j'en ressens; elle est telle, cette joye, que ma plume n'est pas assez éloquente pour vous la marquer par des expressions, capables de vous en donner une idée, qui en comprenne, & la sincerité & la force. Je vous en félicite,

licite, mon cher Neveu, & je prie celui, qui est l'auteur d'un bien, que j'envisage comme une suite des graces, qu'il vous a accordées pour y parvenir, qu'il ne se borne pas à vous avoir apellé au ministere de sa parole, mais qu'il vous fortifie de plus en plus, & achéve de vous donner les talens nécessaires pour en remplir les devoirs à sa louange, & à l'édification du troupeau de Eysden, qu'il vient lui même de confier à vos soins, afin que vous puissiez bien tôt vous voir à la tête d'une Eglise plus considérable, & où vous ayez lieu de faire plus de fruit. Il ne manque presentement, si non que mes Neveux Charles & Constantin, participent par un bon établissement, au bonheur visible de votre famille, pour achever de nous rendre contens, & donner occasion à ma sœur *Rumpf*, de n'avoir plus rien à desirer de la Providence pour ses enfans, que la continuation de son amour, & de sa benédiction, que je vous souhaite ardemment, étant avec beaucoup de zéle &c

## LETTRE LXVII.

*à Mademoiselle de Geer.*

MADEMOISELLE,

PErmettez, je vous prie, que ne me levant qu'avec le soleil, qui est encore bien avant caché sous l'horison, sur tout presentement que ma petite marmote, que j'allaite avec succès, interromt souvent mon repos, je me serve de la plume de Mr. *Tissot*, pour vous dire que si j'ai été ravie d'aprendre que notre Oye de la St. *Martin* se soit trouvée aussi bonne, & autant de votre goût que je le souhaitois, je ne suis point du tout édifiée de voir que vous affectez, à votre ordinaire, d'en effacer le souvenir par une rétribution généreuse & précipitée.

Que faudra-t-il que je fasse à l'avenir, pour prévenir de tels chagrins? me priver entierement du plaisir d'étaler quelquefois à vos yeux une montre de l'abondance & des délices de notre Province? sans doute; mais avant que d'en venir à cette extrémité, faisons encore une tentative.

La poulaillére, qui a foin de pourvoir ma cuisine de volaille & de gibier, m'apporta hier au soir un diminutif de lievre que je défie de parcourir la moitié du circuit de ma table, sans avoir plus que les os, & être squellette dans les formes: il n'a de chair en tout son corps que pour la charge de deux estomacs délicats, & de très petite étenduë comme les vôtres. Je vous l'envoye, Mademoiselle, dans la pensée qu'il ne sauroit manquer, pour sa qualité, de vous être agréable. J'y ai ajouté le sonnet que mon cher mari vient d'avoir la bonté de composer sur mon anniversaire, qui ne vous déplaira assurément pas non plus, mais à condition que je commencerai à m'aquiter par là, de la milliéme partie de ce que je vous dois, & que vous ne m'accablerez plus de nouvelles dettes, qu'une partie des vieilles ne soient payées, car autrement je vous déclare que je renonce à vous plus rien faire tenir que des ofres de respects de ma famille, pour vous & pour Mr. votre frere, & de moi des assurances sincéres du zéle avec lequel je serai éternellement &c.

LET-

## LETTRE LXVIII.

*à Monsieur Domis.*

MONSIEUR,

Vous avez beau vous formaliser de ce que je vous accuse d'avoir la voix discordante, & par un principe de vengeance, vous récrier contre ceux qui inventent des opinions, que vous appellez monstrueuses, lesquelles ne tendent rien moins qu'au renversement de l'Ecriture Sainte, & à ébranler la foi des Chrétiens. Vous ne sauriez vous empécher de paroître charmé des raisons, que je vous ai alleguées pour démontrer que la terre est infiniment plus vieille que le vulgaire ne la fait, & que les hommes, depuis leur origine, jusqu'à laquelle il seroit impossible de remonter, n'ont pas vécu plus long-tems que nous vivons à cette heure: mais ce qu'il y a encore de plus étonnant, c'est que vous paroissez curieux de savoir si ce Docteur Anglois, dont je vous ai raporté le sentiment, reculoit autant la fin du monde du moment où nous existons, qu'il en éloigne commencement. Com-

Comme ce savant homme & moi ne differons pas beaucoup en cela, j'ose vous assurer de sa part, que le terme de l'un est aussi difficile à fixer que de l'autre, & que s'il est impossible de marquer le moment qu'il plût à la Providence de faire enfanter le premier des animaux raisonnables au limon, il n'est pas en notre puissance de déterminer, à un million d'années près, quand il en voudra anéantir l'espéce.

Dieu peut tout, il ne tenoit qu'à lui de donner hier naissance à Adam, & il pourroit faire périr demain le dernier de ses décendans; il ne nous apartient pas de limiter son pouvoir, mais naturellement parlant, le monde est indéfini, & le globe, que nous habitons, est d'un âge inexprimable : l'homme de même, doit être extrémement ancien. La raison que j'en ai est forte, mais je n'ose la confier au papier, parce qu'il faudroit pour vous l'expliquer, déveloper les sentimens de Lucréce, qui n'ont pas l'aprobation de bien des gens, & prouver qu'il a fallu un nombre prodigieux de siécles pour ébranler & diminuer la force des cieux, de maniere qu'ils ne sont pas capables d'ébaucher presentement ce qu'ils ont produit

duit autrefois ici bas dans une perfection achevée.

Je me contenterai pour ce coup de vous dire, que j'avoüe franchement que l'homme a eu un commencement, mais je soutiens aussi que par les causes secondes, il doit nécessairement avoir une fin. Les principales de ces causes sont au nombre de deux, la premiere est l'extinction du Soleil, l'autre la submersion de la Terre.

Que le Soleil coure risque de perdre un jour sa clarté, & de devenir un corps opaque, c'est une vérité qu'il seroit inutile de vouloir éclaircir à une personne comme vous. Notre Globe a été un astre; il est devenu planéte, en se couvrant d'une croute, qui par le concours du flambeau, qui nous illumine, a engendré les animaux, & produit encore à l'heure qu'il est tout ce qui nous est nécessaire pour l'entretien de cette vie : les autres luminaires sont sujets au même changement.

Si nous en voulons croire les Historiens, l'astre du jour a été près de sa fin pendant le régne de *Jules César*, puis que dans toute une année, on n'aperçût

pas

pas un seul de ses rayons: le tems étoit obscur sans être couvert; il revint enfin de ses défaillances, & brisa les fers, dont la nature le vouloit charger.

Ce qui fortifie cette pensée, c'est que nous ne saurions examiner ce grand luminaire avec de bons télescopes, que nous ne le voïions, ci & là, couvert de taches d'une prodigieuse étenduë, & à l'aide desquelles nous savons qu'il tourne autour de son centre dans l'espace de vingt six jours.

Il pourroit être que cette écume, composée des excrémens ou parties les plus grossieres, qui lui sont envoyées d'ailleurs, ne se trouvera, pour ainsi dire, jamais en assez grande quantité sur sa superficie, pour le couvrir de toutes parts, l'afoiblir, & le faire décendre dans un autre tourbillon, comme nous avons été précipitez dans le sien. Cependant cela n'est pas impossible, & s'il arrivoit, il est indubitable que tout ce qui respire parmi nous périroit en très peu de tems, & qu'ainsi par raport à nous, on auroit la fin du monde.

La seconde cause, qui est à mon sens, immancable, est la submersion de la sphére, que nous habitons. Mais direz vous, l'alliance, que Dieu a faite avec l'homme de ne le plus exterminer par les eaux, est elle donc fausse, ou allégorique? Elle n'est ni l'une, ni l'autre; le Déluge n'a été certainement universel qu'à l'égard du petit nombre d'hommes qu'il y avoit alors, & non pas de toute la Terre, puis que cela auroit été inutile, & n'auroit pû s'exécuter sans miracle: & pour ce qui est de la promesse faite à Noé, elle ne peut & ne doit avoir cours que jusqu'à la consommation des siécles, à laquelle il nous doit être indifferent de mourir, ou par le fer, ou par le feu.

La Terre est une masse ronde, pleine de creux, de vallées & de montagnes, qui tourne autour d'elle même en vingt quatre heures de tems, & dont les parties, suivant les loix de la Nature, tendent autant qu'il est possible, à s'éloigner de leur centre commun: celles, qui en sont le plus près, ont plus de force pour cela que les autres; de sorte que tandis que celles-là se dégagent & sortent insensiblement d'un côté, celles-ci s'abaissent & se concentrent à proportion de l'autre.

Outre cela, il faut remarquer que l'air, la pluye, les ravines, les tempêtes &c. éémoussent, écornent, & usent petit à petit les collines, & en général toutes les hauteurs, & emportent ces petites parties dans les baissieres, où elles remplissent à la longue, les trous mêmes les plus profonds.

On ne sauroit nier que cela n'aille fort lentement; néanmoins il est en quelque façon sensible pendant la vie d'un homme, comme je l'ai fait souvent remarquer à mes amis. Mais quand il ne le seroit pas, il est clair qu'avec le tems, il faut nécessairement que l'Océan se remplisse par la chute des corps, qui ont la moindre élévation, & alors la terre étant par tout de niveau, elle doit être submergée par ses eaux, & les créatures vivantes ne sauroient éviter de se voir engloutir par ses ondes.

Si le genre humain doit prendre fin de cette maniere, Monsieur, comme je le croi sérieusement, il seroit à souhaiter que nous eussions le plaisir d'en être les témoins. Inventifs comme nous sommes, je me flate que nous trouverions les moyens de prolonger considérablement nos jours, & je vous jure que ce ne seroit qu'à mon corps défendant, que je cesserois de vous dire que je suis &c.

LET-

## LETTRE LXIX.

à *Monsieur L: de Geer.*

Monsieur mon très cher frére,

Quoique je vous aye écrit plusieurs fois depuis les derniers traits, que votre plume lâche & paresseuse a formez en ma faveur, & que l'on vous ait donné la nouvelle de l'heureux accouchement de ma chére compagne, & du bon état de ma petite fille *Béata Henriete Marie*, la plus jolie, & la plus charmante enfant, qui fut jamais, m'imaginant que les lettres, que vous & mon frére, le Sr. de *Gongard*, m'avez peut être fait tenir, depuis son malheur, que j'ai apris d'ailleurs avec tout le chagrin, dont je suis capable, puis qu'il consiste en un embrasement épouvantable, qui a réduit son chateau & ses meubles précieux en cendre, doivent avoir été perduës, je croi être de mon devoir de ne pas differer davantage à vous assurer de nouveau de mon estime, & de ma sincére affection, qui bien loin de diminuer, augmente sensiblement de jour à autre,

comme

comme mon amour pour votre sœur, que je ne pensois pas pouvoir devenir plus ardent, que je le sentois au commencement de notre mariage, est parvenu, par la naissance de cette petite créature, à un degré, qu'il ne sauroit surpasser sans me consumer. C'est sans contredit, une agréable & complaisante femme, avec laquelle je passe d'heureux momens. En un mot, elle est telle, que quelque parfaite que fut celle, qui m'a été enlevée par la mort, je puis dire avec vérité, & pour ma grande consolation, que j'ai plus gagné que perdu au change.

Voila Mr. la principale raison pour laquelle j'aime passionnément ses parens. Il y a pourtant cela de particulier par raport à votre personne, que son humeur simpatise avec la vôtre, & qu'elle vous fait passer pour l'un des plus honnêtes hommes, que le Royaume de Suéde renferme dans son contour.

Vous voyez bien que dans cette préoccupation, nonobstant ce que je viens de dire, je ne puis pas bien me resoudre à supposer que vous m'avez oublié, car autrement je vous avoüe que j'ai de fortes raisons pour me persuader que vous avez

R 4 fait

fait serment de ne nous plus faire part d'une ligne de votre écriture. Je ne m'étendrai point sur les sujets, qui pourroient autoriser ce sentiment; un seul suffira pour tous les autres. N'est il pas vrai que vous m'avez envoyé un tonneau de *Stremling* avec un caisson de *Wacholter* excellent, joint à plusieurs pots de conserve admirable? Je ne saurois m'imaginer que cela vienne d'autre part, & je suis bien trompé si mes conjectures sont mal fondées. Cependant vous vous êtes, je ne sai pourquoi, tellement opiniâtré à ne vouloir plus mettre la main sur le papier pour nous, que vous n'avez pas daigné accompagner ce beau présent d'un simple billet, qui marquât d'où il venoit. D'où vient cela, je vous prie? n'en sommes pas nous dignes, ou n'en valoit il pas la peine? Pour moi, je ne sache rien capable de vous disculper, si non qu'en posant en fait que c'est marchandise de contrebande, & qu'il n'est pas permis d'en faire sortir de votre pays.

A ce compte, nous vous en aurons encore plus d'obligation : mandez moi, s'il vous plaît, ce qui en est, afin que nous ne différions pas plus long-tems à en faire nos remercimens à ceux, auxquels nous

le

le devons. Ajoutez à cela, je vous en conjure, encore un coup, un mémoire exact de ce que vous avez de nous entre les mains, y compris le capital que Mr. *Bréant* avoit ordre de vous transporter, avec notre part de l'héritage de ma belle mére, Madame de *Geer*, dont j'aprens que vous avez fait le partage, & faites moi le plaisir de m'en faire tenir les intérêts jusqu'en Juin 1716. que votre terme est échu, parce que suivant notre contract de mariage, toutes ces rentes m'apartiennent, & que je voudrois bien que nos comptes fussent nets, unis & bien réglez. En attendant votre réponse avec impatience, je prens la liberté d'embrasser tendrement ma chére sœur, votre Epouse. Je suis &c.

## LETTRE LXX

*A Monsieur H. W. Rumpf.*

### MONSIEUR,

SI l'on pouvoit juger de la situation des affaires publiques par le tems, que les postillons mettent à nous aporter des lettres de vos quartiers, j'aurois lieu de de poser pour constant qu'elles sont dans un état desirable, puis qu'au lieu de trois mois, votre derniere du 27 de Juin, n'a resté que trois semaines en chemin. Mais j'aprens par vous même, aussi bien que par les gazettes, que vous êtes en plus grand danger que jamais, & que si l'intrépide Charles douziéme s'opiniâtre à ne pas vouloir profiter des offres, que l'on lui fait, vous courez risque d'être dans peu exposez à la fureur de vos ennemis.

Le Roi de Suéde a de l'esprit, il me siéroit mal de gloser sur sa conduite, il vaut mieux avoüer librement que mes vûes étant bornées, je n'ai pas assez de pénétration pour apercevoir l'avantage, qui peut lui revenir d'attendre que l'on fasse une décente dans son pays, & comment cela peut contribuer à recouvrer les forteresses, qu'on lui a prises. Car enfin, on a beau dire, suposé que les assaillans n'y fassent que l'eau toute claire, il me paroit évidemment qu'il y aura toûjours pour lui plus de perte que de profit.

Les Anglois & les Hollandois ont voulu, de notre tems, plusieurs fois débarquer en France, ou bombarder, & brûler quelques places maritimes: quoi qu'ils ayent échoüé autant de fois qu'ils l'ont tenté,

tenté, Louis quatorziéme n'en a pas pour cela profité de la valeur d'un obole; ses peuples au contraire, y ont perdu confidérablement.

Si j'étois berger, j'aimerois toûjours mieux jetter un agneau à une troupe de loups, qui menaceroient de m'affaillir, que de hafarder tout mon troupeau, pour bien armé que je fuffe. Je craindrois que quelques coups, que je leur donnerois, & l'honneur que je pourrois remporter fur eux dans un combat, qui les feroit reculer, ne valuffent pas à beaucoup près, je ne dis pas le dommage, que je serois obligé de foufrir, mais le risque fimplement, que je courrois de voir égorger une douzaine de mes ouailles.

Le genie de ce monarque est tout à fait tourné à la guerre, on a beau dire, & fe tourmenter, il fe batra tant qu'il aura un bataillon, qui voudra obéir à ses ordres. Cela étant, je change de difcours, & abandonne la multitude, dans la réfolution de vous entretenir des avantures d'un particulier.

Je ne fai, Monfieur, fi je vous ai dit autrefois que d'un nombre d'enfans, que j'ai eus avec ma premiere femme, j'en ai encore fept de refte, quatre filles &

trois

garçons. Le dernier, qui étoit Enseigne dans *Lauwik*, n'a pour ainsi dire, aucun vice : cependant après avoir été plusieurs années Officier, & étant sur le point d'être avancé, il eut querelle avec un Enseigne de son bataillon, nommé Mr. *van Alphen*; ses prétendus amis, jugeant que son honneur y étoit intéressé, voulurent qu'il lui envoyât un cartel ; ils se batirent dans les formes, & l'agresseur fut tué sur la place.

Le malheur voulut que ce maudit billet fut trouvé dans les culotes du défunt. Là dessus mon fils, qui s'étoit réfugié chez moi, fut reclamé, & adjourné, mais ne comparoissant qu'en la personne de ses Avocats, il fut jugé par contumace, & suivant les loix, faites contre les duels, cassé & déclaré inhabile pour jamais, par les Magistrats de *Gorcum*, qui étoit le lieu de sa garnison : il me fut impossible de parer ce funeste coup.

Ne sachant que faire de ce garçon, qui avoit justement alors vingt deux ans, je m'adressai à bien des personnes de considération pour voir s'il n'y auroit pas moyen de lui procurer de l'emploi ailleurs. Il se trouva que les Puissances étrangéres faisoient partout des réductions considérables,

bles, & qu'il n'y avoit abſolument rien à obtenir. Le pauvre infortuné ſe laſſant d'attendre, & de me voir conſumer inutilement en frais pour l'amour de lui, réſolut d'aller aux Indes.

Bien des Députez à l'Amirauté me promirent de l'accommoder d'une place de Commandeur. Dans ces entrefaites je me mariai avec votre parente. Celle-ci ayant pris connoiſſance du fait, ne crut pas qu'il fut néceſſaire de diférer ce voyage plus long-tems, puis que ſelon elle, il ſufiſoit qu'elle eut un Neveu à *Colombo*, qui étoit en état d'avancer mon enfant ſans ſon préjudice, & qu'ainſi il n'avoit qu'à partir hardiment, à quelque condition que ce fut. Il s'en alla ſur ſa parole, chargé de ſes recommandations, en qualité d'Apointé, il y a près de deux ans.

Juſqu'à preſent je n'avois point reçû de ſes nouvelles. Il vient de m'en arriver un gros paquet avec cinq livres de Thé pour ſa mere, quelques autres bagatelles deſtinées à ſes ſœurs, & un journal de ce qui lui eſt arrivé de plus remarquable pendant ſon abſence, joint à une lettre très civile & très obligeante de mon Neveu Iſaac *Rumpf*, pour moi. Et d'autant que ma chére *Louison* ne doute nullement que vous ne vous intéressiez dans ce qui me regarde, & qu'elle vous a toûjours connu extrémement curieux, dans la persuasion, où elle est que je vous serois plaisir de vous envoyer un extrait du voyage de ce jeune homme, elle ne m'a point laissé en repos que je ne lui aye promis de la contenter. Si j'ai bien fait, vous ne devez m'en savoir aucun gré, mais si j'ai péché, je vous prie de lui en attribuer aussi la cause, puis que de mon propre mouvment, je me serois bien gardé de vous entretenir de semblables bagatelles.

Pour entrer donc en matiere, Monsieur, il partit du Tessel dans l'Amazone, commandée par le Capitaine *Quelier*, le 16. de Novembre 1714. à la faveur d'un vent frais, qui les faisoit avancer considérablement. Le lendemain il devint malade, son indisposition dura quelques jours, néanmoins il ne laissoit pas d'annoter ce qui se passoit dans son vaisseau. Il a eu beau être précis, je ne trouve rien de considérable dans ses mémoires jusques au 22. de Janvier 1715. qu'ils parvinrent sous la ligne équinoxiale, où il ne trouva pas la chaleur à beaucoup près, si excessive qu'on avoit voulu le lui persuader,

suader, ce qui venoit aparemment de ce que le Soleil n'étant pas fort éloigné du solstice du Capricorne, il devoit avoir autour de vingt degrez de déclinaison, & ne leur darder ses rayons que par des lignes obliques. Le 24. il fit un sonnet sur l'anniversaire du bourru de Capitaine, qui en parut fort content, & lui en témoigna sa reconnoissance.

Le 9. de Février ils virent une Trompe, qui obscurcit le ciel dans un instant, & causa des éclairs, des tonnerres & des pluyes, qui les epouvantérent. L'onziéme deux corbeaux, qui les avoient suivis depuis leur départ, & qu'ils regardérent long-tems comme des oiseaux de mauvais augure, les quitérent; d'autres d'une espéce differente, se joignirent à eux, qui ne manquoient pas un jour de se montrer dans leur navire à midi : pour s'assurer si c'étoient les mêmes, ils en prirent un, & lui ayant fait un collier d'étoffe rouge, ils eurent le plaisir de le voir revenir précisément au moment qu'ils dinoient, quoi que souvent ils le laissassent aller exprès sans lui avoir donné à manger.

Le douziéme ils prirent un Haye ou mangeur d'hommes, de la longueur de vingt

vingt piez, que trois petits, qu'il avoit, n'abandonnérent point qu'il ne fut mort: il y a de ces monstres de poissons, qui font une fois plus grands! Le 2 de Mars les bonnes gens eurent une tempête épouvantable, qui dura jusqu'au 10.

*Là, l'Olimpe s'abaisse, une vague en fureur,*
*Les guindant dans les airs, leur en montre la porte,*
*Mais à son ouverture, une autre les emporte*
*Jusqu'au fond de l'Abime, où régne la terreur.*

Le 30. ils arrivérent au Cap de Bonne-Espérance. Le 6. d'Avril il fut porté à terre, où des *Hotentots*, après lui avoir dit, *Wel kom, myn Heer van Delft*, dans la pensée où ils sont, que tous les Hollandois sont de cet endroit là, ils se chargérent de ses hardes, & le ménerent dans une hotellerie. Ses premiers soins se terminérent à aller faire la révérence au Gouverneur, Mr. de *Chavone*, grand ami de feu mon frére le Colonel. Il en fut reçû à bras ouvers, & d'une maniere tout à fait honnête. De là, il fut trouver Mr. de *Beaumont* le Fiscal, & en le traitant de Cousin, lui rendit une lettre de sa mére. Cette honnête homme lui fit d'a-

bord

bord mille civilitez, & le força d'accepter sa table pour tout le tems qu'il séjourneroit là, lui jurant qu'il étoit au desespoir qu'une cousine, qui devoit dans peu se marier, & plusieurs de ses amis, qui remplissoient sa maison, l'empêchoient de lui offrir une chambre. Il y passa neuf semaines, pendant lesquelles il se divertit avec tout ce qu'il y avoit là de plus poli. Il fut aussi de la noce de Mr. *Resou*, qui épousa en effet la parente de son bien-faiteur, & où tout se passa avec autant d'ordre, de grandeur, de magnificence, que si ç'avoit été dans l'une des principales villes de l'Europe. Monsieur le *Fiscal* ne se borna pas à cela, il prétendoit absolument faire des affaires à *Queller*, de ce qu'il n'avoit pas eu en chemin les égards qu'il devoit avoir eus pour un jeune Gentilhomme, qui lui avoit été expressément recommandé. Mais mon fils n'y voulut point entendre; au contraire, il lui aida à se purger de plusieurs faits, dont Mr. *Trip*, qui étoit dans son Bord, avec titre de sous-marchand, l'accusoit, en attribuant la cause principalement à son ivrognerie: il se contenta que cet homme de sac & de corde lui fit des excuses & des soumissions en presence de ses soldats & matelots, qui ne pouvoient s'empêcher d'en rire sous cape.

Il est inutile de vous dire, Monsieur, que le Cap n'est qu'un village, dont les ruës sont pourtant tirées au cordeau, & pavées jusqu'à la distance de trois ou quatre piez seulement de la devanture des maisons, qui ont leurs murailles bâties de pierres blanches, & leurs toits construits d'une matiere noire comme du jayet: aussi bien que de vous entretenir des mœurs, des loix & des maximes des habitans de ces contrées, puis que vous n'aurez pas manqué de consulter à ce sujet, les plus célébres voyageurs.

Mais je ne saurois m'empêcher de remarquer en passant, que pour peu que les Demoiselles bourgeoises de ce fameux port de mer, qui se visitent fort souvent, voient languir la conversation, ce qui arrive assez aisément, à cause que les jeunes hommes, qui y sont extrémement timides, & qu'elles tiennent dans le respect, n'osent presque jamais ouvrir la bouche, de peur d'encourir leurs censures & leurs corrections, elles ont recours à leurs membres, qu'elles font parler ou craquer, si vous voulez, à l'endroit des jointures, les uns après les autres, pour supléer à ce silence. Cet exercice digne

des

des Dames Africaines, commence ordinairement par les doigts, de là, elles passent au poignet & aux bras, puis au cou, qui craque quatre fois, les reins & les vertébres seize, & ainsi du reste: de sorte qu'il n'y manque que le craquement des païsans de *Westphalie* pour être complet. J'ai bien leu des livres en ma vie, mais je n'ai jamais trouvé cela dans aucun, ce qui fait que je n'ai pas cru le devoir omettre.

Enfin le navire *Loofdregt*, que commandoit le Capitaine *Baudewyn Overmeer*, arriva. Etant destiné pour *Ceilon*, mon fils se mit dedans, à dessein de terminer son voyage. Il y eut ici bien du changement dans ses affaires, car au lieu qu'il avoit été traité fort cavalierement dans le premier, dans celui-ci il avoit la table du Chef, qui le consideroit beaucoup, une chambre pour son gîte, & de jour il étoit sur le Pont ou dans la Cajute, où il avoit voix délibérative dans toutes les conférences de plaisir. Mr. de *Beaumont* lui avoit procuré ces avantages, à la considération de Madame *Tyssot*, & de sa belle sœur, Madame *Rumpf*; je lui en ai assurément bien de l'obligation. Je passerois volontiers outre, pour satisfaire

faire au defir que vous avez de les voir profiter du beau tems, & fe remettre en mer, mais outre qu'il eft jufte de leur accorder quelques momens pour prendre congé de leurs amis, qui les ont conduits à la rade, & recevoir encore d'agréables rafraichiffemens, j'apréhenderois que mon paquet ne devint trop gros & que l'on ne vous en fit payer double port.

Nous fommes dans des tems facheux, il ne faut pas donner de trop grandes faignées à la bourfe d'un Miniftre, à qui la *Nort-Hollande* doit plus de douze mille écus de fes gages, & qui n'en a peut être qu'environ vingt mille de fes revenus à dépenfer tous les ans; nous remettrons le refte à la huitaine. Je fuplie cependant Madame *Rumpf* d'agréer avec vous, les offres de refpects de ma famillle, & de croire que je n'ai pas moins de vénération pour fa perfonne que d'empreffement à vous témoigner que je fuis, &c.

# LETTRE LXXI.

*au même, sur le même sujet*

## MONSIEUR,

IL n'y a point de doute, la confirmation en vient de toutes parts ; les Turcs ont été batus à plate couture : le Prince Eugéne de *Savoye* a remporté une victoire complette sur eux, & il y a toutes les aparences imaginables que ces peuples Asiatiques, soutenus de leur St. Pere le Mufti, qui n'inclinoit point du tout à la guerre, vont contraindre le Sultan à faire la paix avec les Chrétiens. Quelle agréable violence pour un Monarque, de lui procurer du repos, & le mettre en état d'augmenter considérablement ses finances, ou satisfaire avec plus d'éclat à ses passions ; car les revenus de l'Etat ne diminueront pas pour cela, au moins. C'est une maxime établie presentement parmi les Princes, que la moindre rupture les autorise à charger les peuples de nouveaux impots, mais qu'il n'y a point de raison, qui les engage à les exemter de les porter toute leur vie. Il seroit à souhaiter que nous

nous profitassions de l'exemple de ces pacifiques Musulmans, & imposassions la nécessité à nos Souverains de ne point épuiser leurs pays d'hommes & d'argent par des mesintelligences continuelles avec leurs voisins. Mais puisque nous aurions de la peine à réformer dans la société des abus qu'il est défendu sous peine de chatiment d'envisager que couverts du manteau de l'équité, laissons les choses aller leur train, & revenons pour un moment à notre voyageur, s'il vous plait.

Il me semble, Monsieur, que nous le laissâmes la semaine passée, à la pointe méridionale de l'Afrique, où il étoit prêt à lever l'ancre. En effet le 18 de Juin ils firent voile, & eurent un vent si favorable, que suivant l'estime des Pilotes, ils firent 386. lieuës de chemin en cinq jours.

N'oublions pas une circonstance, digne de votre curiosité, c'est que la Lune de ces quartiers là est si mal faisante que, si l'on est assez imprudent pour se coucher dans un lit, ou se tenir à une fenêtre, où l'on soit exposé à ses rais, on n'en revient que la bouche de travers. Il est vrai que c'est une incommodité, qui ne dure ordinairement que vingt quatre heures

heures ; mais elle ne laisse pas d'être extraordinaire : ils en ont fait plusieurs fois l'expérience, & ce qui doit en confirmer la vérité, & oter tout prétexte de le révoquer en doute, c'est que ces inconvéniens n'arrivent jamais lors que cette Planette est aux environs de sa conjonction, où elle n'a aucune force, & ne rend même presque point de clarté. Au commencement de Juillet, ils repassérent la ligne, sans aucune incommodité considérable.

Quelques jours après ils prirent une grosse Tortuë, à laquelle ils ouvrirent le ventre, d'où il sortit 966. œufs ronds, de la grosseur d'une petite bille, destituez d'écaille, & seulement envelopez d'une membrane assez dure. Ils avoient plusieurs de ces animaux encore petits, dans leur batiment, qui s'accordoient tellement bien avec les poules Hollandoises de l'Equipage, que quand on apportoit du grain à celles-ci, s'il arrivoit que quelques unes de celles-là dormissent, ces pauvres bêtes les éveilloient à grands coups de bec, & ne cessoient de les harceler, qu'elles n'eussent allongé le cou pour manger avec elles.

Leur Navigation fut heureuse, ils arrivérivérent le 14. de Juillet à Tutecorin, où selon la coutume, ils furent obligez de rester jusqu'à nouvel ordre.

Aussi tôt qu'ils eurent mouillé, il vint quantité d'honnêtes gens à leur Bord, les féliciter de leur arrivée : le Fiscal de *Haan* étoit de ce nombre ; d'abord qu'il eut apris qu'il y avoit là un Passager, qui étoit parent de Mr. *Rumpf*, il lui ofrit sa maison & sa table, qu'il accepta sans hésiter, s'imaginant vrai-semblablement qu'il en devoit aller là comme dans ses anciennes marches, où souvent il étoit billeté chez des gens, qui devoient le loger & le traiter à discrétion.

Il resta là trois semaines, durant lesquelles chacun ne cessa de se donner la géne à inventer dequoi lui faire passer agréablement le tems.

Ils partirent de cet endroit le 5. d'Août, & le lendemain ils abordérent à Colombo, transportez de joye de ce que la Providence leur avoit fait la grace de franchir un si grand trajet de mer en si peu de tems. Ici mon Enseigne mit pié à terre, sans en demander la permission à qui que ce fut, & s'en alla trouver son Cousin, qui le reçût, ni plus, ni moins, que s'il en avoit été le pére. Il fut aussi
ren-

rendre ses devoirs à Mr. le Gouverneur *Becker*, qui ayant apris de lui même qu'il avoit été Officier au service de Messieurs les Etats, lui fit un très favorable accueil, & s'engagea de contribuer à son établissement de toute sa puissance.

Mon Neveu préocupé, sans doute, en sa faveur, trouva qu'il avoit du génie, son écriture lui paroissoit assez bien peinte, & ne doutant point qu'on ne dût faire fond sur les témoignages, dont je l'avois pourvû, de son bon comportement, il fit augmenter ses gages de trois ducatons par mois, & lui proposa de rester dans sa maison, à condition qu'il prendroit soin avec lui de ses affaires, jusques à ce qu'il lui eut procuré une charge, dont il pût largement subsister. L'offre étoit trop avantageuse pour la refuser, il y consentit avec joye, & s'en est très bien trouvé, puis qu'il a pour ainsi dire, tout commun avec ses hôtes, qui ne prennent aucuns plaisirs qu'il n'y participe. Cependant ils sont grands, ces plaisirs, ils reviennent fort souvent, & ils les multiplient, ou accumulent tellement les uns sur les autres, qu'ils ne font point de repas sans violons & autres instrumens de musique. Aussi puis-je protester qu'il par-

parle de son Cousin & de sa Cousine comme des deux premieres personnes de l'Asie, les autres ne sont rien, au prix d'eux. Il prend le Ciel à témoin qu'il n'en a jamais connu, qui possedassent plus de perfections à la fois. Lui est bien fait, agréable, savant, éloquent, généreux, honnête, bon à l'excès: elle haute, belle comme un Ange, plus blanche qu'un cygne, elle a le port grand & majestueux, infiniment de l'esprit, de la modestie, de la douceur, de la vertu: en un mot, ils ont des qualitez sublimes, & sont d'une magnificence si extraordinaire, en meubles, en vétemens, en joyaux, en bonne chére, qu'ils surpassent tout ce qu'il y a d'Habitans dans Colombo: de maniere qu'encore qu'il fut en habits de toutes couleurs, avec des vestes simples, piquées & galonnées, autant bien qu'aucun subalterne de son Regiment, il a été obligé de faire de nouveau, une dépense de trente ou quarante pistoles, afin de se mettre en quelque façon, en état de les égaler en propreté, & de pouvoir paroître avec eux dans les meilleures compagnies.

Colombo est une ville belle & spacieuse, ses ruës sont larges, droites & plantées de deux rangées d'arbres, qui leur donnent bien de l'agrément. Les

Les demeures ont assez d'aparence, quoi qu'elles ne soient qu'à un étage. Elle contient avec ses dépendances 36000. Chrétiens, & tout Ceilon 122000. Ce nombre, qui est considérable, augmente néanmoins encore tous les jours par la quantité de Payens, qui y accourent de toute part pour se faire batiser, mais plus par un zéle aveugle que par un principe de dévotion, puis qu'en effet, ils n'ont non plus de religion que des bêtes.

Les femmes y sont lâches, molles, & d'une paresse, qui nous les rend haïssables, jusques là que s'il leur arrive de laisser tomber leur mouchoir, elles aimeront mieux s'enrouer à apeller une esclave pour le ramasser, que de prendre la peine de le relever elles mêmes.

Toute leur occupation, depuis le matin jusqu'au soir, consiste à découper de certains fruits de la forme & de la grandeur des plus grosses noix muscades, nommez *Arréék*, & à en enveloper la moitié d'un dans trois feuilles de *Bétel*, semblables à celles de nos meuriers, qu'elles ont premierement enduites de chaux, démêlée avec de l'eau, de sorte que cela fait ensemble un paquet, qu'elles peuvent mettre dans la bouche, & qu'elles mâchent machent pendant une demi-heure, avant que d'en reprendre un autre. Cela les fait cracher considérablement, & leur rend les lévres rouges comme du sang.

L'Isle, qui a autour de 350. lieuës de circuit, située sous un climat sain & avantageux, est fertile & abondante en or, en perles, en pierreries, en canelle, en ris, & autres productions précieuses de la nature: les vivres y sont en abondance & pour rien. Le plus considérable des Princes, qui la possédent, est le Roi de *Candéa*, qui se nomme aujourd'hui *Wiraparacraama Nar:een dresinga*. C'est avec ce Monarque que les Hollandois font le plus grand commerce, & lequel ayant plusieurs centaines de mille Mores sous sa dépendance, doit être extrémement ménagé. Aussi a-t-on soin de lui envoyer souvent des Ambassadeurs, chargez de magnifiques presens, pour se bien entretenir avec lui. Mon fils a déja promesse actuelle, que si son Cousin devient Gouverneur au lieu de celui, qui l'est à present, & qui a demandé sa démission, il ira en cette qualité, lui en porter la nouvelle, parce qu'on le croit fort capable de cette commission. Admirez après cela, Monsieur, comment la fortune se joüe des pauvres mortels. *Quand*

*Quand le Lion rugit, ou que le Taureau beugle,*
*Un simple Philosophe en connoit la raison;*
*Mais qu'un petit Cadet illustre sa maison,*
*C'est un effet du sort; la Fortune est aveugle.*
*Mon fils n'a le cerveau ni l'esprit de travers,*
*Il a lû de la prose, il fait de méchans vers,*
*Et n'est rien moins que neuf dans la Mathématique.*
*Dans le fond cependant ce n'est qu'une bourique,*
*Qui mérite d'avoir titre d'Ambassadeur,*
*Comme moi d'être ici nommé votre Grandeur.*

Il est vrai que ce jeune homme semble être né sous une heureuse Constellation, il n'a tenu qu'à sa propre mére que la Princesse de *Coerlandt*, qui étoit ici, il y a douze ou quinze ans, pour des affaires de conséquence, qu'elle avoit avec le Roi d'Angleterre, son parent, ne l'emmenât en qualité de Page, avec promesse actuelle de lui procurer beaucoup de bien; cette Dame ne pouvoit pas être un seul jour sans le voir à sa table: elle le menoit presque par tout avec elle, & le traitoit comme son enfant.

Dans toutes les garnisons, aux siéges, batailles & autres rencontres, où il s'est trou-

trouvé, il a toûjours eu le bonheur de plaire à tout le monde, & d'échaper aux plus visibles dangers; & dans le tems qu'on le croit perdu, se trouvant sans emploi, proscrit, & contraint d'abandonner sa patrie, la Providence lui suscite une Belle-mere, qui par ses instances lui attire la protection & la bienveillance de personnes bien intentionnées, qui selon toutes les aparences, lui vont fournir les moiens de s'élever bien plus haut qu'il n'auroit peut être fait dans son propre pays; la volonté de Dieu soit faite, c'est lui, qui gouverne tout comme il lui plaît, & auquel je me référe entiérement.

Quoi qu'il soit cependant l'unique cause de tous les événemens sans exception, c'est toûjours selon moi, d'une manière indirecte, & je suis de ce sentiment que, si ce souverain être est digne de nos adorations; par raport aux vûës, qu'il a de nous faire du bien, nous devons avoir de même du respect pour les instrumens, dont il se sert à nous l'apliquer, & à nous en donner la jouissance. Suivant ce principe, je ne connois point d'expressions, assez fortes, pour témoigner à mon cher Neveu, & à ma bien aimée Niéce, les obligations, que

que je leur ai. Elles sont si profondément gravées dans mon ame, qu'il n'est pas possible que je les oublie de ma vie : & je m'assure que l'objet de leur générosité en sera aussi à jamais infiniment reconnoissant, comme je ne doute pas qu'il ne le témoigne à ma sœur *Rumpf*, par la lettre qu'il m'a envoyée pour elle, & que je lui ai fait tenir, il y a peu de jours.

Si je puis de mon côté, faire quelque chose pour sa famille, ce sera avec bien du plaisir.

Obligez moi de l'assurer de mon obéissance : nous faisons aussi nos complimens très humbles à Madame, votre Epouse, & je reste en mon particulier &c.

## LETTRE LXXII.

### à Monsieur C. Rumpf.

Monsieur mon cher Neveu.

J'Ai bien reçû votre agréable lettre, datée de la maison ambulatoire ou du jacht de Mrs. les Députez, pour la revûë des garnisons de nos Barrieres. Comme le voyage, que vous entreprenez, est proprement un voyage de plaisir, il m'est aisé d'en conclure que vous jouissez infailliblement d'une santé parfaite; je souhaite de tout mon cœur qu'elle ne reçoive aucune altération, capable d'interrompre le cours de vos divertissemens : car pour de l'occupation, je prévoi bien que vous n'en aurez pas beaucoup, & que vous serez là, je n'ose pas dire comme seroit une cinquiéme roue à une machine roulante; mais par formalité, & pour donner plus de lustre à cette Commission.

Parlons sérieusement, & entre nous, ces sortes de députations en général, sont elles bien nécessaires, & ne pourroit on pas s'en passer? ou au pis aller, ne seroit-il pas possible de les faire à moins de frais? L'Etat est sans doute composé de membres sages, & ausquels je n'oserois m'ingérer de donner des conseils. Car autrement il y a bien des gens, qui s'imaginent avec moi, qu'il sufiroit que les Colonels fussent engagez par serment & sous peine de cassation, à tenir les Compagnies de leurs Régimens complettes, & que pour plus grande sureté on ordonnât aux Gouverneurs & Commandans des places de faire toutes les six

semai-

semaines, plus ou moins, la revûë de leurs gens de guerre, & de rendre compte à la Régence de l'état où ils les auroient trouvez. Cela ne couteroit pas un sou, & ne laisseroit pas d'aller mieux qu'à cette heure, que chacun tire l'eau à son moulin, & que nos Politiques ont à peine tourné le dos que les Officiers, qui sont jaloux de l'autorité, qu'ils prennent sur eux, pour suppléer en quelque façon au dommage, que leur causent leurs Solliciteurs, les trompent là où ils peuvent, ce qu'ils ne pourroient, ni ne voudroient pas faire, s'ils n'avoient à répondre de leurs actions qu'à leurs Généraux. Car pour obliger ces Messieurs à voyager comme on prétend qu'ils le faisoient autrefois, c'est à dire d'une maniere fort simple & fort économe, c'est ce qui ne les accommoderoit pas.

En effet, ce genre de vie n'auroit point de raport avec des carosses, des habits brodez, & des laquais à livrées. Il faut, comme dans les Mathématiques, que toutes les choses bien ordonnées ayent de la proportion, & que la Majesté du Gouvernement soit soutenuë par l'éclat, que rendent ceux, qui en representent la souveraineté. Mais c'est ce que le peuple n'entend pas, il aimeroit mieux que le faste fut moins grand, & qu'il n'y eût pas tant de vuide dans le tresor public.

Cela me fait ressouvenir qu'étant entré dans un café d'*Utrecht*, à mon dernier voyage de Hollande, je fus surpris d'entendre que de dix ou douze, que nous étions attroupez, il n'y en avoit pas un qui n'alléguât son sentiment sur les moyens de rétablir les Finances.

L'un vouloit que l'on affermât les Postes, ou qu'on les fit exercer à peu de frais, au profit de la République. Un autre prétendoit qu'il étoit nécessaire de réduire le nombre prodigieux de Receveurs à la moitié, ou à un tiers. Nos Provinces sont pleines de ces gens là, disoit il, qui s'estiment pour la plûpart trop grands seigneurs pour exercer leur emploi. Ils aiment mieux s'en décharger sur un substitut, qui est souvent un homme de rien, & qui pour se donner des airs de Mr. le Receveur, qu'il prétend être, aussi bien que son principal, tyrannise les paysans, & ceux qui ont à faire à lui.

Ne sufiroit il pas de ce maran, ajouta-t-il, à qui l'on donneroit cinq ou cents francs tous les ans, & qui seroit obligé de de rendre ſes comptes tous les ſix mois, ou au moins, tous les nouvel-ans, à ſes Magiſtrats ? Sans point de doute. Les ſommes de deux, trois, juſqu'à huit ou dix mille francs, que le premier tire inutilement, ſeroient bonnes pour être employées ailleurs. Ou ſi l'on veut de gros Receveurs, il faudroit combiner toutes les petites recettes, & engager ces Meſſieurs là à travailler eux mêmes avec quelques Clercs, puis que ce ſont dans le fond des places ſerviles & méchaniques, qui ne demandent, ni eſprit, ni lumieres, ni naiſſance, & où il ne s'agit que de compter des eſpéces. Il n'y a point de femme, qui ne ſoit plus capable de cela, que d'un négoce un peu étendu dans une bonne boutique bien achalandée.

Comme nous ſommes dans un pays de liberté, il y eut un vieillard, qui étoit, ſi je ne me trompe, de *Leiden*, lequel fut aſſez hardi pour attaquer même la Régence. Il auroit vû avec plaiſir la diſſolution de la Chambre des Comptes, qui ne répond qu'à Dieu ſeul de ſes actions, & contre laquelle bien des gens ſe récrient. Il en vouloit terriblement aux *Gecommitteerde Raden*, qu'il croyoit auſſi fort inutiles. Il n'aprouvoit point

ces

ces fréquentes assemblées des Etats Provinciaux, qui épuisent les habitans, & forcent par là les Souverains à augmenter les impots, & à violenter ceux, qui leur ayant confié leur bien, à de certaines conditions, se voient frustrez d'une bonne partie des revenus qu'ils en devoient tirer, nonobstant les engagemens, & les promesses actuelles, qui avoient été faites de ne charger jamais ces derniers là, dans quelques pressantes nécessitez que se trouvât la Republique. Non seulement, poursuivit il, cela est desolant, mais il a sensiblement diminué notre crédit dans les Cours étrangéres, comme tout le monde le sait.

Plusieurs s'imaginoient que le nombre des personnes députées au Collége des Etats Généraux, étoit exorbitant, & qu'il suffiroit qu'on en envoyât un ou deux au plus de chaque Province à la Haye, où ils devroient toûjours rester, comme l'on se contente d'avoir dans chaque Cour un Ministre d'Etat, pour y prendre soin des intérêts du Païs.

Ils convenoient tous que le remplacement des Officiers réformez étoit absolument nécessaire, tant pour les tenir en haleine, que pour se décharger des pensions, fions, qui leur ont été affignées; au lieu qu'ils defaprouvoient entierement la maudite maxime que l'on a de donner par exemple, à un Capitaine, qui prétend qu'on lui a fait tort, un brevet de Major ou de L. Colonel, & de le mettre au piquet, en lui conservant sa compagnie: & il n'y en avoit point qui ne fulminât contre ce nouveau Collége général & extraordinaire, qui s'eft formé exprès pour aviser aux mojens de rémédier à tout, & qui n'aboutit à rien. Enfin, ils auroient fort defiré que les impots établis fur toutes fortes de denrées, ne fuffent plus afermez, parce que les maltotiers font ceux, qui y profitent le plus, ou qu'il arrive fouvent qu'ils font de confidérables banqueroutes, foutenant qu'il feroit beaucoup meilleur de taxer les familles, ou affujettir les Marchands & les Brafleurs d'un côté, à ne rien vendre que le droit n'en fut payé, & établir de l'autre, des furveillans, qui priffent garde qu'il ne fe commit aucune fraude.

Chacun ayant là le droit de dire fon fentiment, je pris la liberté de leur faire comprendre qu'à proprement parler, il ne nous convenoit pas de cenfurer les maximes de nos fupérieurs,

& qu'outre cela il me sembloit que la source de notre mal venoit de nos propres desordres. La pompe, Messieurs, leur dis-je, le luxe, la vanité, la bonne chére, les débauches de notre jeunesse, sont les sources de nos malheurs ; à quoi la modestie, la frugalité, la bonne foi, la tempérance, & cette ancienne simplicité Hollandoise, dont nos Ancêtres se sont si fort piquez, pourroient aporter du reméde, & nous rendre de nouveau redoutables à nos voisins : sans cela je prévoi que nous sommes menacez de quelque terrible révolution. J'ajoutai à cela que, pour contribuer de mon côté à remettre les choses en leur entier, j'avois imaginé une Loterie, où les moindres prix seroient de mille, les autres de plus consécutivement depuis deux jusques à cent mille francs ; & où ceux qui tireroient des billets blancs ou mauvais, dont il y en auroit cinq contre un bon, auroient, en conséquence d'un million de livres, que garderoit la Souveraineté, à trois pour cent, des rentes viagéres, la premiere année petites à la vérité, mais qui augmenteroient tous les ans, suivant la quantité des personnes intéressées, qui seroient cependant décédées, jus-

qu'au

qu'au dernier vivant, après quoi ce capital resteroit en propre au Pays.

D'où il paroît, continuai je, que ce moien de trouver de l'argent seroit très avantageux, tant pour l'Etat que pour les particuliers; pour l'Etat, en ce qu'il toucheroit dix tonnes d'or à un si petit intérêt, tant qu'un de ceux, qui auroient contribué, & n'auroit point eu de prix, seroit en vie, & après plus : & pour les particuliers, puis qu'ils auroient la satisfaction de voir qu'au pis aller, on leur compteroit à jour nommé, les rentes de leurs deniers, qui ne cesseroient de grossir toutes les années, de manière qu'à la fin elles raporteroient cent pour cent & davantage, jusqu'au dernier, qui toucheroit seul la somme entière de trente mille francs, qui seroient les revenus du dit milion. Et que l'on ne pense pas, poursuivis-je, qu'il en coutât un sou de plus à la Régence, si une semblable Loterie s'entreprenoit, comme cela se pourroit aisément, non une seule, mais autant de fois que la nécessité le requerroit. J'indiquerois un moien pour se paier des frais, qu'il faudroit faire pour en collecter les deniers, la tirer &c. & un autre pour faire subsister, sans son secours, un

Rece-

Receveur, que l'on établiroit pour calculer tous les ans à quoi se monteroit le revenu de chacun des pretendans, à recevoir ou examiner leurs atestations à vie, & à leur distribuer leur portion.

Chacun aprouva ma Loterie, & s'engagea d'abord à y mettre un lot, au moins sur chacun de ses enfans. J'ai sçu du depuis que cela avoit fait du bruit dans cette ville là, & qu'on auroit été curieux de savoir le dénoüement d'un projet, où il paroit avoir du mystére, & qui en effet est sans exemple. Mais l'apréhension, où je suis, pour plusieurs raisons, qu'elle ne s'y remplit pas, m'a fait fermer l'oreille à tout ce qu'on m'en a dit, comme l'impossibilité, où je me trouve, de remédier aux abus, que l'on veut qui se commettent dans la direction des affaires publiques, m'oblige à imposer à ma plume un juste silence. Outre que j'aperçois, à ce qui me reste de papier vuide, qu'il est tems de vous marquer que je vous suis fort redevable, mon cher Neveu, de la peine, que vous vous êtes donnée, à l'égard de mon Libraire. Je ne sai quélles raisons il a de ne pas imprimer l'ouvrage, que je lui ai confié : il ne me le dit point ; mais de quelque nature

ture qu'elles soient, il est sûr qu'il en agit très mal avec moi.

Enfin, je vous remercie des complimens, dont vous avez eu la civilité de charger pour nous mon Collégue *Roel*: il avoit été trois jours en ville, lors que m'étant rendu à l'Auditoire, j'apris son heureux retour; je revins à mon ordinaire, à midi, de la leçon, & au lieu d'aller voir de mes amis à la campagne, comme je l'avois résolu, j'entrai dans mon cabinet, où pendant que l'on dressoit la soupe, j'écrivis à ce Professeur le billet rimé, que vous trouverez ci dessous, pour lui demander visite. Il me fit dire que sa veine étant moins fertile que la mienne, il se bornoit à m'assurer en prose, que je serois le très bien venu.

Nous passâmes en effet l'après dinée fort agréablement ensemble. Ce fut alors qu'il s'aquita de la commission, que vous lui aviez donnée. Nous parlâmes de vous assez long-tems, & il me dit que vous aviez été de compagnie avec mon Neveu Constantin *Rumpf*, vous divertir à Scheveling. Il vous fait bien des amitiez, & vous souhaite avec moi & votre Tante, à l'un & à l'autre, dans vos differentes Commissions, toute la satisfaction

tion, que vous en devez raisonnablement attendre.

N'oubliez pas aussi tôt que vous serez revenu, de me faire un récit juste de ce qui vous sera arrivé pendant votre absence : vous aurez sans doute alors bien des choses à me conter, puis que suivant le calcul de Mademoiselle *Gemnig*, on ne vous reverra à la Haye que dans deux ou trois mois, de sorte que je ne pourrai pas manquer d'y trouver dequoi me divertir. Je suis &c.

## LETTRE LXXIII.

### à Monsieur de Keppel.

MONSIEUR,

Une vérité, dont je suis caution, en hypothéquant pour la seureté des intéressez, cinquante années d'expérience, est que les objets extérieurs font une si grande impression sur nos sens, que les images en passent à la postérité, & se communiquent des peres aux enfans.

Une brebis, qui n'a jamais vû de loup, fremit d'horreur au moment qu'il s'en presente un à ses yeux, parce que ses an-

ancêtres en ont été maltraitez; & des oiseaux, qui ne font que sortir du nid, fuyent le chasseur à la vûë d'une arme à feu, & à l'odeur de la poudre, à cause que ceux, qui les ont engendrez, en ont été frappez, ou épouvantez. Et cela est tellement vrai, que dans les pays inhabitez, que l'on a découverts depuis qu'on excelle dans la navigation, les animaux y sont si privez, qu'ils se laissent aprocher & prendre souvent à la main.

Nos parens timides & superstitieux ont cru aux fantomes & aux songes, il faut que nous y croyons de même; nous sommes héritiers de leurs biens, la nature veut que nous le soyons aussi de leurs erreurs: l'étude de la Philosophie ne sauroit nous en dispenser entièrement, & s'il nous arrive d'en venir jusqu'à être convaincus de la nullité de ces êtres chimériques, & séducteurs de notre raison, nous avons encore assez de foiblesse pour rester irrésolus & indéterminez, sur leur existance, lors que la moindre aparence trompeuse nous y porte.

Feu Mr. *Ninaber*, Pasteur de *Wilp*, que vous avez bien connu, ajoutoit aussi peu de foi aux aparitions des demons, & aux rêveries des dormans, qu'aux visions

de

de l'Alcoran. Cependant il m'a avoüé lui même qu'un seul incident l'avoit jetté dans le trouble.

Il étoit à *Kampen*, couché chez un de ses amis, sa femme lui dit à son réveil, qu'elle avoit vû dans le sommeil des larrons, qui étoient entrez dans leur maison, & les avoient volez, qu'elle étoit fort accoutumée à avoir des avertissemens semblables des malheurs, qui devoient arriver à sa famille, qu'il ne falloit point mépriser celui-ci : enfin elle assaisonna ce récit d'exemples, en aparence si plausibles, & sut si bien épouvanter ce prétendu intrépide mari, qu'ils quittérent la ville, où ils avoient fait dessein de rester encore douze ou quinze jours, & partirent incontinent pour leur village au grand étonnement de leurs hôtes, qui se moquoient de cette vaine crédulité. Ils trouvérent tout en si bon état chez eux, que le Ministre étoit fâché d'avoir perdu inutilement une si belle occasion de se divertir à peu de frais, il en vouloit du mal à sa Compagne, & ne cessoit de la railler aigrement sur l'explication, qu'elle donnoit à ses songes creux. Elle, de son côté, soutenoit que la révélation, qu'elle avoit euë, devoit nécessairement avoir

avoir son accomplissement, mais que le tems n'en étoit sans doute pas encore venu, & qu'il n'avoit seulement qu'à se tenir sur ses gardes.

En effet, au bout de trois semaines, qui étoit, disoit elle, le terme qu'ils devoient être absens, les Brigands vinrent, qui cassérent d'un levier un barreau de fer, & entrérent par une fenêtre dans un apartement, d'où ils emportérent ce qu'ils voulurent, sans que le Théologien, qui étoit à demi mort de peur de les entendre rire & parler tout haut, se mit en devoir de les en empêcher.

Quoi que cela arrivât casuellement, & dans un tems, où tous les Pasteurs des environs à la campagne avoient eu un sort semblable, ce qui avoit aparemment donné lieu au rêve de la bonne femme, il ne laissa pas d'afecter si fort l'esprit de cet honnête homme, que lors que l'on traitoit cette matiere en sa presence, il paroissoit décontenancé, & ne savoit plus quel parti prendre.

J'ai une femme, Monsieur, qui a manqué de me faire donner dans le piége de la même maniere. Il y a autour d'un mois que, s'étant éveillée à la pointe du jour, elle se mit à me raconter comment
on

on lui étoit venu annoncer la bonne nouvelle que Simon, le second de mes fils, qu'elle desiroit passionnément de voir depuis son retour de l'expédition d'Angleterre, n'étoit qu'à cent pas de notre porte. A ce discours il lui sembloit qu'elle étoit sortie avec précipitation, & avoit été ravie d'apercevoir ce jeune homme tout couvert de lauriers, s'apuiant du bras droit sur Mars, & de l'autre sur la Rénommée. Ce songe là, ajouta-t-elle, a quelque chose de misterieux, j'oserois gagèr que mon fils aura dans peu de l'avancement. Nous rimes de sa vision nocturne, qui à son dire, n'étoit pas la centiéme qu'elle eut euë de sa vie, & qui s'étoient trouvées véritables. Quelques jours après, je reçûs une lettre de cet Officier, par laquelle il me marquoit que son Capitaine *Debets* venoit, par l'entremise des parens de sa femme, d'entrer dans les Gardes, malgré la noblesse, & & les meilleures villes, qui demandoient Mr. de *Boetselaer*, & qu'ainsi sa Compagnie vaquant, il me prioit de ne rien négliger pour la lui faire obtenir. Son Colonel m'écrivit une lettre fort obligeante sur le même sujet, m'assurant qu'il me seconderoit de toutes ses forces. Je fis

fis incontinent part de ce qui se passoit, à mes amis de Hollande, & entre autres, à Madame S. à laquelle je dis tout net, après quelques petits détours, que nonobstant le crédit de son mari, de ses frères & de ses cousins qui sont forts dans le Gouvernement, je lui gageois cent pistoles contre une tasse de Thé, qu'elle n'emporteroit pas cet emploi pour mon enfant.

Comme il a été seize ou dixhuit ans Enseigne, Lieutenant & Aide major dans le Régiment de Mr. de *Zoutelanden*, qu'il est en droit de parler, par son ancienneté, par sa bravoure, sa conduite, son assiduité, par les lumieres qu'il a dans l'art militaire, & qu'outre cela j'offrois indirectement un présent considérable à des personnes, qui ont sans contredit beaucoup de pouvoir, je doutois si peu du bon succès de ma sollicitation, que je m'aprêtois déja à en entretenir mes meilleures connoissances, & que je me mis à composer par anticipation, les deux différens Rondeaux, dont vous voulez bien que je vous fasse part.

Je n'en demeurai pas là, Monsieur; m'imaginant que ma présence seroit nécessaire sur les lieux ; je pris le chariot
d'*Har-*

d'*Harderwyk*, avec Madame *Tyſſot*, qui voulut être de la partie, ma petite fille Béata, & une ſervante pour en avoir ſoin: vingt heures après nous abordames à Amſterdam. Je n'eus pas plutôt mis pié à terre dans cette ſuperbe ville, que j'allai voir ceux du Magiſtrat, qui ſe devoient trouver à l'aſſemblée des Etats: ils m'aſſurérent tous de leur protection.

Ceux de *Harlem* en firent autant, mais étant arrivez à *Leyden*, j'y apris avec la derniére ſurpriſe que la place, que je demandois, avoit d'abord été remplie par le premier en rang des Capitaines Réformez, ſuivant la reſolution, que l'on avoit priſe, de décharger le Païs d'un nombre conſidérable de penſions, qui contribuoient à l'épuiſer. Cette fatale nouvelle me fut confirmée dans la Chancélerie de la Haie, avec cette circonſtance pourtant que cela n'avoit pas encore été réſumé, ce qui avoit été aparemment la cauſe que ces Meſſieurs, à qui j'avois parlé en chemin faiſant, avoient eſperé qu'on auroit pû y aporter quelque changement à mon avantage.

Un autre ſujet d'étonnement, auquel je m'attendois bien moins qu'à celui-là, c'eſt que m'étant preſenté devant la Dame

me à la gageure, j'en fus reçu avec un froid, qui manqua de me glacer, elle pensa me dire des injures de ce que je la croyois capable de vendre un bon office à qui que ce fut, & principalement à un homme, qu'elle avoit toûjours considéré comme son pére. J'eus beau me défendre, on jura qu'on ne me le pardonneroit qu'à condition que je ne lui tiendrois jamais un pareil langage, & que pour punition de mon crime, au moment qu'elle auroit porté les choses au point, où je les desirois, je compterois les mille francs, que je m'étois ingéré de lui ofrir, à la personne intéressée, pour l'indemniser en partie des frais, que lui causera sa promotion.

Vous voyez par là, Monsieur, qu'il y a peu de fonds à faire sur les songes, & comment on se peut tromper dans les jugemens, que l'on fait de la corruption des humains. Il me sembloit, pour venir à bout de mon dessein, qu'il n'y avoit suivant le proverbe du bâton, disent quelques uns, & du bas-ton, selon moi & la plus saine partie des hommes, qu'à dire à l'oreille de Mr. qu'on n'oubliera pas les étrennes de Madame, ou à boucher l'orifice de sa bourse d'une cheville d'or; l'un &

l'autre a mal réuſſi, il faut eſpérer que nous ſerons plus heureux une autre fois. Ce contretems n'a pas empêché que nous ne nous ſoyons bien divertis à notre voyage; il m'en a couté quelques Louis, mais je ne les regrette point. Je vous entretiendrai à notre premiere vûë de ce qui m'eſt arrivé ſur la route, il y aura de la matiere pour un jour au moins, & dont les particularitez ne vous ſeront pas déſagréables: ſi vous êtes curieux de me l'entendre traiter, tranſportez vous au plus vite ici, de peur que la meilleure partie ne m'échape. J'ai la mémoire extrémement foible, vous le ſavez, & vous n'ignorez pas que, ſi je reſtois plus de ſix ſemaines à vous voir, je courrois riſque d'oublier la liaiſon étroite, que nous avons euë trente ans enſemble, & que je vous ai juré plus d'une fois, que je veux être juſqu'au tombeau &c.

# LETTRE LXXIV,

*à Monsieur de Wynbergen.*

IL est vrai, Monsieur, on ne sauroit le nier, je vous avois promis actuellement de me transporter aujourd'hui chez vous. Un Payen, un Antropophage, un Turc, vous auroit gardé la parole, ou en seroit mort à la peine, je l'avoüe, & je suis si éloigné de leurs sentimens que je ne fais aucun scrupule de ne vous pas tenir la mienne. Mais aussi il y a bien de la différence entre ces animaux là & nous. Les Mahometans sont esclaves, à tous égards, & les Chrétiens ont été affranchis de la servitude de toutes les manieres. *Imo professa, liberti sumus*, & j'oserois même assurer que nous sommes sans contredit un peu libertins. Cela étant, Monsieur, soufrez que je me prévaille des droits & des prérogatives si étroitement attachées à la morale relachée d'une religion aisée & fertile en indulgences, qui s'accommode si bien aux foiblesses de la nature infirme des pauvres créatures, qui sachant qu'elles ne sont en ce monde que pour quelques momens, se chatouillent pour se faire rire, & travaillent incessamment à se procurer du plaisir, sur tout présentement que j'en puis tirer quelque avantage, au lieu que vous n'y perdez que pour quatre jours, la vûë d'un importun, qui vous romt la tête, de mille contes borgnes, & vous réduit en fumée plus de tabac en un mois que la Gueldre n'en produit pendant tout le tems que le Soleil employe à parcourir les signes du Capricorne & du Verseau. J'allois effectivement partir, lors qu'il m'est venu dans l'esprit que lundi se doit faire la vente des livres de feu Mr. *Buning*, il y en a plusieurs parmi, qui ne feront pas mauvaise figure dans ma bibliotheque, je suis obligé de rester ici pour les acheter.

En récompense je vai soigner à vous trouver le voyage du R: P: *Tachart*, au Royaume de *Siam*, pour satisfaire l'envie, que vous avez de le confronter avec celui de M: I. *Massé*, aux terres Australes, & s'il ne se presente point de nouveaux obstacles, j'aurai l'honneur, de vous l'aller porter mécredi prochain, avec de nouvelles protestations que je suis fort respectueusement;

*Tuus Totus &c.*

## LETTRE LXXV.

*à Madame la doüairiere Rumpf.*

**Madame ma très chére sœur.**

JE ne trouve rien au monde, dont l'homme soit moins capable par lui même, que de mesurer précisément le tems, il faut qu'il employe nécessairement des moiens extérieurs pour cela. L'eau & le sable lui ont premierement servi à faire des machines, qui avoient du raport avec le cours du Soleil: ensuite on a inventé les quadrans, puis les pendules, les montres, & les horloges sonnantes. Si l'on étoit toujours d'une même constitution, & que le sang circulât d'une maniere réglée, on pourroit se servir du mouvement des artéres, & diviser un jour naturel par le batement du poux, qui se trouveroit en contenir des miens 86400. ou 60 en une minute, parce que l'espace de l'un à l'autre comprend justement une seconde; mais il n'y a personne qui ignore que le moindre excès, ou une legére altération rend ce batement irrégulier: & que ce seroit de mê-

même s'abuser lourdement que de vouloir pour ces fins, se servir de la pensée, puis qu'à proportion que la joye, les plaisirs, les douleurs & les chagrins, que nous ressentons, sont considérables, le tems ne manque jamais de nous paroître long ou court. De manière que je ne comprens pas, pour le dire en passant, comment le Patriarche Jacob s'est avisé de dire que ses jours avoient été mauvais & de très courte durée, puis que cela est contraire à l'expérience.

J'ai soixante ans sur la tête, c'est un âge fort avancé, Madame ; néanmoins comme je suis d'un très bon tempérament, que je ne sens rien, qui m'incommode, & que j'ai été content de mon sort dans tous les états, où je me suis trouvé, je puis dire avec vérité qu'il me semble que je ne fais que de commencer à vivre.

J'ai parcouru insensiblement près d'un demi-siécle, en qualité d'Amant & d'Epoux, avec ma premiere femme, & quoi qu'il me paroisse naïvement que j'aye été éternellement avec celle, que j'ai aujourd'hui, quand je viens à considérer qu'il y aura tantôt trois ans que nous sommes ensemble, je me sens saisir du der-

dernier des étonnemens, & ne sai ce que ce tems là est devenu ; selon moi, il a passé comme une ombre : de sorte que si cela continuë, je parviendrai à une vieillesse décrepite sans absolument m'en apercevoir, d'où il suit évidemment que je mourrai sans être rassasié de jours. Je rends graces à Dieu de mon bonheur, puis que je n'en puis attribuer la cause qu'à celle, qu'il m'a donnée lui même pour compagne : peut être sufiroit-il de le penser, mais je ne saurois m'empêcher de le dire, C'est sans doute la perle de sexe, à tous égards : la moindre de ses qualitez me charme ; de quelque côté que je la tourne ou envisage, je la trouve bonne à l'excés, toûjours riante, afable, laborieuse, sobre, modeste, sage, économe, & en un mot, infiniment plus parfaite que je n'aurois osé la souhaiter.

Cette vertueuse personne a vû renouveller ses ans le 26. du courant, voila la troisieme fois que cela lui arrive depuis notre heureuse alliance. Je vous ai fait part des vers, que j'ai composez les années précédentes à ce sujet, il est juste de vous communiquer ceux, que

T 4

ma

ma muse a produits pour celle, qui vient d'être expirée.

J'espére, Madame, que comme ils lui ont été extrémement agréables, ils ne vous déplairont aussi pas: vous êtes sœurs, vous vous êtes toûjours parfaitement bien aimées; je ne doute pas que vous ne soyez ravie de ce que nous nous chérissons de même, & que nous ne cessons à l'envi de nous donner des marques réciproques de l'amour sincére que nous nous portons, mais qui, quoi qu'elle soit sans bornes, ne laisse pas de me permettre de vous aimer tendrement, & d'être avec vénération & sans réserve &c.

## LETTRE LXXVI.

### à Monsieur G. Rumpf.

**Monsieur mon très cher Neveu,**

SI la Religion nous permettoit de jetter des cris de réjouissance à la mort d'un ennemi capital, j'en aurois presentement tous les sujets imaginables, en la personne de N. N. qui partit pour les champs Elisées il y a environ un mois, après en avoir trainé autour de six.

*Quand*

*Quand la mort vient il faut partir,*
*Et se disposer à la suivre;*
*L'orgueil, ni la fierté, ni le desir de vivre,*
*Ne nous en peuvent garantir.*

Je ne l'ai guére pratiqué, parce que je m'aperçûs au moment qu'il s'agit de ma vocation au Professorat, qu'il traversoit vivement mes intérêts; mais j'ai bien remarqué dans les compagnies, où nous nous sommes rencontrez casuellement, qu'il étoit violent & fier au suprême degré, à l'égard des gens, dont il croyoit se pouvoir passer, mais souple & rampant à l'extrémité auprès de ceux, dont il attendoit de l'avantage: jusque là qu'au lieu qu'il fut un jour assez impudent pour traiter Mr. le Professeur G. de *Domine*, qui est un terme de mépris pour un homme de ce caractére, je l'ai vû vingt fois ventre à terre, nommer *myn Heer* des *gens* de métier, à cause qu'étant des Tribuns du peuple, ils pouvoient tous les ans, par raport à son Consulat, le démettre ou le continuer.

Je prens le Ciel à témoin que je ne lui ai jamais fait le moindre déplaisir, que je sache; au lieu qu'il a cherché toutes les occasions imaginables de me ruiner.

T 5   J'ai

J'ai sçu de Mr. de N. lequel m'ayant recommandé à notre Magistrat, de la part du Roi d'Augleterre, *Stadthouder* de ces Provinces, desiroit de me voir Professeur Ordinaire, qu'il fut assez méchant pour écrire sous main trois differentes lettres à ce Drossard, par lesquelles il me déchiroit, & me traitoit de la maniere du monde la plus indigne, dans le dessein de me faire échouër. Par bonheur nous étions connus, lui & moi à la Cour, on ne daigna pas seulement lui répondre, de sorte qu'il fut obligé de plier malgré lui.

Il m'a joué d'autres tours, qui n'étoient pas moins sanglans, & que je puis lui avoir pardonnez, mais que moi & les miens n'oublierons de notre vie.

Aussi, puis-je dire qu'il a été heureux de n'avoir plus de Députations en Hollande depuis ce tems là, & pendant le vivant de mon frere l'Officier. Comme c'étoit un homme intrépide & entreprenant, & qu'il étoit extrémement irrité contre lui à mon sujet, il est indubitablement vrai que j'aurois eu beau m'y oposer, il n'auroit pas manqué de lui jouer tôt ou tard, un vilain tour, & de le traiter selon ses mérites. Il n'a pas plu à à la Providence, & je n'en ai point de regret.

*L'un & l'autre est enseveli*
*Dans le noir fleuve de l'oubli,*
*Où l'onde qu'en plongeant il leur a fallu boire ;*
*De tous leurs vains projets éface la mémoire.*

Je veux de même n'y plus penser. Autrement, si j'étois vindicatif, il ne tiendroit qu'à moi à l'avenir de me venger de tant d'avanies criantes, sur l'un des proches parens de ce malintentionné, qui est parti pour les Indes Orientales : mais à Dieu ne plaise que je punisse l'innocent pour le coupable ; l'enfant n'en peut pas davantage, outre que je m'imagine qu'il a eu assez de mortification de voir partir ce jeune homme, faute de lui pouvoir procurer un simple drapeau en ce pays, après avoir porté le mousquet assez long tems, d'où il est aisé de conclure qu'il étoit entierement hors de crédit, & que vous n'aviez pas grand-chose à en attendre. Aussi ne s'amusoit il plus qu'à débarbouiller les visages crasseux des piéces de monnoye les plus antiques, & à former des conjectures &

des chimères sur les prétendues images des médailles enrouillées, que les savans de cet ordre présuposent, souvent sans les moindres aparences de fondement, avoir été frapées à l'occasion de quelques révolutions, ou par des Héros imaginaires, qui n'ont peutôtre jamais eû d'autre existence que dans le cerveau d'un auteur de Roman.

Mais c'est trop s'étendre sur un sujet indigne de mon souvenir, je l'abandonne aux rigueurs de son sort, & à la merci des vers, qui le rongent dans le sépulcre, pour vous dire qu'il a plu au souverain maître de l'univers de disposer aussi depuis peu de Madame la Baronne de *Weulderen*, Douairiere d'Irersum, & marreine de votre Cousine *Beata*. Comme elle avoit du crédit, beaucoup de tendresse pour ma famille, & que depuis trente ans, j'ai vécu aussi familierement avec elle qu'avec ma sœur, je la regrette du plus profond de mon ame.

En récompense nous nous portons tous parfaitement bien, & vous souhaitons une bonne & heureuse année. Votre Cousin Constantin *van Oostbroek*, qui est depuis six mois dans la troisiéme Ecole, & qui vous embrasse tendrement avec
le

le reste de mes enfans, ne m'a pas laissé en repos que je n'aye consenti à joindre à ce paquet une copie des vers, qu'il vient de faire tenir à Mr. & à Mad. de *Geer* d'Amsterdam. Comme il feint d'en être l'auteur, & qu'il n'est pas marri qu'on l'en flate, ne manquez pas s'il vous plaît, lors que vous m'écrirez, de me charger de lui dire qu'ils sont fort de vôtre aprobation. Cela redoublera son zéle pour les études, & fera plaisir à sa maman, qui n'en est pas moins idolatre que je suis &c.

## LETTRE LXXVIII.

*À son Excellence Madame la Comtesse de Konincsmark, Doüairiere de la Gardie &c. sur l'accomplissement de sa 80. année.*

### MADAME,

Comme vous êtes universelle dans la connoissance des arts & des sciences, vous n'ignorez pas que si les Mathématiciens envisagent un certain nombre comme parfait, les Théologiens ont la même consideration pour un autre. Le nombre parfait de ceux-là est celui, qui est égal à la somme de toutes ses parties aliquotes, ou qui le mesurent précisément : c'est ainsi que six, dont les parties aliquotes 1, 2, 3. font la même quantité de six ; & que vingt huit, qui a les parties aliquotes 1, 2, 4, 7, 14. prises ensemble, égales à soi même, sont réputez deux nombres parfaits.

Le seul nombre parfait de ceux-ci est celui de trois, parce, disent-ils, qu'il est mystérieux, & comprend effectivement la quantité des attributs, qualitez & proprietez des principaux êtres, qui existent dans la nature : comme par exemple, les dimensions des corps matériels, la longueur, la largeur, & la profondeur ; les principales facultez de l'ame, la conception, le jugement, le raisonnement ; les differentes sortes de Gouvernemens, le Monarchique, l'Aristocratique, le Démocratique : les Elémens de la Philosophie moderne : la quantité des cieux, au témoignage de l'Apôtre ; les differens âges du monde ; mais à cause principalement qu'il renferme les personnes de la très sainte & très adorable Trinité.

Si ce nombre est parfait, Madame, neuf, qui en est le produit, lors qu'on

le

le multiplie par soi même, doit être sans contredit plus que parfait, & enfin, neuf fois neuf ou quatre vingt & un très parfait, puis qu'il provient de trois, de trois fois trois, & de ces trois fois trois, ou neuf, répété trois fois trois, qui est l'âge, où votre Excellence est heureusement parvenuë, attendu que l'on est censé avoir passé une année aussi tôt qu'on en a vû le commencement, suivant la maxime établie dans notre province, à l'égard des Gentilshommes, qui veulent entrer dans les Etats, vû qu'il sufit qu'ils ayent vingt quatre ans & un jour, pour être considérez sur le pié de vingt cinq, que la Loi veut qu'ils ayent atteint avant que de pouvoir être admis dans ce vénérable collége.

Il est grand à present, Madame, cet âge. Autrefois on étoit jeune à un siécle, on ne faisoit alors que commencer à faire l'amour, & à être reçû dans les compagnies des Adultes, à ce que nous en raporte Moïse.

*Je ris de voir ces bonnes gens*
*Aprendre à marcher à vingt ans;*
*Jouer aux chiques à quarante,*
*Et s'entendre traiter de morveux à soixante.*

Au

Au lieu que du tems de David, le terme de notre vie étoit déja fixé à soixante dix ou quatre vingt ans pour ceux, qui sont d'une complexion forte & vigoureuse. Comme c'est donc quelque chose d'extraordinaire, j'ai cru, Madame, poussé par des sentimens de respect, & par les pressantes solicitations de ma chére Epouse, qui ne sait pourtant, ni le mois, ni le jour de votre naissance, que je devois aussi m'apliquer extraordinairement à vous féliciter d'un avantage, que le Ciel accorde à bien peu de gens: & c'est à cette occasion que j'ai composé l'acrostiche, que je prens la liberté de vous envoyer. Car quoi que sans vanité, j'aye assez de facilité à faire des vers, j'avoue franchement que ces sortes de piéces me fatiguent, sur tout quand c'est pour une personne, remplie d'autant de perfections que vous avez la réputation de l'être, & en qui la naissance, les lumieres de l'esprit, & les agrémens du corps, se disputent avec justice la préférence, & ne peuvent se résoudre à se le céder en quoi que ce soit.

En effet, Madame, pour ne parler que de l'une des parties d'un composé si accompli, vous avez l'ame grande, les facultez sont infiniment étenduës, vous raisonnez de tout en Docteur, en habile Philosophe. J'aurois bien voulu m'étendre dans mon petit discours poëtique, sur des sujets si rares & si éclatans, mais le peu de caractéres, que renferme votre beau nom, & la nécessité de les employer par ordre l'un après l'autre, au commencement de chaque ligne, donnoient des bornes si étroites à mes pensées, qu'il m'a été impossible de bien exécuter mon légitime dessein.

L'intention étoit parfaitement bonne, je vous en assure, c'est du plus profond de mon cœur que je vous y témoigne, en peu de mots, la joye, que je ressens de vous voir encore pleine de vie & de bon sens, la plus accomplie Comtesse du monde, & que comme cela n'est pas sans exemple, je souhaite avec passion que la Providence vous prolonge vos jours jusqu'à cent ans, afin que tant que je respirerai moi même, je puisse avoir l'honneur & la satisfaction de vous répéter long-tems, que je suis d'une maniere toute particuliere &c.

## LETTRE LXXVIII.

*à Madame la Doüairiere Rumpf.*

Madame ma très chére sœur,

LA dificulté & la lenteur de nos postes, joint aux frais exorbitans des ports de lettres, est la principale raison pour laquelle ma chére Epouse & moi n'écrivons guére à la fois, & que nous sommes le moins prolixes qu'il est possible. Avec tout cela je ne saurois me dispenser, de crainte d'encourir votre disgrace, de me servir de cette occasion pour vous asturer de nouveau de la continuation de mon estime; car quoi que je sois persuadé que vous la croyez inaltérable à votre égard, je me flate aussi que vous n'êtes pas fachée que je vous en donne de tems en tems de nouvelles assurances : comme je suis ravi de vous entendre confirmer de fois à autre la promesse, que vous m'avez faite de ne me jamais priver de votre amitié. Vous avez soin de le faire d'une maniere fort obligeante, toutes les fois que vous m'écrivez, & je puis dire que la derniere, dont vous m'avez honoré

honoré, étoit sur tout conçuë en des termes, qui ne me donnent aucun lieu de douter que vous ne parliez sérieusement.

Permettez moi de vous dire avec la même franchise, Madame, que je ne trouve pas que mon fils ait tout le tort, que vous lui attribuez, de vous traiter avec tant de déférence & de soumission.

Lors qu'une femme a de la naissance, un rang considérable dans la société, par les charges de son mari, qu'elle est bien faite, qu'elle a de l'esprit & de la vertu, je ne sai pas ce qu'on lui peut dire qu'elle ne mérite. Il y a néanmoins ici quelque chose de plus, puis qu'outre ces rares qualitez, que vous possédez sans contredit, dans un dégré éminent, vous êtes sa Tante, c'est à dire sa supérieure, & par rélation, vous êtes encore sa bienfaitrice, attendu que mon Neveu, votre fils, l'a reçû à Ceilon comme son enfant, qu'il le traite comme s'il en étoit le pere, & qu'il lui a promis positivement de tenter jusqu'à l'impossible pour lui procurer un favorable établissement. Vous sentez infailliblement cette vérité aussi bien que lui & moi, & je suis dans la pensée que le langage, que vous tenez à cet égard, est un pur effet de votre mo-

modestie: en quoi certes vous êtes encore plus loüable, de sorte que si j'avois à vous entretenir sur ce chapitre là, j'en dirois infailliblement plus que lui; mais j'aime mieux imposer un silence respectueux à ma plume, pour vous marquer la joye, que nous avons ressentie à la nouvelle que nous avons reçuë de l'avancement de mon Neveu Constantin *Rumpf*, qui, à ce que j'aprens, est devenu premier Commis du Gréfe à la Haye, & Directeur des dépêches dans les Pays étrangers, deux emplois également lucratifs & honorables. Je vous en félicite, Madame, & souhaite de tout mon cœur que ce ne soit pourtant qu'un moyen, dont la Providence se sert pour l'élever à une plus éclatante fortune.

Voila, Dieu soit loüé, cinq de vos fils pourvûs, le Résident, le Conseiller des grandes Indes, le Commis, le Pasteur, le Capitaine: il n'y a plus que mon grand ami Charles, pour lequel j'ai assurément bien de la tendresse, qui n'a encore rien d'assuré; mais comme il est bon, parfaitement honnête homme, laborieux, & qu'il a l'aprobation de tous ceux, qui le connoissent, je ne doute nullement que nous n'ayons bientôt la

sa-

satisfaction de le voir occuper un poste digne de lui.

Ils ont été heureux, ces Messieurs, de sortir de bonne heure de leur patrie, qui est en combustion depuis quinze ou seize ans, & où je doute qu'ils eussent joui de la tranquilité à laquelle ils participent à présent.

Il n'a tenu peut être qu'à vous d'avoir le même auantage : vous vous êtes aparemment flatée que vos troubles ne dureroient pas si long tems ; vous avez été trompée dans vos conjectures : mais je le serai à mon tour, si le dessein, qu'on prétend que votre Monarque avoit sur les Iles Britanniques, étant découvert, n'est un acheminement à une bonne & solide paix. Dieu veuille répondre favorablement à mon attente. Madame Tyssot la seconde jour & nuit par ses vœux les plus ardens, elle vous embrasse de plus fort tendrement, & je reste &c.

LET-

## LETTRE LXXIX.

*à Monsieur de Patot.*

JE doute fort, mon cher fils, que l'apréhenſion, où vous êtes d'être caſſé, ſoit bien fondée ; car outre que vous avez pluſieurs Capitaines au deſſous de vous, que l'on connoit vos mérites & vos longs ſervices, & qu'il n'eſt pas vrai ſemblable que l'Etat voulut vous faire tort ; s'il eſt vrai que l'on congédie deux Régimens Ecoſſois, pluſieurs Compagnies des Gardes, un grand nombre de Suiſſes, & quelques infortunez, qui comme les bataillons de *Lauwik*, *Linden* &c. ſont reſtez ſans comptoir, il n'y a point d'apparence que l'on touche à la plûpart des autres corps. En tout cas, quand ce deſaſtre là vous arriveroit, vous auriez dequoi prendre patience juſques à ce que vous fuſſiez remplacé, puis qu'il n'eſt nullement aparent que le Comte d'Albemarle, qui vous avoit recherché lui même, & pris ſous ſa protection, lors qu'il vous plaça dans les Carabiniers, voulut diférer plus long-tems à rembourſer le Sollicîteur, qui vous a fait les avances né-

nécessaires, pour faire subsister sa compagnie de Grenadiers, qui couroit risque de perir dans le tems que vous la commandiez, vû que vous n'avez rien fait qu'avec sa communication & par son ordre.

Il a l'ame trop bien placée, & est trop équitable pour commettre une action aussi criante que seroit celle de vous retenir ce qui vous apartient de pur droit. Autrement je vous avoüe que les interêts de cette somme, & de ce que vous pouvez peut être encore devoir de plus, joint à ce que votre Créancier vous rabatroit tous les ans sur le capital, dont il voudroit avec raison être payé, seroient une si grande bréche à la pension de sept ou huit cents francs, que les Capitaines Réformez tirent, qu'il ne vous en resteroit pas grand chose.

La guerre est le métier de la noblesse, c'est le Diable qu'il n'y a pas du pain à gagner en l'exerçant. L'apanage des muses est de même une besace : la science a eu de tout tems la pauvreté pour compagne inséparable, & si elle porte d'or dans son ecusson, c'est à une écuelle de bois : ce sont là proprement ses armes.

Il n'y a que les Politiques, qui pour peu

peu de maniment qu'ils ayent dans les affaires publiques, peuvent vivre largement, & enrichir leurs enfans.

Comme nos Ancêtres ont été gens d'épée depuis un tems immémorial, ils ne nous ont laissé qu'un petit morceau de fer pour héritage : nos décendans courent risque d'avoir aussi le même sort, à moins que votre jeune frere ne réussisse extraordinairement dans le parti, que sa disgrace lui a fait prendre.

A Dieu ne plaise que je croye qu'il faille faire du mal afin que bien en arrive ; ni que la Providence se soit exprès servie d'un moyen violent & fâcheux pour mettre ce jeune homme au large : il sufit qu'elle ne s'y soit pas oposée : ses secrets sont impénétrables, & ses voyes dificiles à trouver : mais s'il est permis de conjecturer, & de juger d'un fait par les aparences, je serai extrémement trompé, s'il ne pousse la fortune plus loin que vous. Ce qui doit contribuer à cela, c'est l'avancement de mon Neveu Isaac *Rumpf*, son Patron, qui suivant la nouvelle qu'en vient d'aporter un Vaisseau détaché, arrivé des Indes Orientales, a été créé Gouverneur de Ceilon, en la place de Mr. *Becker*, qui en est de retour, puis qu'il

qu'il est humainement parlant impossible que le bien, qui arrive à celui-ci, n'influë considérablement sur celui-là: c'est ce que nous aprendrons par les premiers navires qui viendront d'Asie.

Enfin, je finis par vous dire que la fille de feu votre Oncle *Tyssot* le Colonel est entrée en qualité de Chanoinesse dans Sion, qui est un couvent, où l'on n'admet que des personnes d'une naissance distinguée, & qui est sous la protection de la bonne Notre Dame de *Hal*. Voila ce qui arrive des mariages bigarrez. Je suis &c.

## LETTRE LXXX.

*à Monsieur de Wynbergen.*

### MONSIEUR,

JE suis extrémement sensible au malheur, qui est arrivé à Mr. *C.* de perdre son frère d'une maniere si tragique, sans qu'il eut aucun sujet, que je sache, de s'abandonner ainsi à son desespoir. Car enfin on a beau dire que l'état, où il se trouvoit, étoit bien different de celui, où il s'étoit vû autrefois, au fond il n'avoit besoin de rien, & ne dépendoit directement de personne. Etant bouillant & altier de son tempérament, il y a aparence que les fumées malignes d'un sang extraordinairement agité, montant à la tête, lui auront troublé le cerveau, & fait atenter à sa vie. Si cela est, je ne voi pas que ses parens ayent lieu de s'alarmer si fort à l'égard de son salut, puis qu'il n'est pas vrai-semblable que la Providence prive de la béatitude éternelle une créature humaine, qui n'a transgressé le sixiéme commandement qu'après avoir perdu l'usage de la raison: ce qu'il ne faudroit pas manquer de leur faire bien comprendre.

Nous avons connu cet Officier particulierement, & ce qui me confirme dans ma pensée, c'est qu'il ne manquoit point d'esprit, & qu'il ne paroissoit guere d'humeur à se tourmenter des caprices de la fortune: en quoi certes je trouve qu'il étoit beaucoup à loüer.

En effet, Monsieur, s'il est permis de philosopher en passant, à l'occasion de cette funeste avanture, je déclare que plus je fais de réflexion sur la nature de l'homme, plus je suis surpris de ce qu'alternativement la prosperité & l'adversité

le

le rendent souvent dissemblable à soi même; au lieu que je le voudrois toûjours dans une même assiéte, & que dans tous les états, & dans toutes les religions, il fut également content de son sort. Ne nous flatons pas, Monsieur, ces airs de grandeur, que nous nous donnons, & cet empire, que nous prenons sur les autres créatures, & quelquefois même sur nos semblables, n'ont pour fondement qu'un vain orgueil, & un détestable amour propre.

Nous sommes des animaux comme les bêtes des champs, sujets à mille différentes infirmitez: nous naissons, vivons & mourons comme elles; leurs alimens sont les nôtres, de simples fruits, des légumes ou du pain sec, & de l'eau cruë, suffisent pour nous nourrir.

Les contretems, les traverses & les disgraces, qui nous arrivent, sont naturelles: si l'homme étoit sage, bien loin de s'en inquiéter, il devroit les soufrir avec patience, & sans murmure. Il y est d'autant plus obligé qu'il espére que ce ne sera que pour un peu de tems, après quoi il doit aller jouir d'une félicité inexprimable, entre laquelle & les plus grandes tribulations d'ici bas, il n'y a aucune proportion. Je dis plus, il le doit, quand il n'auroit pas même cette pensée, & qu'il seroit aussi persuadé que Polybe, que les Dieux, le Paradis & l'Enfer, n'ont été inventez des Philosophes que pour le vulgaire grossier & ignorant, qu'on ne sauroit bien gouverner que par des promesses de récompense, ou des ménaces de chatiment, qui s'étendent jusqu'après cette vie.

La santé, que le moindre trouble ou excès altére, la satisfaction qu'il y a d'avoir la réputation d'être frugal, doux, patient, débonnaire, charitable, sont des motifs assez puissans pour le porter à l'exercice continuel des bonnes mœurs.

Je sai bien que l'Apôtre, faisant allusion aux calamitez, aux miséres, & aux persécutions, ausquelles nous sommes sujets, prétend que si nous ne ressuscitions point pour vivre à jamais dans des délices inexprimables, nous serions les plus malheureux de tous les mortels. Mais laissant à Messieurs les Théologiens l'explication que l'on peut donner à ces paroles, je suis d'opinion que ne s'agissant pas d'un bien temporel, dont on dût jouir au bout d'un certain nombre d'années, après lequel ceux, qui vivroient encore, s'apercevant de la tromperie, au cas qu'il y en eut, pourroient justement se plaindre d'être les derniers des misérables, en ce qu'ils auroient tout sacrifié en vain, dans l'attente de s'en voir un jour en possession : mais d'un avantage proprement spirituel, qui ne se doit manifester qu'après la mort ; quand nous mourrions pour toûjours, nous ne devrions en rien nous relâcher pour cela. D'un côté, la qualité d'homme nous y engage, de l'autre, il est incontestable que nous n'en serions pas moins heureux ; puisque supposé que nous expirions avec la ferme assurance que notre corps & notre ame se rejoindront à la consommation des siécles, pour être transportez dans le séjour des Elus de Dieu, c'est la même chose que cela arrive ou n'arrive pas, comme il est indiférent que les dix mille Louis qu'un visionnaire ou un avare s'imagine d'avoir serrez dans un coffre fort, qu'il apréhende d'ouvrir de peur que l'air n'en diminue la pesanteur, ou qu'un voleur ne les emporte, soient de bon ou de méchant aloi, ou n'existent même qu'en idée, à cause que par le moyen de la foi, nous sommes déja comme en possession de ce riche tresor, tandis que nous rampons sur

sur la terre, & que venant à perdre tout d'un coup le souvenir avec la vie, nous ne sommes plus susceptibles de tristesse ni de joye. Outre que la these est générale, attendu qu'il n'y a point eu de secte, pour ridicule & impertinente qu'elle fut, qui n'ait eu des dévots, des penitens & des martirs, qui ont scelé de leur sang les témoignages qu'ils ont rendus de la vérité de leur opinion.

Quoi qu'il en soit, je conclus par cet Aphorisme, que la vertu est aimable par elle même, & qu'à toutes rigueurs, c'est le propre d'une ame grande & desintéressée de la cultiver sans interruption. Le voulez vous en vers.

*La raison seule nous aprend,*
*Que l'on doit constamment s'apliquer à*
   *bien faire,*
*Sans espérance de salaire,*
*Que le seul plaisir qu'on y prend.*

Pour moi, je proteste en homme d'honneur, & j'en prens mes familiers amis à témoin, que c'est une maxime, que j'ai taché de pratiquer depuis que je me connois. Mon but principal a toûjours été de procurer du bien à tout le monde, &
de

de ne me plaindre que rarement du mal que plusieurs m'ont fait. J'ai eu des sujets de chagrin & de mortification autant qu'aucun autre de ma sorte, je les ai ordinairement surmontez par le raisonnement, & si j'ai été attaqué de maladies, & tourmenté de douleurs, qui auroient fait jetter à d'autres de hauts cris, je les ai suportées patiemment, & souvent sans que mes gens s'en aperçussent.

Je n'ai point eu de Domestiques, qui ne m'ayent servi avec plaisir, parceque je les ai traitez avec tous les égards imaginables, jusqu'à ne manger presque jamais de rien, pour précieux qu'il fut, que je ne leur en aye fait au moins goûter.

Et que l'on ne pense pas que cela se soit fait par un principe de Christianisme; point du tout: un si puissant motif demande quelque chose de plus; ç'a été par les seuls devoirs ausquels m'engage l'humanité, à l'exemple du Samaritain, qui traite également de prochain le Juif & le Payen, & se dépouille de sa robe pour en revêtir un pauvre inconnu, dont il n'a absolument rien à attendre.

De là il est aisé de juger de quelle maniere j'ai vécu avec mes femmes, & comment

ment j'en ai été chéri & estimé ; j'ai porté la premiere sur la paume de ma main, & j'idolatre la seconde : celle-là, selon moi, n'avoit point de pareille, & je trouve celle-ci parfaite au suprême degré.

Ce qui diminue en quelque façon ma félicité, c'est qu'humainement parlant, je ne saurois la posséder long-tems. Je suis dans mon année Climatérique, au commencement de laquelle cette aimable personne a fait à son ordinaire, des vœux ardens, & parfaitement bien mesurez, pour l'augmentation de mes jours : ses beaux souhaits, non plus que ma grande vigueur, ne diminuënt point le nombre de mes années : je suis vieux ; mon terme de déloger aproche, & j'envisage avec horreur ce maudit moment, qui nous doit séparer pour toûjours. De quelle joye ne me sentirois-je pas transporté, bon Dieu ! si je pouvois espérer de nous rejoindre dans l'autre monde. Si c'étoit un avantage que l'on pût mériter, ou par des œuvres, ou par la foi, dequoi ne serois-je pas capable ? il n'est rien, que je n'entreprisse, rien, à quoi je ne me pusse déterminer.

*Oui,*

*Oui, mon maître, je vous le dis,*
*Si le comique auteur d'un nouveau Paradis,*
*Où sous la volupté préside la molesse,*
*Pouvoit après la mort me rendre ma déesse,*
  *Adieu le pauvre Protestant ;*
  *Je me ferois Turc à l'instant.*

 ”Mais tout bien considéré, que ferois-je là d'une femme ? elle m'embarasseroit infailliblement : car de deux choses l'une, il n'y a point de milieu, ce que nous lisons dans l'Alcoran du séjour des bien-heureux Musulmans, se doit prendre dans un sens propre, ou figuré : s'il est allégorique, comme les savans d'entre eux le prétendent, c'est un lieu pur & saint, exempt de toutes souillures, où l'on ne mange ni ne boit, & où les embrassemens sont sévérement défendus ; de sorte qu'il ne me seroit pas seulement permis de contempler attentivement cet objet de mon amour, & de lui conter fleurette, sans choquer l'oreille chaste des assistans ; & si au contraire, tout y doit être pris à la lettre, je courrois risque que Mahomet, qui a passé pour galant en son tems, ne s'amourachât de ma charmante Louise, & usant de son auto-rité,

rité, ne la fit enfermer dans son serrail pour jamais.

Cela étant, je renonce aux plaisirs charnels du siécle à venir, & suis résolu de me borner à badiner avec elle en celui-ci, jusqu'au dernier soupir de ma vie. Je vous jure, Monsieur, que c'est aussi maintenant la principale de mes occupations.

Je donne à ce divin plaisir
Toutes mes heures de loisir,
Et rien n'est égal, ce me semble,
Aux précieux momens que nous passons ensemble.

Le tems ne nous paroît jamais long, nous avons toûjours quelque chose de nouveau à nous conter, toûjours quelque chose d'agréable à nous dire, & s'il arrive à la langue, lasse & fatiguée, de priver pour un moment nos oreilles de ses douces articulations, la plume y suplée incontinent par des loüanges cadancées, qui par le ministére des yeux, chatouillent si agréablement notre ame, qu'elle en reste comme extasiée.

Celle-ci prit ces jours passez, fort à propos, son tems, que l'autre paroissoit
lan-

languissante & engourdie, pour tracer en vers irréguliers un Génethliaque assez étendu, sur l'anniversaire de ma chére compagne, qui vient d'entrer dans sa quarante huitiéme année.

Comme je vous ai constitué juge & arbitre de mes petits ouvrages poëtiques depuis autour de trente cinq ans, que nous nous voyons familierement, il est juste que vous le soyez de celui-ci, dans la pensée, où je suis qu'étant déja prevenu en faveur du sujet, vous aurez des égards pour la matiere, qui n'auront pas moins de raport aux sentimens avantageux que j'en ai, que vous ayez eu de condescendance pour me permettre de me qualifier tant que je respirerai &c.

## LETTRE LXXXI.

*A Madame la Douairiere Rumpf.*

Madame ma très chére sœur,

JE ne saurois m'empécher d'être frappé d'étonnement, lors qu'il me vient dans l'esprit que la Terre étoit autrefois tellement couverte de bêtes, qu'un Philosophe, la lanterne à la main, & en plein midi, repaſſoit la populeuſe ville d'Athénes, d'un bout à l'autre, ſans rencontrer un ſeul homme.

Je n'examine point ſi Diogene, qui prenoit généralement les autres pour des ignorans, des buſles, des créatures, qui n'avoient d'humain que la figure, étoit plus bête qu'eux; lui & ceux de ſa ſecte faiſoient au moins des extravagances, & s'abandonnoient à des ſaletez, qui font horreur aux perſonnes de bon ſens: mais ce qui me ſurprend davantage, c'eſt que je mets en fait que ce Cynique courroit riſque, s'il vivoit encore, d'uſer tous les cercles de ſon tonneau à le rouler, je ne dis pas de ruë en ruë, mais de province en province, & brûleroit plus de bougie que Canaan, qui abonde en cire & en miel, ne lui fourniroit de matiere pour en faire, avant qu'il trouvât le contraire de ce qu'il cherchoit.

Il n'y a aujourd'hui point d'Animal de cette eſpéce, qui ne ſoit ſavant, habiliſſime & conſommé dans les ſciences. Ce n'eſt pas une conjecture, l'expérience me l'a appris.

Je n'ai point de membre dans ma famille, qui auſſi-tôt qu'il eſt attaqué de maladie, de quelque nature qu'elle ſoit,
ne

ne voye pleuvoir tous les jours au moins une douzaine de récettes sur sa table. Il n'entre pas une ame chez moi, qui ne s'ingére à cette occasion, de raisonner sur la constitution du patient, la vertu des simples, des métaux, des minéraux, la maniere de les préparer, de les apliquer, & qui ne se vante de le tirer bien tôt d'afaire.

M'arrive-t-il d'avoir un procès, il n'est pas jusqu'à mon Cordonnier, qui en me prenant la mesure, pour peu qu'il soit instruit de mon affaire, & que je lui donne lieu d'en causer, ne se jette à corps perdu sur le Code, ne cite les loix, & ne prononce sentence, ou en ma faveur, ou à l'avantage de ma partie.

Point de Barberot, qui ignore la géographie, & l'histoire. J'ai oüi des matelots & des soldats dans mes voyages, inventer & fixer eux mêmes des Epoques, pour soulager la mémoire; faire la division des tems, & prétendre d'être en état de déveloper ce que l'antiquité a de plus caché.

Nos étudians entendent, à leur dire, infiniment mieux la Physique que ne faisoit Aristote: & pour ce qui est de la Théologie, mille femmelettes savent l'Ecriture

criture sur le bout du doigt ; elles concilient sans difficulté les passages les plus discordans du vieux & du nouveau Testament, & se trouvent moins embarassées à expliquer un mistére de la Religion, que je ne le suis à résoudre une question de plusieurs raports en Mathématique.

Enfin, chacun excelle en politique, & il est peu de laquais, qui après s'être bien examiné, ne s'imagine d'avoir la capacité de mieux commander que son maître.

Il ne doit pas nous paroître étrange, Madame, lors que le nombre des sages n'excédoit pas celui des Planétes, que ce peu de doctes fussent employez seuls à tenir en main les rênes de l'Etat, à donner des statuts au peuple, & à le tenir dans le devoir. Mais à present, qu'il n'y a point de sots, que tout le monde aspire aux grandes charges, & qu'il n'est Manant, qui ne se croye capable de les exercer avec un aplaudissement général ; comment est il possible qu'un honnête étranger parvienne à quelque dignité ; quelle aparence y a-t-il qu'il se pousse ? pour moi, je vous avoüe franchement que je n'y en voi presque aucune.

cune. Cependant, malgré cet obstacle, qui paroit effectivement insurmontable, & c'est ici un nouveau sujet d'étonnement, qui est pourtant fondé sur les deux précedens, Messieurs vos fils, encore assez jeunes, se sont tellement avancez, que le Cadet commande une Compagnie d'Infanterie. Assurément cela est bien glorieux pour eux & pour vous, j'en ai une joie extraordinaire, & cette joye est d'autant plus grande que j'ai longtems aspiré à voir mon neveu Charles pourvû comme ses freres. Le voila enfin devenu Agent de la ville de Tournai, à la Haye. Si cet emploi, dont je vous félicite, & me félicite moi même, comme y prenant beaucoup de part, n'est pas fort lucratif, il est au moins tres-honorable, & cela doit sufire pour un commencement, en attendant que quelque autre puissance plus considérable, informée des talens tout particuliers, qu'il a pour ces sortes de fonctions, le revête d'un caractére plus éminent, & le mette en état de faire un peu plus grosse figure.

Ce que je considére ici principalement, c'est qu'au lieu que d'autres personnes de leur âge se méconnoîtroient à une fortune si rapide, on n'apperçoit aucun changement en eux. Vous voyez éternellement leur esprit dans une même assiette. Toûjours humbles, toûjours modestes, toûjours sages, on diroit qu'ils n'ont simplement que ce qu'ils dévroient avoir: ils ont raison de le penser cependant, mais tout le monde n'en sait pas la cause. Ils savent, & ils ont la discrétion de ne le pas publier, qu'ils sont par eux-mêmes recommandables, sans qu'on ait égard à leurs bonnes qualitez, étant issus, de part & d'autre, d'Ayeux, qui depuis bien des siécles, ont eu une haute naissance, & se sont extraordinairement distinguez, & par la robe, & par l'épée, jusqu'à être du Conseil secret des têtes couronnées, & à commander des Armées nombreuses. Cela devroit en effet les enorgueillir, & les rendre pour ainsi dire, insuportables, il y en a qui le deviennent à moins : mais vous avez trouvé le moyen de tempérer cette ambition, que la corruption affecte d'introduire dans nos veines, & de faire circuler avec le sang, par une bonne éducation. Vous ne vous êtes pas contentée de leur procurer d'habiles maîtres, pour les Langues, pour les Humanitez, pour les Sciences

Sciences, & pour des exercices convenables à des Gentils-hommes: vous les avez élevés dans la piété, vous leur avez enseigné, & de vive voix, & par vos fréquens exemples, la pratique des vertus Chrétiennes; vous leur avez apris à être contens de leur sort, & à se résigner aux volontez de la Providence, à ne regarder les grandeurs de la terre qu'avec une espéce de mépris, & à moins aspirer à ce qui a du raport à leur extraction, qu'à ce qui est proportionné à leurs mérites.

Vos peines, & les frais exorbitans, que vous avez faits, n'ont point été inutiles, le succès en a été heureux, ils ont profité de vos héroïques leçons; leurs actions, leur comportement le témoignent, & ceux qui les connoissent sont persuadez de cette constante vérité. Aussi puis-je vous dire que bien loin d'avoir des envieux, on les aime, on les estime, on les loüe, & peut être n'ont ils pas, à beaucoup près, ce qu'on leur souhaite avec ardeur.

Avec tout cela vous n'êtes pas satisfaite, je remarque par les lettres, que vous adressez à ma chére Epouse, que votre félicité consisteroit à être maintenant

nant réunis, & à vous voir réciproquement quand l'envie vous en prendroit : cela est impossible, ma chére sœur, ou du moins, il n'y a aucune aparence que ce desir s'accomplisse jamais; mes Neveux sont trop dispersez, & vous êtes trop éloignez. Tout ce que vous pourriez faire seroit de vous venir établir en Hollande, où à la réserve du Gouverneur de Ceilon, vous auriez lieu de les embrasser de tems en tems.

Mais seriez vous bien d'humeur à vous accommoder au génie de cette nation, où les plus petits se piquent d'aller du pair avec les plus grands ? Le rang est fixé dans votre Cour, il y a de certains réglemens, que vous observez à la rigueur, & qui vous obligent à vous rendre les uns aux autres ce qui vous apartient, suivant ce que vous êtes. Ce n'est pas ici la même chose, un courtaut de boutique, un Artisan, à qui l'on donneroit les étriviéres ailleurs, pour peu qu'il voulut lever le nez, vous disputera éfrontément le pas toutes les fois que l'envie lui en prendra : & vous aurez des Domestiques, qui au moindre démélé, vous diront hardiment qu'ils sont tout autant que vous ; ils vous le soutiendront même en justice, où ils vous feront comparoître,

tre, & vous n'oseriez dire le contraire, que vous ne courriez risque d'être condamnée à leur payer une demi année de leurs gages, & à les laisser sortir incontinent de chez vous.

Il est vrai qu'en récompense, il y a cet agrément que vous ne dépendez aussi directement de qui que ce soit : en payant les droits & les taxes, vous êtes maître chez vous, vous disposez de ce qui vous apartient, & vous vivez absolument à votre fantaisie. Vous n'êtes point exposé aux caprices d'un souverain, qui s'atribuant un pouvoir despotique, fait de vous & de vos biens ce qui lui plait, sans qu'il soit même permis de lui en demander la raison.

Si vous pouvez vous résoudre à mettre à part les cérémonies, à vous familiariser avec toutes sortes de gens, à ne vous point formaliser lors qu'on ne vous rendra pas exactement les civilitez, qui sont dües à une personne de distinction, comme vous êtes, & à vivre en un mot, d'une maniere populaire & républicaine, venez hardiment, je m'assure que vous passerez d'heureux jours parmi nous. Vos enfans, vos amis, seront charmez de votre presence, & le plaisir, que j'en res-

ressentirai en mon particulier sera si extraordinaire, que je me sens forcé de remettre à vous l'exprimer de bouche, pour en dispenser ma plume, qui dans l'apréhension, où elle est de l'entreprendre, me presse de vous assurer que je suis fort sincérement, &c.

## LETTRE LXXXII.

### à Monsieur Keppel.

Quoi que je ne sois, ni Médecin, comme vous, Monsieur, ni aussi bon Philosophe qu'on veut que l'ait été Pythagore, j'aurois gagé de ne me pas pouvoir tromper au jugement, que j'aurois fait de la constitution d'un homme par la seule inspection de ses parties extérieure, parce que je ne sache point d'y avoir manqué de ma vie. Mais depuis que j'ai aperçû que deux de mes amis font une remarquable exception dans cette prétendue régle, non seulement j'hésite lors qu'il s'agit de la santé, j'ose à peine m'expliquer au sujet des choses mêmes qui me paroissent les plus évidentes.

En effet, un teint frais, des joues vermeilles, un air gai & des yeux vifs & péné-

pénétrants peuvent ils avoir d'autres causes qu'une bonne complexion, la circulation réglée d'un sang fluide modérément agité, & une juste affluence des esprits animaux au cerveau, & dans toutes les parties de la tête, puisque cela marque principalement l'harmonie, qu'il y a entre le corps & l'ame, d'où dépend la conservation de l'animal. Cependant il faut que j'avouë pour notre commune instruction, qu'étant dernierement à un enterrement, j'y trouvai un de mes Collegues, qui parut au reste des Assistans, aussi bien qu'à moi, si abatu, si défait, & portant à tous égards, des marques si palpables d'une personne, dont la vûë éteinte, & la peau livide & ridée, menacent de mort, que chacun le regardoit avec étonnement, jusque là qu'il y en eut un, qui se laissa aller jusqu'à lui dire qu'il ne seroit nullement surpris s'il ne survivoit pas à la cérémonie, à laquelle nous assistions de compagnie: ce qui devoit être capable de lui faire plus de mal que le desordre dans lequel on le croyoit.

Il fit pourtant semblant de s'en rire, & assura cet étourdi qu'il se portoit tellement bien, qu'il ne desespéroit pas de

batre

batre un jour le tambour des os de ses jambes.

Au contraire, Mr *de Wynbergen*, que vous connoissez, & qui est toûjours valétudinaire, a l'oeil fin, la mine riante, un coloris, qui fait honte aux Roses & aux Lis, de sorte que j'ai été vingt fois témoin que des gens, qui avoient à faire à lui, étant admis à lui parler lors qu'il étoit au lit, se faisoient un plaisir de lui témoigner en l'abordant, la joye, qu'ils avoient de le voir dans un si parfaitement bon état, & tomboient comme des nuës lors qu'il leur répondoit, qu'il y avoit plusieurs jours qu'il n'avoit pris aucune nourriture, qu'il avoit, par exemple, une main percluse de la goute, un testicule deux fois plus gros que l'autre, les nerfs tellement relâchez qu'il ne se pouvoit tenir debout, l'estomach rempli de glaire, le cœur débile, les piez enflez, la peau des jambes noire & attachée aux os, la gravelle dans les reins, en un mot que sa machine étoit entierement detraquée, ce qui est vrai à la lettre, & à quoi il est dificile d'ajouter foi, à moins que comme moi, on ne l'ait vû de ses yeux. Ayant l'honneur de vivre fort familierement

ment avec ce Gentilhomme, & de passer souvent quelques jours avec lui dans l'une de ses maisons de Campagne, je n'ai pas pû m'empêcher de lui marquer en diverses rencontres, ma surprise à l'égard de son tempérament, & de lui avoüer que, si je ne le connoissois pas à fond, son visage seroit tout à fait capable de me porter à avoir d'étranges idées de sa personne, & à le traiter à l'exemple des autres, de véritable malade imaginaire. Comme je lui répétois ces paroles à notre derniere entrevüe, avez vous oüi, me dit il, ce que l'on debite à Deventer sur ce sujet? Mr. *Westenberg*, qui étoit hier ici, me jura qu'étant le jour précedent dans une Compagnie, on lui conta, comme une vérité incontestable, que plusieurs de mes amis s'étant rendus ici le mois passé, & me voyant en aparence gai, me persuadérent, nonobstant mes opositions, & mon impuissance, qui ne me permettoit pas, avec mes jambes de verre de sortir de mon lit, de me faire porter dans un fauteüil, jusqu'au fond de mon jardin, où ils s'imaginoient que la diversité des objets, que la belle saison ofriroit à ma vüe, me feroit quelque plaisir. Etant là, on aporta ta du vin, de la mol, du tabac, des pipes, & un *verkeer-bord*. Dans le milieu de la joye, à couvert d'un berceau, auquel servoit de plat-fond un épais feuillage, le Ciel se couvrit tout d'un coup, & un orage épouvantable, mêlé d'une prodigieuse ondée de pluye, d'éclairs & de tonnerre, survint, qui obligea tout le monde à s'enfuir, sans que personne songeat à moi. Me voyant dénué de secours, la peur me fit lever, & le desir de me mettre à l'abri du mauvais tems, m'ayant donné des forces, & fait oublier que je n'étois point en état de me remuer, je me mis à courir comme un perdu, & arrivai dans ma maison, ou chacun me rit au nez, & me traitoit indirectement de lunatique.

Je n'ai point entendu parler de cela, lui répondis-je, & il pourroit bien être que ce drôle d'Apoticaire a inventé cette fable à dessein de vous faire comprendre dequoi il s'imagine que vous seriez capable dans une semblable conjecture, car à vous parler franchement, votre bonne mine vous rend suspect à tous ces Messieurs de la faculté Hippocratique, qui ne vous croyent pas à beaucoup près en aussi mauvais état que vous le pensez.

Vous

Vous savez ce qui en est, reprit-il; c'est pourquoi je suis seur que, si ceux qui prennent mon mal pour une chimére, devoient occuper mon poste seulement chacun un mois, ils changeroient bien-tôt de langage. Mais vous, poursuivit-il, qui êtes en aparence convaincu que mes yeux & ma couleur trompent, en avez-vous pû persuader votre muse? Qu'en dit-elle? Car comme elle ne feint guére, il arrive souvent qu'elle s'énonce autrement que vous.

Attendez, lui repartis-je, nous l'allons aprendre dans le moment; & m'étant saisi d'une écritoire & d'un morceau de papier, que j'avisai sur la table, elle y traça le Rondeau, dont je vous fais part de la copie.

**Monsieur &c**

## LETTRE LXXXIII.

*à Madame la Doüairiere Rumpf.*

Madame ma très chére sœur,

SI je m'intéresse à tout ce qui vous regarde, j'ai lieu de me flater que vous prenez aussi beaucoup de part à ce qui arrive à mes enfans : cela étant, je n'ose diférer un moment à vous aprendre que mon Neveu, le Gouverneur de Ceilon, a eu la bonté de donner à mon jeune fils, que Mr. *Becker*, à sa considération, avoit honoré d'un drapeau, la Lieutenance de la Compagnie de ses Gardes, & d'aprouver le mariage qu'il a contracté avec Mad. Marie *Marguerite Visboom*, dont l'unique frére est Sécretaire du Conseil.

Quoique je ne connoisse cette Famille, ni en blanc, ni en noir, j'espére que j'aurai occasion de n'être pas marri qu'elle soit aliée à la mienne. Il m'en dit tant de bien que j'aurois de la peine à le croire, mais un des musiciens de mon Neveu, qui vient d'arriver de ces quartiers-là, & qui se dispose à y retourner bien-tôt, m'en a confirmé la meilleure partie.

Il m'a assuré qu'il a fait des Noces, où le Gouverneur, la Gouvernante & tout ce qu'il y avoit de distingué dans Colombo, jusqu'au nombre de cent vingt huit personnes ont assisté, qui lui avoient couté plus de mille écus; il ajoutoit à cela qu'il a chez lui un homme d'affaire, qui porte le nom de Maître d'hôtel, une Gouvernante ou ménagére, dix ou douze autres domestiques, & de beaux chevaux; que ses habits & ses meubles sont magnifiques, & que tout va chez lui du grand Air.

A en juger par les aparences, il doit infailliblement avoir pris du bien avec cette femme, & outre cela, ils viennent de découvrir qu'il leur est mort une Tante *Vishoom* dans l'Amerique, qui avoit épousé en premiere Noce Mr. *van Duyns*, & ensuite un Pasteur, nommé Varux, qui leur a laissé un héritage de plus de deux cents mille francs; nous allons travailler à le leur faire toucher, s'il est possible.

Ces pauvres jeunes gens ont envoyé de beaux presens à ma femme & à mes enfans, dans cinq differens paquets; mais nous n'en avons reçû que les deux moindres: les Fripons qui avoient les autres, se les sont apropriez, neanmoins au calcul que j'en puis faire, suivant la Liste que nous en avons, cela devoit valoir au moins quatre ou cinq cents écus, puisqu'il y avoit cinq livres du meilleur Thé, une Pierre cordiale fort précieuse, un gros Saphir, une Topase un Eventail exquis de la Chine, une grande Couverture de fin sits, quatre bagues d'Or, un cœur d'Or couronné, deux Oreillettes à Diamans & perles fines, des Ciseaux d'argent pour découper l'arraque & le betel, des boites d'écaille garnies d'Argent, une Canne à pomme d'Or &c.

Ce que nous avons fait tenir à mon Neveu & à ma Niéce, Fromages, Koeken d'Amsterdam & de Deventer, dentelles, Liqueurs, Gants, Eau de la Reine, Livres & quantité d'autres nipes, à plusieurs reprises, a été de même perdu; cela est facheux, & capable d'ôter l'envie de se plus rien envoyer.

Je ne saurois vous exprimer, Madame, ce que ce Musicien ou joueur d'instrumens, Mr. *Sombard*, nous racontoit de Mr. votre fils: outre les qualitez personnelles, qu'il lui attribuoit, il relevoit son autorité, son pouvoir & sa magnificence, au dessus de ce que l'on voit dans

bien

bien des Cours de Princes souverains. Ce récit me faisoit bien du plaisir, & je vous jure que Madame *Tyssot* ne s'en possedoit pas de joye.

Dieu veuille, ma chére sœur, répandre de plus en plus sa bénédiction sur un parent auquel j'ai tant d'obligation en la personne de mon enfant, qui ne tient absolument rien que de lui, & qui a résolu, à quelque prix que ce soit, de lui faire sa fortune. Je suplie ce Monarque souverain de l'Univers de combler de même vos autres fils de ses faveurs les plus particulieres, & en renouvellant vos jours, de vous faire la grace de les voir, eux & leurs descendans, toûjours heureux & florissans, jusqu'à la quatriéme génération. Je suis &c.

## LETTRE LXXXIV.

*à Monsieur de Leerbec.*

Monsieur mon très cher frére.

Vous avez raison de m'ofrir de l'argent, mais vous avoüerez, s'il vous plaît, que je n'ai pas tort de n'en point vouloir recevoir à cette heure. Je sai bien que les Billets de monnoye, dont vous payez vos Créditeurs, vous coutent ce que vous les leur faites valoir; mais je n'ignore pas aussi que dans l'incertitude où vous êtes qu'ils diminuent de prix, & deviennent à rien, n'étant pas aparent que le Roi soit jamais en état d'en faire l'échange contre de bonnes espéces sonnantes, vous n'êtes pas fâché de vous en défaire à bonnes enseignes: mais, quand cela ne seroit pas, le change, qui est presentement à plus de quatrevingt pour cent, ne me permet pas de tirer un sou de mes revenus de Suéde, ce seroit justement faire, suivant le proverbe, de cent sous, quatre livres, & de quatre livres rien. Vous tenez le capital, gardez en aussi les intérêts jusques à ce que les affaires changent de face, & qu'une Paix générale rétablisse le commerce entre nous.

J'avois hautement blâmé Mr. de *Gougard*, notre frere, de ce que dans ces tems facheux, il s'étoit avisé d'élever un Palais sur les ruines fumantes de son vieux Château, brûlé jusqu'aux fondemens. Je loüe maintenant sa conduite, il bâtit des murailles solides avec de simple papier. De quelque maniere que les choses tournent, il n'y a rien à perdre pour lui;

au

au contraire, je suis persuadé que, quand ce métal chimérique conserveroit toujours sa valeur, il peut faire travailler à cette heure à bien meilleur marché qu'il ne feroit, lorsqu'il y aura moins d'affamez dans le Royaume.

Pour moi, je suis si éloigné de faire seulement le moindre embellissement à ma maison, que j'ai toutes les peines du monde à fournir aux réparations nécessaires. Je n'ai point de comptant, & je n'en puis recevoir de personne. Les cofres publics sont, pour ainsi dire, fermez, & ceux des particuliers ne s'ouvrent qu'avec beaucoup de dificulté. Avec tout cela nous vivons, & nous vivons peutêtre plus contens, à l'étroit, que ne font ceux qui sont extrémement au large.

Si je n'ai que médiocrement du pain, sufisamment de la chair, votre sœur m'en fournit par elle même, en abondance. C'est en cette charmante Idole d'Albâtre, dont la blancheur m'éblouit, que je trouve mes délices: c'est elle qui fait mon plaisir, mon contentement & ma joye: en la possédant, je posséde tout: ce bien suplée seul à tous les autres, & occupe plus la capacité de mon esprit que ne feroient toutes les richesses du Perou. Enfin, je l'estime, je l'aime, je l'adore: je lui en donne des preuves réelles en particulier, & je les confirme par des assurances, où j'apelle le Public à témoin. Quatre Génethliaques consécutifs, entre autres en font foi, & je viens de composer un Rondeau redoublé sur l'accomplissement de sa quarante huitiéme année, qui témoigne assez que je n'ai encore rien rabatu de l'amour que je lui ai porté depuis le premier jour que nous nous sommes connus. Il est si joli, ce rondeau, & il exprime si naturellement ma pensée, qu'il mérite que vous le voyez, vous dût-il couter trente sous de port, je vous en envoye une copie dont je prétens que vous fassiez part à vos Amis, restant toûjours dans l'entiere persuasion que je suis véritablement &c.

## LETTRE LXXXV,

à *Monsieur Const: Rumpf.*

Monsieur mon cher Neveu,

DE tous les états, sans exception, je n'en trouve aucun, qui soit de plus grande conséquence, & qui demande plus de précaution que le mariage, puis que de là dépend le plus grand bien, ou le plus grand mal, qui nous puisse arriver en cette vie.

En effet, comme il n'y a rien de plus pernicieux que d'être obligé de passer ses jours en la compagnie d'une femme avec laquelle on est dans une continuelle discorde, il ne se peut rien imaginer de plus agréable, ni de plus doux, que de ne se voir jamais séparé d'un objet, dont les inclinations conviennent à tous égards avec les notres, & qui ne fait des efforts, que pour contribuer à notre bonheur. C'est une vérité dont il paroit que vous avez été convaincu, du moment que vous avez commencé à vous connoître, & une maxime que vous n'avez pourtant pas voulu vous rendre aplicable,

que

que dans le vrai tems & le véritable lieu.

Vous avez achevé vos études avec un esprit libre, & à couvert des distractions, que ressentent ceux, qui n'ont pas assez de force pour s'oposer aux désirs que les jeunes gens ont ordinairement de s'attacher au beau sexe ; vous avez attendu que vous eussiez formé un bon établissement ; que l'âme eût de solides lumières, & que le corps se trouvât parvenu jusqu'au suprême degré de sa force & de sa vigueur. Ensuite vous avez songé aux moyens de vous procurer des héritiers de vos Biens & de vos vertus : c'est pousser la prudence aussi loin qu'elle puisse aller.

Il n'est pas surprenant, mon cher Neveu, que votre dessein vous ait si bien réussi ; vous ne vous vantez pourtant pas du bonheur qui vous est arrivé : vous vous contentez de m'aprendre simplement l'issue de vos heureuses recherches. Vous avez cru, sans doute, qu'il vous siéroit mal de vanter les perfections d'une personne, qui vous touche présentement de si près, mais je suis instruit d'ailleurs de ses rares merites, & je suis si prévenu de votre capacité, que, quand cela ne seroit pas, je ne douterois nullement que vous n'eussiez fait un très bon choix.

A en juger par le nom, cette jeune Dame doit, sans contredit, avoir de la naissance, du moins la famille de La Porte étoit fort considerée de mon tems en France.

Elle est outre cela, sage, bien faite, & infiniment vertueuse. Voilà bien de belles qualitez, voilà un grand nombre d'excellents avantages.

Cette alliance ne peut que vous faire de l'honneur; j'en suis assurement très satisfait, & je vous en félicite du plus profond de mon ame. Je prie Dieu qu'il vous benisse ensemble, qu'il vous comble de ses graces, qu'il vous fasse passer de longs & d'agréables jours, & qu'il n'interrompe le cours de votre félicité temporelle, qu'en mettant fin à votre vie.

Dites à cette charmante Idole de votre Amour, que comme elle me fait la grace de me reconnoître pour son Oncle, je me fais un plaisir tout particulier de l'accepter pour ma Niéce; je l'embrasse sur ce pié là en idée, avec toute la tendresse imaginable, jusques à ce que j'aye la satisfaction de le faire réellement & de fait; assurez-la de ma haute estime, & de ma plus forte amitié. Enfin je vous recommande, l'un & l'autre, aux soins

de

de la Providence, & finis en vous répétant que je serai éternellement &c.

## LETTRE LXXXVI.

*à Monsieur Keppel.*

MONSIEUR,

JE n'ai point été surpris dans le voyage que je fis en Allemagne, avant que d'entrer en ménage, de voir des Villes désolées, des Chateaux renversez, & un nombre infini de maisons, qui portoient de funestes marques de la fureur du Soldat, puisqu'il n'est pas possible que des Pays pauvres, comme il y en a beaucoup dans ces quartiers là, puissent réparer le dommage, qui a été causé par des guerres longues & opiniatrées : mais je fus frapé d'étonnement de trouver à mon arrivée dans cette Province, plusieurs Edifices ruinez, & une Eglise de *Diepenveen* à moité abatue, c'est à dire au même état, à ce que l'on croit, où les Espagnols, après l'avoir fait sauter, l'avoient laissée il y a plusieurs siécles, sans que personne sache pourquoi : de sorte que depuis ce tems-là, long ou courte, court, on a été obligé d'y prêcher dans dans une méchante chambre. Je ne comprenois pas pourquoi on diféroit de travailler à un Bâtiment, pour le rétablissement duquel il se trouvoit des Architectes qui ne demandoient que trois ou quatre mille francs, & qui avoit des revenus considérables. Ce n'étoit pas à faire à moi à en examiner la cause, j'en étois touché cependant, & je n'étois pas le seul; Mr. *Haak*, qui a été là Pasteur pendant une trentaine d'années, ne jettoit jamais les yeux sur ces tristes Masures, qu'il n'en fût pénétré de douleur, & ne détestât le froid des Réformez, au prix du zéle des Catholiques, lorsqu'il est question du Culte Divin. Le pauvre homme s'est donné tous les mouvemens imaginables pour le rétablissement de ce saint lieu; il a perdu une somme considérable de deniers dans les Loteries, où il ne mettoit qu'à dessein d'employer ce qu'il en tireroit, à cette bonne œuvre: ses dépenses, son travail, ses vœux, tout a été inutile. Il a falu, monsieur, que la Providence ait attiré ici, il y a dix-sept ans, un Professeur en droit, nommé Mr. *Mattheus*, qui vient de mourir à fleur d'âge, & lequel, soit en considération d'un bien qu'il a dans ce Village, ou par un principe de dévotion, ou peutêtre dans la vûë de s'immortaliser, a légué deux mille écus pour raccommoder entierement son temple, & à condition que Madame son Epouse, à laquelle, au préjudice de ceux de ses parens qui portent son propre nom, il a donné une partie de son bien, & les revenus de l'autre sa vie durant, y aura un banc de distinction.

Il auroit été bon que Mr. *Mattheus* eut vécu encore autant qu'il a fait, puis qu'il étoit très propre à exercer la Profession qu'il avoit embrassée, notre Ecole Illustre n'y auroit rien perdu.

Comme je ne l'ai jamais fort pratiqué, je ne sai s'il excelloit en génie, mais on prétend au moins qu'il avoit une mémoire prodigieuse ; plusieurs de ses Diciples m'ont assuré qu'il savoit le Corps du droit par cœur. D'ailleurs il étoit bon homme, & incapable de faire tort à qui que ce fût.

Nous assistâmes hier à ses funerailles en qualité de Collegues, où nous étions mêlez avec les personnes du Magistrat. C'a été la coutume jusqu'à presént de faire porter Messieurs les Professeurs en terre

re par des Etudians, celui-ci a demandé des Docteurs; quatorze Avocats ont fait cette fonction, les coins du Drap ont été soutenus par quatre autres. Je ne sai pas ce qu'on leur a donné pour se régaler, mais il est constant qu'on bat actuellement des médailles de quatre ou cinq ducatons la piéce, dont chacun d'eux en aura une. Bien des gens n'aprouvent point les changemens qui vont à la ruine des Familles; ce que celui ci vient de faire à l'égard des Porteurs, est un exemple de vanité, que ceux du même Corps seront contraints d'imiter à l'avenir, sous peine de passer pour des Gredins : chacun dévroit être obligé de prendre ses voisins, comme dans la Nort-Hollande, auxquels il n'est pas permis de le refuser, de quelque caractére qu'ils soient revêtus, sans qu'ils en tirent pourtant un sou.

Quoiqu'il en soit, il faut espérer que la Régence, qui est composée de membres sages & prudens, ne négligera rien pour trouver un sujet capable de remplir dignement la Chaire, qui vaque maintenant par le décès de ce savant, comme il est à souhaiter qu'elle donne de même à nos Ecoles triviales un Recteur, qui vaille celui que *Leewaarden* nous a enlevé depuis quelques jours. J'en connois plusieurs, qui ont sans contredit du mérite, & tous les talens que requerrent ces deux differens emplois; comme par exemple, Mr. *Domis*, Avocat à Amsterdam, pour l'un : & pour l'autre, votre Correcteur, Mr. *Kempfer d'Alkmaar*, mais je n'en parlerai point, de peur de donner lieu de mécontentement ou de jalousie à personne, je me contente pour ce coup, de vous faire sur ce sujet, ouverture de mes sentimens, & de vous renouveller la promesse, que je vous ai faite d'être toute ma vie &c.

## LETTRE LXXXVII.

*Monsieur Isaac Rumpf.*

Monsieur mon cher Neveu.

JE vous fis savoir l'année passée que, nonobstant vos instances, il m'avoit été impossible de me transporter à Amsterdam, pour voir Mr. *Becker*, & que je m'étois borné à lui écrire une lettre de remerciment, par raport à ce qu'il avoit fait pour mon enfant. L'été passé, mes Neveux *Tyssot*, sous prétexte d'avoir quelque

que chose à me communiquer, qu'ils n'osoient confier au papier, m'ayant invité à aller passer quelque tems chez eux à Utrecht, nous résolumes, ma femme & moi, avec deux de nos filles, de les aller joindre par la Métropolitaine de la Hollande. Nous restâmes près d'un mois dans cette superbe Ville, où nous eumes bien du plaisir.

Nous prîmes alors occasion de rendre une visite à votre prédécesseur, & à Madame son Epouse. Le pauvre homme avoit le chancre à la Lévre inférieure, dont on ne pense pas qu'il puisse guérir; il n'y eut pas moyen de le voir, mais nous nous récompensâmes par une séance de quatre heures entieres à causer avec la Gouvernante.

Je fus charmé de la Compagnie de cette Dame, qui a de l'esprit, de l'agrément, & est d'une humeur fort accommodante. Elle nous dit cent choses de Ceilon, que nous étions extrémement curieux de savoir. Le lendemain elle nous vint voir, & pria votre Tante de retourner au plus vite chez elle: ces entrevûës durérent jusqu'à notre départ. Dans ces intervales, elle fit présent à Béata d'un cofre d'ivoire, en forme de bahu, hu, long environ de six pouces, large, & haut de quatre, parfaitement bien travaillé, & garni d'argent de toutes parts. Elle ajouta à cela pour sa mere, deux gros flacons, l'un de bon Thé vert, & l'autre d'excellent Thé boey.

Madame *Tyssot* voudroit bien que cette agréable personne demeurât dans nos quartiers, pour avoir la commodité de la voir souvent: elle, de son côté, témoignoit qu'elle en seroit ravie.

En effet, ce lui doit être une grande mortification, après avoir été pour ainsi dire, adorée de tout le monde, en qualité de Vice-Reine de Ceilon, où elle habitoit un Palais, qui est celui, où vous demeurez presentement, guére moins grand que l'Escurial ou le Louvre, de se voir aujourd'hui reléguée dans une maison assez médiocre du *Keisers gragt*, & confondue parmi la foule d'un Peuple, qui ne la met au plus, qu'au nombre des bons Bourgeois, & où son mari doit céder le rang, non seulement aux membres du *Vroetschap* de cette Ville-là, mais à quantité de particuliers, qui n'ont point d'autre qualité que celle d'avoir amassé une grosse somme de deniers dans le négoce. Si Mr. *Becker* avoit bien fait,

fait, il auroit acheté à la Campagne, quelque belle terre ou Seigneurie, comme par exemple, Heemstéé, qui vient de se vendre pour trente deux mille francs, & auroit tenu là un beau Carosse à quatre chevaux, & une bonne table au service de ses amis & de ses voisins, qui se seroient fait plaisir & honneur d'en profiter, quand il auroit voulu, & où il auroit été infiniment plus considéré qu'il n'est là, où il s'est allé poster.

Je souhaite, mon cher Neveu, que cela vous serve de leçon, quand vous aurez envie de repasser aux Païs-Bas, si tant est que vous puissiez jamais vous lasser d'être grand Seigneur.

Si vous avez reçû ma derniere lettre, accompagnée du grand Dictionnaire de Moréri &c. que je vous ai envoïé par votre vieux Musicien sombart, vous aurez vû une Rélation assez étenduë du malheureux état, où étoit la Suéde : depuis ce temps, les affaires ont encore beaucoup empiré. Le grand Duc de Moscovie, voyant que la Reine Ulrica ne vouloit pas lui abandonner, pour avoir la paix, tout ce qu'il a pris pendant cette guerre dans l'étenduë de son Roïaume, y est venu débarquer avec assez

de

de monde, pour ruiner & saccager tout ce qui étoit le long des Côtes de la Mer. Un nombre prodigieux de Maisons, de Châteaux & de Villes, ont essuié la fureur de ces Barbares, de sorte que les habitans y sont dans une désolation, qu'il seroit malaisé de vous exprimer : & n'eût été la Flote Angloise, en consequence d'un Traité que l'Angleterre & la Suéde venoient de conclure, qui a fait déloger ce cruel Ennemi, il ne seroit rien resté dans tout le Païs, parceque ce qu'il ne pouvoit pas emporter, il l'a fait dévorer par les flammes.

Bien des gens parmi nous, n'aiment point la
        vangence,
Mais plusieurs cependant auroient bien sou-
        haité
Que l'Amiral Norris eût puissamment froté
     Ces opresseurs de l'innocence,
     Et forcé, l'épée à la main,
Le Czar, qu'on dit d'ailleurs n'être pas
        inhumain,
   A réparer tout le dommage,
Que soufre le Suédois de ce grand brigan-
        dage.

Je

Je ne vous marque point, Monsieur, la perte que nos parens, & nous en particulier, y avons faite, je n'en suis pas instruit à fond. Après tout, on ne désespere pas d'avoir dans peu une Paix générale au Nord, bien des Puissances s'y intéressent. Mr. de *Burmania* est sur son départ, avec mon Neveu Charles Rumpf qui sera son Sécretaire, pour y aller aussi travailler, en qualité de notre Ambassadeur: Dieu vueille qu'ils réussissent.

Je vous suis fort obligé au reste, de l'amitié que vous avez la bonté de témoigner de plus en plus à mon fils, ne négligez pas son avancement, je vous en prie, de peur que vous ne veniez à lui manquer. Je m'offre de même à m'employer pour vous & votre famille avec tout le zéle dont je suis capable; nous embrassons tendrement Madame la Gouvernante, votre chére Epouse, & je reste &c.

## LETTRE LXXXVIII

*à Monsieur Pierre Tyssot.*

Mon cher fils,

SI vous aviez eu autant de prudence l'année passée que vous en avez en celle-ci, nous aurions reçû les belles nipes que vous nous aviez destinées alors, comme nous venons de recevoir celles que les derniers vaisseaux, arrivez de Ceilon, nous ont heureusement aportées. Il ne manquoit rien dans le Caisson de ce que contenoit votre facture, les sits, la Porcelaine, le Coton, la Bague, les Boites, tout étoit bien conditionné; mais ce qui m'a charmé, & donné de l'admiration à une multitude d'habitans de cette Ville, c'est le vase tout couvert de Nacre de perle, & de pierres fines mais brutes, que vous y avez ajoutées, assurement cela est beau au suprême degré; c'est dommage qu'il ne soit d'aucun usage, puisque, contre la coutume des Rois de l'Orient, qui s'en servent de coupe pour boire, vous ne jugez pas à propos, de peur de le gâter, que je mette te aucune liqueur dans celui-ci. Nous vous remercions tendrement de ces riches & rares préfens: j'efpére que vous aurez bien reçû ceux, que je vous ai fait tenir l'année précedente.

J'aurois bien voulu faire quelque chofe de plus celle-ci, que nous ne faifons, mais cela eft impoffible; la Suéde ne m'a rien fourni depuis trois ou quatre ans, & j'apréhende bien que de long-tems, je n'en voïe un feul fou, que les moscovites y viennent de faire une defcente, pendant laquelle ils ont mis tout à féu & à fang, de maniére que la plûpart de nos parens & amis font ruinez de fonds en comble. Les affaires ne vont pas bien ici non plus: je fuis à retour de vingt ans dans Embden, où l'on a réduit les rentes à deux pour cent. Le Païs de Groningue ne nous rend que peu de de chofe depuis la mortalité du bétail, qui dure encore, & la derniére inondation, par laquelle il avoit été à deux doigts de fa perte. Les Comptoirs des Loteries de Hollande, nonobftant les engagemens du monde les plus forts de n'en jamais charger les revenus, au lieu de quatre, ne donnent plus que trois à préfent, & dix mois après le tems.

On

On me retranche deux sous pour livre des rentes viagéres, & ce qu'il y a d'admirable, c'est qu'il faut que je fasse quitance pour quatre, lorsque je n'en reçois que trois, & ainsi du reste ; cependant les subsides restent les mêmes. Il est vrai qu'il y a dix ans que nous ne payons point de cinquantiéme denier, mais cela est accidentel, & ne vient que de la mésintelligence des membres du Gouvernement : les Villes voudroient bien que cette charge se continuât, & que l'on ôtât plutôt la Capitation pour le soulagement du Peuple, mais la Noblesse ne le veut pas, sous prétexte qu'elle en seroit incommodée. Comment! Ne peut-on donc être Gentilhomme, que l'on ne soit dans la Régence ? Qu'est-il besoin qu'un homme de qualité, qui n'a, par exemple, que dix mille francs au monde, emprunte le reste, jusqu'à la somme de dix mille écus, pour acheter un Fief, en vertu duquel il se fait inscrire, & entre dans les Etats, afin d'être à la charge du Public ? Qu'il fasse comme nous & nos semblables, & comme cela est praticable ailleurs : qu'il exerce le ministère, la médecine, qu'il prenne le mousquet, qu'il diminue sa dépense, & vive frugalement

à

à tous égards, il ne dérogera point par là, & il sera en état de contribuer comme les autres, au rétablissement de nos finances, lorsque des guerres continuelles & onéreuses, comme nous avons eu, les ont épuisées.

J'ai eu toute ma vie compassion du pauvre; si j'étois Prince il n'y auroit point d'impots chez moi sur le pain, ni sur le sel, & les petits Artisans ne seroient sujets qu'à de fort médiocres taxes.

Mais laissons cette matiere, n'étant point né pour commander, il seroit inutile de m'y arrêter d'avantage. Je suis bien marri que ma fille votre Epouse, soit dans un état si déplorable, il faut qu'elle soit d'un témpéramment bien délicat, pour s'être si prodigieusement alarmée à la nouvelle d'une perte à la vérité, de huit mille écus, mais qui ne la ruine pas, qu'elle en ait pris une si dangereuse maladie: je l'embrasse de tout mon cœur, la pauvre jeune femme, & prie Dieu qu'il la rétablisse entierement, afin que vous puissiez vieillir ensemble.

Vous voulez bien après cela que je vous dise que nous avons été cette année, ma chére Compagne, *Anna Béata* & moi, à Amsterdam, logez chez notre bon ami Mr. *Gril*, qui nous a témoigné sans contredit, toutes les amitiez imaginables. Il a fait depuis peu une fontaine au milieu du jardin de sa maison, qui est effectivement un petit bijou. Le Bassin, qui peut avoir soixante ou quatrevingt piez de circonférence, est environné d'un parapet, composé de coquillage, & de tout ce que la mer nous fournit de plus précieux. Le fond est pavé de petits cailloux ronds, unis & parfaitement bien arrangez, & au milieu, il y a deux Tritons assis, de la grandeur d'un homme, qui tiennent de leurs jambes entrelassées, une grosse Oye, qui allonge le cou perpendiculairement, & jette de son bec un filet d'eau de la grosseur du pouce, jusqu'à la hauteur de quinse ou vingt semelles, & tout cela est de plomb, & très bien doré.

Il y a plusieurs autres statues par là autour de la même espéce, & quelques Urnes de Porcelaine, où l'on cacheroit aisement un enfant de cinq ou six ans. Sa chambre de curiositez, que vous avez sans doute vûë, augmente en valeur tous les jours, & je doute fort qu'il voulût s'en défaire pour cent milles livres.

Tous nos autres amis nous ont fait de même

même bien des civilitez. Je ne manquai pas avant que de partir de là, pour nous en revenir par Utrecht, de parler à Mr. *Altousius*, Avocat & directeur de la chambre des Indes Occidentales; auquel j'avois été recommandé en dernier lieu, au sujet de votre prétendu héritage. Comme il est beaufrere de Mr. *Becker*, Ancien Gouverneur de Ceilon, il me protesta en homme d'honneur, qu'il alloit écrire dans tous les endroits que nous avons dans l'Amérique, pour tâcher de découvrir ce qui en est: desorte que si celui-là ne réussit pas, il n'y a absolument rien à faire: je commence même à douter que vous en attendiez la moindre chose, puisque vous ne daignez pas seulement m'en parler dans votre derniere lettre.

J'ai employé de même quelques uns de nos amis pour savoir s'il est vrai que la chambre des Orfelins a disposé d'une partie de votre autre héritage de Batavia en faveur d'un habitant de Harlem, mais tout ce que j'en ai pû apprendre est que ces Messieurs ne rendent compte de leurs actions que les intéressez eux mêmes ne se presentent, ou ceux qu'ils ont munis d'un plein pouvoir. Cela me paroît extrêmement suspect, & me fait croire que vous n'en tirerez jamais une maille.

Monsieur du *Pol* vous fait bien ses complimens, & vous remercie de ce que vous pensez encore à lui; il vous assure que si vous lui envoyez le beau fusil que vous lui promettez, il en sera fort reconnoissant. Je suis, &c.

## LETTRE LXXXIX.

*à Monsieur Keppel.*

MONSIEUR,

Vous n'êtes pas le seul, qui vous imaginez que la cause de la chaleur que nous ressentons en été, nonobstant que le soleil soit beaucoup plus éloigné de nous qu'en hiver, vient de ce que le flambeau des cieux montant jusqu'à la hauteur de soixante & un degrez, darde ses rayons, pour ainsi dire, perpendiculairement sur notre horison; au lieu qu'en Décembre, où il ne s'en écarte que de quatorze, il ne nous regarde que d'une maniere fort oblique. Bien d'autres sont de ce sentiment, & l'on peut dire qu'il y en a peu qui soient instruits du contraire,

traire; cependant l'abus n'en est pas moins grossier pour cela: tâchons de vous le faire sentir en peu de mots.

Il est constant que vous ne sauriez vous représenter le Soleil en aucun endroit que ce soit, qu'il ne se trouve oposé à des objets sur lesquels ses rayons tombent à angles droits. Lors qu'il est aux environs de notre Zénit, il éclaire à plomb tout ce qui est autour de nous, & quand il se leve ou se couche, ses rayons sont perpendiculaires aux faces des corps, qui n'inclinent de part ni d'autre au niveau de la campagne: on ne sauroit néanmoins nier que quand il gèle un peu fort, si l'on s'avise de pendre en plein jour une bouteille d'eau à une muraille, tournée vers le midi, elle y deviendra glaçon, comme si on l'avoit épanduë à terre, ce qui ne dévroit pas arriver si votre opinion avoit lieu.

Ce n'est donc point dans la rectitude, c'est dans la quantité des rayons de l'Astre du jour que consiste la chaleur: & cela est tellement vrai, que depuis que l'on a inventé des verres ardents, on est en état dans toutes les saisons de l'année, à proportion que ces instrumens sont bons ou mauvais, c'est-à-dire, suivant

vant la multitude de rayons qui se rassemblent autour de leur foyer, non seulement de brûler ce qui est combustible, mais de fondre des cailloux & des lingots des plus durs métaux.

Pour nous assurer de cette vérité, nous devons savoir que comme dans les réflexions, l'angle que forme la ligne, laquelle parcourt un corps, quel qu'il soit, avec le plan sur lequel il descend, est toûjours égal à celui, qu'il fait lorsqu'il remonte, ce qui, comme vous le savez, se démontre géométriquement de plusieurs façons; dans les réfractions. L'Agent qui passe d'une sorte de matiere dans une autre, s'éloigne ou s'aproche de la perpendiculaire, suivant qu'elle s'opose plus ou moins à son cours. Par exemple, suposé que nous jettions une pierre dans l'eau, l'expérience nous aprend que trouvant plus de dificulté à passer par cet élément que par l'air, au moment qu'elle y entrera, la ligne qu'elle avoit parcouruë jusqu'alors se rompra, & montera tant soit peu vers le haut, ou s'écartera de la perpendiculaire. Si au contraire, cette même pierre sortoit de l'eau pour entrer dans l'air, la facilité qu'elle trouveroit à le pénétrer, lui feroit décri-
re

re une nouvelle ligne, qui aprocheroit de la perpendiculaire.

Il en est de même des rayons du Soleil, toutes les fois qu'ils quitent un certain milieu ou corps de matiere, pour entrer dans un autre, dont les pores sont moins irréguliers ou droits; la ligne qu'ils parcourent, se rompt & s'aproche ou s'éloigne du Nadir, ou point vertical inférieur.

Pour rendre cette proposition évidente, faites un cofre de bois, dont le fond soit de verre, posez le à l'air libre, sur quelque autre corps élevé, mettez vous dessous, & ayant fait au couvercle un petit trou par où un rayon du Soleil puisse entrer, marquez dessous sur le verre, d'une plume ou autrement, l'endroit où il aboutit, puis par une autre ouverture faite sur la partie supérieure de votre machine, remplissez la d'eau claire, vous verrez avec surprise que cette eau étant en moindre agitation que l'air, & donnant par conséquent un plus libre passage à la lumiere, ce rayon, bien loin de s'écarter, s'aprochera considérablement de la perpendiculaire; mais ce qui doit augmenter votre étonnement, c'est que si vous mettez sous votre cofre un parallele pipé de verre, vous verrez que ce corps étant construit d'une matiere, dont les parties, au lieu d'être entrelassées les unes dans les autres, comme sont celles du fer ou du cuir, que l'on ne sauroit séparer qu'avec peine, ne sont jointes ensemble que par les extrémitez de leurs petites surfaces, ce qui fait que les pores qui restent entre elles, sont comme droits & continus, la lumiere y passera beaucoup plus librement que par l'eau, & que les rayons de l'Astre du jour s'y romprent sensiblement en dedans.

Enfin mettez sous ce corps de verre une masse semblable de cristal, & sous celle-ci un diamant taillé à table, vous trouverez que, comme le rayon dont il est question, s'est rompu en entrant dans l'eau & dans le verre, il se rompt de même dans le cristal, & encore plus en pénétrant le diamant, de sorte qu'en sortant du dernier, il a décrit un grand arc, & que ces corps pourroient être formez de maniere qu'on lui feroit à peu près achever un cercle.

Cela étant ainsi expliqué, vous devez considérer que le Globe que nous habitons, est environné d'un Air extrémement

ment grossier, à l'égard de la matière subtile, qui s'étend jusqu'à une certaine hauteur, & que c'est cette masse entière, que nous apellons notre Atmosphère. Il n'est pas possible de marquer au juste les bornes qui renferment ce subtil aliment de nos poumons, sans lequel nous ne saurions respirer. Il y a des Philosophes qui en éloignent les extremitez de vingt lieues de France. Pour moi, je ne pense pas que cela aille au delà de vingt milles d'Italie, pour deux raisons principales: l'une est que, si cet espace étoit si grand, il seroit impossible qu'une bale de canon tirée perpendiculairement vers le Zénit, ne retombât point à terre; néanmoins il est indubitable qu'elle reste dans l'étendue des cieux, suivant le témoignage de Mr. des *Cartes*, l'expérience, qu'en a faite le révérend pére Mersenne, & la démonstraction que j'en ai donnée en différentes occasions: & l'autre que jusqu'à présent nous n'avons point trouvée, quelque précis que nous ayons été dans nos opérations, qu'aucun nuage dont il est fort aisé de mesurer la hauteur, se soit trouvé élevé au dessus de la surface de la Terre, d'une petite lieue d'Allemagne en ligne droite.

Il n'en est pas de même de la pesanteur de cet elément, nous savons positivement qu'une colonne de l'air que nous respirons, en contrebalance une d'eau douce de trente piez, ou de vingt-sept pouces de vif-argent, ce qui revient à la même chose, puisque la premiere de ces substances est à la seconde comme quatorze à un. La preuve en est évidente, en ce que nous ne pouvons faire de pompe qui éléve directement l'eau plus de trente piez au dessus du niveau de l'endroit, où elle se trouve renfermée. Je dis directement, car si après en avoir tiré une certaine quantité jusqu'à la hauteur de trente piez, on la faisoit entrer dans un bassin ou réservoir bien fermé, on pourroit la tirer de là, par le moyen d'une autre pompe, jusqu'à une hauteur à peu près égale, & ainsi de suite, en diminuant.

Tout cela étant ainsi posé, imaginons-nous la Terre suspenduë en l'air, & environnée de toutes parts de cet Atmosphére, soit grossier, subtil, épais ou délié, car c'est la même chose; il est clair que le soleil étant élevé de soixante ou quatrevingt degrez sur l'horison, il n'y aura pas un de ses rayons qui ne perce la

voute

voûte de cette matiere grossiére, & ne descende par le secours des réfractions, presque perpendiculairement jusqu'à nous, ce qui dévra causer une très violente chaleur, au lieu que ce même grand Luminaire ne faisant en hiver que raser la terre, dans des climats comme ceux-ci, ses rayons, qui ne rencontrent alors l'Atmosphére que fort obliquement, rejaillissent & se perdent de la même maniere que l'on voit que les pierres plates ou ardoises, jettées, de travers d'un côté sur un ruisseau, réfléchissent & vont tomber sur la gréve de l'autre : ce qui est si peu rare que j'ai parlé moi même à des matelots, qui de leurs propres yeux ont vû dans des combats navals, des boulets tirez des bateries les plus basses, qui, après avoir rasé la mer, se relevoient & alloient encore causer un dommage considérable sur le premier Vaisseau qu'ils rencontroient; de sorte qu'il n'y a qu'une très petite quantité de ces rayons, qui pénétrant dans notre air grossier, puissent passer jusqu'à nous, d'où s'ensuit le froid que l'on ne manque jamais alors de sentir.

Cela étant, je conclus, comme je l'ai dit plus haut, que c'est proprement dans la quantité des rayons du Soleil que consiste la chaleur, & nullement dans leur rectitude, qui est ce que nous devions démontrer.

Heureux, au reste, sont les peuples, qui ne savent ce que c'est que de changement dans les differentes saisons de l'année. Pour moi, j'avouë franchement que j'aurois mieux aimé ignorer la cause du froid en hiver, que d'en connoître & d'en sentir si souvent les incommodes effets. La nature humaine incline d'elle même au chaud ; sans chaleur il n'y a point de mouvement, & là, où il n'y a point de mouvement, il ne peut y avoir de vie : je vous donne à penser, me connoissant ennemi capital de la mort, si j'ai raison de me déclarer partisan de tout ce qui est capable d'exciter en moi ce doux chatouillement, qui porte l'agréable nom de chaleur. J'aurois été ravi que la Providence m'eût apellé au Cap de bonne esperance, ou même à Ceilon : il me semble, de l'humeur dont je suis, que j'aurois été là très content de mon sort, & que je n'aurois eu garde, au cas que j'y eusse amassé du bien, de le venir dépenser dans ce païs, où la plûpart de ceux qui s'y rendent de
l'Asie,

l'Afie, ne font pas ordinairement vieux os. Mais enfin je fuis deftiné à paffer le refte de mes jours dans des régions glaciales, il faut prendre patience, & fupléer par un feu continuel aux froidures, que nous caufent les fréquentes & longues abfences de la vive image de l'Ettre, que nous adorons.

En effet, je ne trouve rien de meilleur, pour un homme de mon âge, que de fe renfermer depuis Novembre jufqu'au mois de Mars, dans une chambre tapiffée, où une bonne provifion de bois de chêne nourriffe une flamme, capable de fe faire fentir à toutes fes extrémitez, & de ne batre la campagne que fix femaines, plus ou moins, devant & après le folftice d'Eté.

C'eft dans cet efpace de tems que le Ciel & la Terre nous déploient ce qu'ils ont de plus agréable & de plus utile, & qu'ils me donnent l'occafion de fortir avec plaifir de mon hermitage, pour aller jouir de la préfence de mes amis abfens, & vous dire de bouche, comme je vous le confirme par écrit, que je fuis fans aucune réferve &c.

## LETTRE LXXXX.

*Au même Docteur.*

MONSIEUR,

JE suis bien aise que, nonobstant les raports que vous trouvez entre Apollon & Vulcain, & les conséquences que vous pouvez tirer des effets de l'un, par ce que nous expérimentons de l'autre, vous avoüez que ma précédente lettre vous a entierement persuadé, qu'encore que le Soleil soit considérablement plus éloigné de la Terre en Eté qu'en Hiver, il ne laisse pas de nous échaufer bien plus en cette saison-là, qu'en celle-ci, & que cette chaleur ne vient point de la rectitude, mais de la quantité de ses rayons.

Ce qu'il y a de facheux, c'est que l'évidence d'une question qui vous paroissoit si obscure, vous précipite dans un autre embaras, qui donne la gêne à votre imagination. Car enfin, dites-vous, cette multitude de rayons, qui par la refraction, passe au travers de notre Atmosphére, & échaufe si prodigieusement les valées, qu'on a souvent de la peine à y sub-

subsister, ne rasent-ils pas en passant, les parties extérieures des montagnes qui les avoisinent? Si cela est, comme on ne le peut nier, d'où vient que la nége qui en couvre le sommet, reste toûjours dans son entier, & n'en est non plus ébranlée que si c'étoit de la pierre? Vous avez raison, l'objection est bonne en aparence : afin de lever cette dificulté, vous devez savoir, monsieur, pour me servir à votre imitation, de l'exemple du feu, que plus les parties de la matiere combustible, qui nourrit ce dévorant Elément, sont grosses & agitées, plus leur effet est violent. De là vient que les Chimistes, à proportion des opérations qu'ils veulent faire, se servent de differens charbons. La flamme de Houille est plus pénétrante que celle du bois de chêne, celle-ci plus ardente que celle du chaume, & les parcelles embrasées de la paille, l'emportent encore de beaucoup sur celles qui proviennent de l'eau de vie; Il en est de même de l'air, plus il est grossier, plus sa vertu est éficace sur les autres corps, de quelque nature qu'ils puissent être; Or d'autant que dans les lieux les plus bas ce même air est pour ainsi dire, palpable, & qu'il devient subtil à mesure

qu'il

qu'il s'éloigne de la Terre, il est constant qu'ayant si peu de consistence aux extrémitez des plus hauts rochers, qu'il n'y a presque point d'animal qui y puisse respirer; il ne faut pas être surpris, que dans la plus grande agitation, il n'ait pas la force de dissoudre les petites parties, dont la nége est composée, & qu'on en voye les pointes des Alpes, des Pirénées &c. couvertes aussi bien dans le tems de la Canicule, que lorsque Phœbus parcourt le signe des poissons.

Une preuve évidente de la vérité de mon raisonnement, c'est que, si vous pompez l'air grossier d'un vaisseau de verre ou d'airain, que l'on aura rempli de glace, & que vous l'exposiez au Soleil, vous verrez qu'elle tardera bien plus long-tems à s'y fondre que dans un autre vase, où l'on n'aura point fait cette opération, & encore ne sera-ce que par la force des parties échaufées de la machine, où elle est renfermée, qui agissent sur elle immédiatement, car autrement elle n'y soufriroit aucune altération, quand elle y resteroit tout un siécle.

Après la solution de ce probléme, vous voulez bien, avant que je ferme mon paquet, que je vous dise que votre ami, Mr.

Mr. le Capitaine *Rumpf*, vient d'être créé Major dans Itfinga. Ce jeune homme a sans contredit de la capacité, aussi bien que de la connoissance, mais on ne sauroit disconvenir qu'il a aussi bien du bonheur. J'ai des enfans, qui pourroient être son pére, lesquels, quoique braves comme leur épée, & connus pour de très honnêtes gens, sont aussi éloignez de la majorité, que je le suis de la Prélature. Un tireur d'Horoscope a pourtant prédit qu'il sera un jour grand Seigneur, & cela pourroit fort bien arriver.

*Ne vous en moquez pas que Jupiter n'en gronde,*
*C'est une vérité fondée sur nos Loix,*
*Oui, mon fils doit monter sur le trône une fois,*
*Mais ce sera dans l'autre monde,*
*Où tous les hommes seront Rois.*

Mon Neveu ayant franchi ce pas là, je ne desespére pas de le voir à la tête d'un bataillon avant que six ans se passent, & si nous avons jamais une guerre, il n'y a point de doute qu'il ne pousse ses affaires bien loin.

Cela

Cela me fait penser à Mr. *Sichterman*, Cousin Germain du premier mari de Madame *Tyssot*, il étoit Avocat à Groningen, où sa mére l'avoit enfanté, desirant de se marier, & ayant remarqué que Mademoiselle *Trip*, à laquelle il faisoit l'Amour, préféroit Mars à Minerve, il résolut pour s'accommoder à son penchant, & parvenir plus aisément à sa possession, d'acheter une Compagnie d'Infanterie. Ces jeunes gens n'eurent pas été longtems ensemble qu'il devint major, puis Lieutenant Colonel, enfin il a obtenu un Régiment, & il vient de succéder à Mr. *Ivois* à la charge de Quartier-Maître Général: je me trompe si tout cela ne s'est fait dans l'espace de huit ou dix ans. Assurément c'est aller bien vite en besogne, & sur-tout en tems de paix.

Je n'ai rien à dire contre ce Monsieur, au contraire, je déclare que je l'estime infiniment, parce qu'il a beaucoup de mérite: cependant quand un Officier en auroit encore davantage, qu'il auroit pour le métier de la guerre toute la Théorie du du premier homme de Cabinet, si j'étois souverain je courrois à la pratique, & lui préférerois toûjours un soldat, qui auroit de l'expérience,

De

De tout tems la fortune a eu des favoris, ceux qu'elle a affectez de fuir le peuvent devenir à leur tour, s'ils sont sages; l'espérance les doit faire vivre. En attendant, il faut faire son devoir, & être content de son sort. Pour moi, j'ai raison de l'être, de me voir en état de contenter une esprit aussi subtil qu'est le vôtre, sur la cause de la chaleur, & sur la résistance, que fait la nége aux rayons du Soleil en été sur le coupeau de hautes montagnes: mais je ne le suis pas moins de ce que vous m'avez donné la permission de me signer &c.

## LETTRE LXXXXI.

### Au Conseiller Tyssot.

Mon cher fils.

JE veux du mal à la chambre de seize, non pas de ce qu'elle s'arroge le titre de chambre de dix-sept, comme s'il faloit qu'elle fût composée d'autant de vénérables membres que l'on en compte dans notre illustre Tourbillon pour m'exprimer en Cartésien, où le soleil, qui préside toûjours, n'agit que de concert avec

vec ses fidéles Compagnes, les sept grandes & neuf petites planetes; ou qu'il fût nécessaire qu'elle representât les dix-sept Provinces des Païs-bas, afin de redoubler par là son éclat, & augmenter son crédit chez les Puissances de l'Orient; mais à cause qu'elle équipe trois différentes flotes pour l'Asie, là où il ne nous en revient qu'une seule tous les ans.

De quatre en quatre mois, vous savez ce qui se passe chez nous, & il s'en écoule douze avant que nous puissions voir ce que vous faites. Ce terme est d'une longueur mortifiante, il nous fait souvent désirer que les *Bewinthebbers*, qui sont si ardens à faciliter le depart de leurs vaisseaux, ne le parussent pas moins à presser de même leur retour.

Patience, ne jugeons point du procédé de ces Messieurs témérairement, ils sont gens d'esprit, ou du moins ils en ont la mine: peut-être ont ils des raisons pour cela; qui sait si cette différence ne viendroit pas de ce qu'ils envoient aux Indes une grande quantité de Biére & d'autres Liqueurs, qui arrivant tout à la fois, seroient en danger de se gâter avant qu'un an se passât?

Le Tabac leur vient tous les jours de l'Al'Amérique, les autres marchandises dont ils négocient, sont de même à leur discrétion, ils en peuvent avoir quand ils veulent, & il sufit qu'ils fassent tenir de tems à autre, des deniers à leurs Officiers pour faire des emplettes en tems & lieu. Dans tout le Levant au contraire, on est obligé d'attendre la récolte des biens de la terre, les Epiceries ne croissent qu'une fois par an : en embarquant ces précieuses danrées, on y joint ce que les ouvriers ont fait dans ce tems là ; l'un & l'autre vient ensemble.

Outre cela il seroit difficile de trouver ici à la fois autant de Soldats & de matelots qu'il en faudroit pour la garde & la maneuvre de vingt cinq ou trente vaisseaux ; au lieu que là, ceux qui ont achevé leur tems, sont prêts à s'embarquer au premier signal.

Ces directeurs sont donc en partie excusables, pour le bien de la société. Il n'y a point non plus de perte pour nous, si nous envoions quelques petits paquets à plusieurs reprises, nous recevons de gros balots en un seul coup, & les lettres qui y sont jointes, sont abondantes, fertiles, & d'une merveilleuse étendue : c'est un gros mercure, rempli de vieux

&

& de nouveaux incidens, dignes de notre curiosité; là où les nôtres sont de petits billets steriles, dont le contenu qui n'est d'aucune conséquence, ne sauroit manquer de fatiguer votre attention.

Mais à dire vrai, de quoi vous entretretiendrons-nous ? seroit-ce des intérêts de la Patrie en général ? Ce que je vous en pourrois dire, seroit par exemple, que nous avons pris en *Groen-Land* autour de deux ou trois cents Lourds & vilains poissons, que l'on appélle Balaines, & dont l'huile, qui sert d'aliment à nos Lampes, est d'assez mauvaise odeur; que les Côtes d'Angleterre nous ont livré dix mille tonneaux de harang, gros & gras, à la vérité, mais que nos habitans mangent crus, comme font les *Gascons* les ognons & les grosses feves. Je pourrois ajouter à cela que la Frise a été cette année abondante en Beure, la Nord-Hollande en Fromage, la Hollande en Légumes.

La *Zélande* en Froment, & nos quartiers de Gueldre en Sarasin, propre à faire des *Boeke de Koeken*; toujours bagatelles dans le fond.

Si je veux particulariser, ce ne seront que

que des plaintes que vous entendrez : il faudra que je vous dise que ma pauvre femme & moi vieillissons, que vos frères ne s'avancent point, que vos sœurs, faute de maris, restent toûjours à ma charge : je serai forcé de vous déclarer qu'encore qu'il s'en faille souvent largement un tiers que je n'aie mille écus d'argent fait dans ma maison, nous ne laissons pas d'avoir de la peine à arracher un sou des Comptoirs publics, qui sont effectivement à retour, les uns de plusieurs mois, les autres de quelques années : qu'au lieu de cinq & de quatre au moins, que j'avois du cent, je n'en tire presentement que deux & demi ou trois, & ainsi du reste.

Bien loin de pauvreté & de misére, vous ne m'entretenez que d'abondance, & d'objets agréables & magnifiques.

Selon vous, le Royaume de Vissapour n'a jamais été plus fertile en Diamans, d'un poids extraordinaire, & entre lesquels il s'en trouve de trois cents carats.

Le sein Persique vous a donné une quantité innombrable de Perles d'une excessive grandeur.

Le Pégu a abondé en toutes sortes d'au- Pierres précieuses. Mélinde a fourni vingt quin-

quintaux d'Ambre gris; Formosa, un milion de marcs d'Or: la Perle cent mille bales de Soye, & Ceilon plus de dents d'Eléfant, de Noix-Muscade, de Canelle, de Clou de girofle & de poivre qu'il n'en faudroit pour en pourvoir toutes autres parties de l'Univers.

Ensuite lorsque vous décendez jusqu'à vous, je ne voi que grandeur, que magnificence, & une enchainure d'avantage, capables d'exciter de la jalousie, dans ceux là mêmes qui vous considerent le plus. Peut être avez-vous du mérite; je serois marri de vous le disputer, & je consens même que vous en ayez plus que je ne pense; mais si vous êtes équitable, vous m'avoüerez que vous avez beaucoup plus de bonheur.

Pour en être convaincu il ne faut que repasser en gros ce qui vous est arrivé depuis notre derniere entrevûë. Vous partites d'ici comme Apointé, sur la fin de 1714. & arrivâtes en Août l'année après à Ceilon. L'an 1716. le Gouverneur *Becker* vous fit present d'un drapeau, au lieu de celui que vous aviez laissé en Hollande. L'année suivante mon Neveu *Rumpf*, son successeur, vous créa Lieutenant. En 1718 il vous a procuré ré une charge de Conseiller à la Cour de Justice, & vous me marquez en 1719. que vous êtes à la veille de vous voir revêtu d'un autre Emploi plus considérable & beaucoup plus lucratif: assurément c'est aller bien vîte en besogne.

Tout le monde prétend que votre Coufin a couru aux avancemens & aux dignitez, & lui-même se fait un plaisir de vous y faire voler: cela mérite bien de la reconnoissance. Si l'on ne peut pas douter qu'il vous aime, il paroit de même qu'il vous estime: le bien que vous confessez qu'il vous fait, en est une preuve convaincante, & ce qui doit vous en persuader entièrement, c'est que, suivant votre propre témoignage, au premier bruit qui courut de votre indisposition, dans l'apréhension où il étoit, que vous ne fussiez attaqué de cette peste de petite vérole, que vous dites qu'a emporté neuf mille ames de votre Ville, il vous dépêcha ses deux médecins ordinaires, qu'il fit incontinent suivre de douze autres. Voyez ce que c'est que la coutume: si l'on n'étoit pas assuré que cette multitude de Docteurs marque l'état, que font les Grands dans ces riches Climats, de la personne à laquelle ils les envoient, on auroit lieu de les soupçonner d'un mauvais dessein. Pour moi, je vous avoüe franchement que, quand il entre un de ces membres de la faculté Hipocratique dans ma chambre, ce qui arrive, graces au ciel, rarement, parce que je ne sai, pour ainsi dire, ce que c'est que de maladie, mon sang se concentre de peur; je vous donne à penser ce qui m'arriveroit si j'en voyois venir quatorze de compagnie; je croirois infailliblement que j'aurois été condamné à la mort par la souveraineté, & que ce seroient là les executeurs de sa sentence. Ici il n'en faut souvent qu'un pour tuer en un mois quatorze hommes, & au contraire vos quatorze, bien loin de vous ôter la vie, vous ont rendu la santé en moins de quinze jours. J'en ai assurément bien de la joye, mais quelques habiles que soient, & quelque grand qu'ait été l'honneur qui vous est revenu de leur visite, j'espére que vous n'aurez pas besoin d'eux de vingt huit années, je veux dire dans autant de tems que vous en aviez passé, lors qu'ils vous sont venus donner des marques de leur expérience & de leur savoir.

Si vous êtes digne d'envie d'un côté,

de l'autre vous êtes à plaindre de ce que votre pauvre femme reste valetudinaire, & ne sauroit se rétablir. Quoique ce soit un de ces moyens, dont la Providence se serve pour nous humilier, & nous montrer qu'il n'y a rien de parfait dans la vie, je ne doute pourtant pas que je n'aprenne dans peu son entier rétablissement.

Je suis marri au reste de ce que le Navire *Hoogenberg* n'avoit pas encore pris terre, lorsque les vôtres ont démaré, & que le bruit couroit même chez vous qu'il étoit en danger d'avoir fait naufrage, tant pour l'amour de l'équipage qui étoit nombreux, qu'à cause que j'y avois embarqué pour le Gouverneur & pour vous d'assez considérables Nipes.

C'est une vérité constante que je ne laisse presque point partir de vaisseaux pour votre Ile, qu'il ne vous porte quelque chose de ma part; cependant vous ne cessez de vous plaindre que l'Europe ne vous fournit rien, & que je vai jusqu'à vous négliger, lors qu'il s'agit de faire à mes amis la distribution de mes ouvrages, dont vous prétendez que je vous ai promis de vous faire aussi bien part absent que présent.

Il est certain néanmoins que je vous ai fait tenir Atcan & Bélize. Je vous ai aussi envoyé le voyage des Terres Australes par Mr. Jaques *Massé*, & à cette heure vous trouverez ici celui du Révérend Pere Pierre de Mésange, jusques sous le Pole Artique. On vous rendra outre cela un rouleau adressé à mon Neveu, lequel étoit resté à Amsterdam, pour y être arrivé un jour après que la flote de Pâques étoit partie, qui renferme mon portrait, celui de feu votre mere, de votre sœur Béata & de ma presente Epouse, qui est celle à laquelle vous les avez demandez, & qui en a fait la dépense, pour vous contenter.

Je croyois que le même Imprimeur, qui a travaillé à Mésange, auroit aussi entrepris les Amours pastorales de Daphnis & de Chloé, que j'ai mis autrefois en vers, & à un recueil de mes Lettres, qui auroit fait trois ou quatre volumes comme celui-ci, parceque nous en étions convenus, mais il est tombé malade, & m'a renvoyé mes manuscrits.

Enfin, j'ai ajouté à tout cela, le Rondeau, que vous trouverez au bas de ma lettre, & que j'ai composé sur l'Anniversaire

versaire de Madame *Tyssot*; c'est la septiéme piéce, que vous devrez avoir vûë sur le même sujet, car je vous les ai toutes communiquées.

Monsieur de *Wynbergen* prend beaucoup de part à votre bonheur, & attend toûjours le précieux fusil, dont vous voulez lui faire présent, sous l'adresse de Mr. *Craling*, Marchand Epicier dans le Nes à Amsterdam, ou sous la sienne propre, puisque je ne voi pas pourquoi ceux auxquels vous confiez ce que vous nous faites tenir, ne sauroient aussi bien le remettre à un messager ou batelier, qu'à un autre particulier pour nous le rendre. Ma famille, & nos amis vous embrassent l'un & l'autre, je baise particuliérement les mains à votre chere moitié, & je reste avec toute la tendresse possible &c.

# LETTRE LXXXXII.

*Au même.*

Mon cher fils,

Je suis ravi de ce que le Navire que l'on croyoit perdu, est arrivé chez vous à bon port, & que vous avez bien reçû le paquet que j'avois confié au sieur Sombart. Cet honnête homme me marque dans la lettre de remercimens qu'il nous a fait tenir, au sujet de l'avancement que lui a procuré notre recommandation, qu'ils ont eu bien du malheur dans leur voyage, & qu'entre autres, leur vaisseau ayant été jetté par une horrible tempête, dans un cû de sac, proche d'une Ile inconnuë, d'où ils n'ont pû sortir de six mois, & au moment qu'un semblable Ouragan avoit porté les eaux à la même hauteur qu'elles avoient alors, leur Capitaine, le marchand, & douze ou quinze autres Officiers & Matelots, qui étoient allez à terre, pour s'y divertir & prendre langue, avoient été égorgez par ses habitans, faute d'avoir pris des armes propres à le défendre.

fendre. Je n'aurois pas cru les Hollandois capables d'une telle imprudence; dans la suite le reste de l'Equipage fut bien traité de ces insulaires, parcequ'il n'en paroissoit aucun devant eux, pour en avoir des rafraichissemens, que le fusil à la main.

Le Caisson, qui vient de nous être rendu de votre part, étoit assurément rempli de belles nipes; vos sœurs vous ont bien de l'obligation des beaux présens que vous avez soin de leur faire tous les ans; j'espere que la Providence récompensera d'ailleurs vos libéralitez, & qu'elle vous fournira les moyens de pouvoir continuer à vous ressouvenir d'elles.

C'est dommage que la joye que ces bienfaits ont causée parmi nous, ait été si fort tempérée par l'extrême tristesse, que la nouvelle du décès de votre chére Epouse nous a aportée: il est aussi vrai que je vous le dis, que le récit que vous m'avez fait de sa maladie, & des discours qu'elle a tenus avant que la Parque vous l'ait ravie, m'ont tiré des larmes des yeux, autant de fois que j'en ai fait la lecture. A la fin je me suis consolé de cette perte, comme j'ai fait autrefois de plusieurs, qui, à mon égard, n'étoient pas moins considérables, & entre autres, celle de feu votre bonne mère : je l'ai regrettée, je l'ai pleurée, mais après tout, j'ai remarqué que la possession d'une seconde femme est le moyen le plus éficace, dont le Ciel se puisse servir, pour nous faire oublier oublier la première. Si vous voulez bien faire, suivez mon exemple, mais regardez bien à qui vous vous allierez, & ne vous engagez, sur tout, avec qui que ce soit, que par le Conseil & avec l'aprobation de votre Cousin le Gouverneur ; je suis persuadé que vous ne vous en trouverez pas mal.

Comme Madame *Tyssot* vous écrit, & vous aprend l'état de mes enfans, il n'est pas nécessaire que je vous en entretienne présentement : il sufira pour ce coup que j'ajoute à ce peu de lignes le Genethliaque que j'ai composé au sujet de la cinquante & uniéme année de cette vertueuse femme, & que je conclue par vous assurer que je veux être éternellement &c

LET-

## LETTRE LXXXXIII,

### à Monsieur du Pol.

MONSIEUR,

Quoi que vous ne m'ayez pas fait savoir le décès de Mr. votre père, je n'ai pas laissé de l'aprendre bientôt d'ailleurs, mais ce fut avec un étonnement qui me rendit immobile pour quelques momens. J'étois tellement accoutumé à le voir valétudinaire, que je ne doutois nullement qu'il ne me survécût de vingt-cinq ans, de sorte qu'il ne faut pas être supris, si, enrumé, comme je l'ai été depuis deux ou trois mois, j'ai fermé l'oreille à ses instances, & négligé d'aller dire un dernier adieu à un homme qui m'a fait tant d'amitiez, & avec lequel j'ai vécu depuis plus d'un tiers de siécle, comme avec un propre frére ; j'en ai un chagrin, dont je ne reviendrai jamais, & qu'il m'est aussi impossible d'exprimer dans cette lettre, que je le fais dans les vers que je vous envoye sur ce funeste sujet.

Je ne doute pas, Monsieur, que de

votre côté, vous ne soyez de même dans une affliction mortelle : ce vous doit pourtant être un motif de consolation dans votre malheur, que, sans parler des dignitez que ce sage personnage vous a procurées, vous êtes en état de prendre soin de vos effets.

Il ne vous manque qu'une bonne Ménagère, qui prenne sur elle la charge de votre maison, & participe à vos disgraces & à vos plaisirs : je souhaite que vous vous voyez bien tôt en possession d'une, qui soit digne de votre personne, & je le souhaite avec d'autant plus de zèle que je suis véritablement &c.

## LETTRE LXXXXIV.

*à Madame Becker.*

MADAME,

L'embaras où je me trouve pour répondre à la Lettre que vous m'avez fait la grace de m'envoyer, pour m'aprendre le décès de Mr. *Becker*, est si grand, que je ne sais de bonne foi, par où commencer, & je vous jure que si ce n'avoit été par un principe de respect, & d'estime d'estime toute particulière que j'ai conçuë pour vous, au moment que j'ai eu l'honneur de vous voir, j'aurois feint de n'avoir point reçû de vos nouvelles, & d'avoir ignoré ce qui vous étoit arrivé.

En effet, Madame, dites moi, je vous prie, de quelle manière vous voulez qu'un homme franc, & qui ne sauroit dissimuler, vous parle dans une semblable conjecture: faut-il vous plaindre, ou faut-il vous congratuler? Est-il besoin d'un discours patétique pour vous faire verser un torrent de larmes, ou est-il de mon devoir de vous exciter à la joye; car j'avoüe franchement que je n'en sai rien?

La nature, la raison & l'expérience m'ont apris depuis bien du tems que, lorsque nous faisons une perte considérable, soit de nos parens ou de nos biens, nous ne saurions nous empêcher d'y être sensibles; je n'ignore pas aussi que cette sensibilité doit varier suivant les circonstances. Si je savois par exemple, qu'un de mes enfans, & si vous voulez l'Indien, qui, comme nous venons de l'aprendre, est devenu Capitaine, ayant été pris du Roi de Candie en guerre, eût été condamné à être renfermé entre quatre murailles pour toûjours, où il seroit environné de crapaux & de couleuvres, où il n'auroit qu'un tas de fumier pour se coucher, que du ris & de l'eau pour sa subsistance, & qu'outre cela ses bourreaux lui donneroient tous les jours cent coups de bâton sur la plante des piez, il est indubitablement vrai que j'aurois un chagrin mortel de le savoir en vie, & que rien ne seroit plus capable de me tranquiliser que sa mort. Ou, pour rester dans la même comparaison, si j'avois pour un milion de livres de Maisons, qui me raportassent cent mille francs de revenus tous les ans, & que l'Etat les chargeât de si rudes impôts à perpetuité, que je fusse obligé d'ajouter de mes autres rentes à ce que j'en recevrois de loüage, pour m'en aquiter & subvenir aux réparations, d'où devroit s'en ensuivre infailliblement ma ruine. Il est seur que, bien loin de souhaiter que ces bâtimens me restassent, je serois ravi d'aprendre que la terre, par un tremblement épouvantable, se fût ouverte, & les eût tellement engloutis, qu'on n'en découvrît plus aucune trace.

Apliquons ceci au défunt; si Mr. *Becker* avoit été jeune, vigoureux, sain,

&

& eût joui de tous les autres avantages qui auroient pû le rendre agréable à lui-même & à son Epouse, & que quelque malheur imprévû vous l'eût ravi d'entre les bras, vous auriez toutes les raisons imaginables de vous afliger de son départ précipité, vous auriez tort de ne pas verser des ruisseaux de larmes, & je serois un imprudent si je ne vous conseillois de vous couvrir d'un manteau de deuil pour le reste de vos jours. Mais un mari sexagénaire, attaqué d'un mal incurable & contagieux, qui vous excluoit de sa table, ou du moins de sa couche, qui lui faisoit soufrir des douleurs inexprimables, lesquelles le rendoient incommode, & ne pouvoient pas manquer de réfléchir sur votre personne, & de ruiner votre bonne constitution, sans lui aporter aucun soulagement; je ne sai si je me trompe, mais à vous parler franchement, je croi que vous avez plus de sujet de rendre graces à Dieu de ce qu'il l'a délivré de toutes ses miseres, & l'a introduit dans son repos, que de le regréter, que de le pleurer, que de le plaindre.

Vous êtes encore jeune, vous avez de la beauté, de l'esprit, de la vertu, & des biens

biens considérables: tirez en les usages nécessaires, & proportionnez à tant de si belles qualitez, pour votre satisfaction, & à la gloire de celui qui a été si libéral à vous les prodiguer. Oubliez le passé, puisqu'il est sans aucun retour, jouissez de l'avenir avec toute la tranquilité imaginable, vous vous en porterez mieux, & j'en ressentirai autant de plaisir que le peut naturellement parlant &c.

## LETTRES LXXXXV.

*à Monsieur Domis.*

Vous avez raison, Monsieur, de plaindre les vieillards, du traitement que leur fait l'arriere saison, & de croire qu'un homme enseveli sous les glaçons accumulez de soixante huit hivers, a besoin pendant qu'il est debout, d'habits fourrez d'hermines, d'une chambre bien tapissée, & sufisamment illuminée par les rayons d'un foyer ardent, pour entretenir sa chaleur naturelle, & le mettre en état de repousser les dangereux traits que le Sagitaire & ses funestes compagnons ne cessent de lui décocher avec aigreur: & qu'il est de même nécessaire,

lors

lorsqu'il se couche, d'entrer dans un lit de duvet, bien bassiné, & où il trouve une belle femme, qui le tenant dans ses bras, exale de son sein potelé des fumées, capables d'exciter dans les humeurs lentes de ses membres engourdis, un agréable mouvement, qui facilite la circulation de son sang, & le mette entièrement à couvert des pernicieuses injures de l'air grossier. Mais vous avez tort d'apliquer à chaque individu, ce que vous attribuez à toute l'espèce, comme s'il n'y avoit aucune régle sans exceptions: j'avoüe ingénument que je suis ami du chaud, & que le Climat de Ceilon m'accommoderoit parfaitement bien; cela est naturel à tout ce qui respire sur la terre, mais je ne laisse pas d'endurer fort aisément le froid, & j'y suis même si peu sensible, que jusqu'à l'âge de soixante ans, je n'ai point discontinué d'aller en Janvier, aussi bien que dans la Canicule, à la pompe, en me levant, me laver les jambes d'une main, tandis que je pompois dessus de l'autre: & il est constant que je le ferois encore, si je ne craignois par-là, de donner la mort à ma chère Epouse, qui ne me le pouvoit voir faire sans en ressentir le frisson,

&

à laquelle je me suis engagé de n'y plus retourner de ma vie.

Il faut qu'il géle à pierre fendre pour m'obliger à avoir du feu dans mon Cabinet, où je suis quelque fois dans les plus courts jours, cinq ou six heures d'arrache-pié sans me servir seulement d'une étuve. Je ne change, pour ainsi dire, point de vêtemens toute l'année, & au lieu qu'en été, je souffre à peine une couverture sur mon lit, je n'en ai que deux en hiver. Ma compagne n'est pas comme moi, elle a toujours été frilleuse, & le devient de plus en plus, ma chaleur croit, & la sienne diminue ; je suis plus susceptible de plaisir que jamais, & au contraire, il semble que toutes choses lui soient à présent indifférentes, & que ce lui est une croix de répondre à la dixiéme partie des caresses que je lui fais. Nous avons vécu huit ans ensemble dans une parfaite harmonie, surtout, à l'égard de ce qui pouvoit contribuer à nos divertissemens, & comme elle entend la musique aussi-bien que moi, qu'elle bat la mesure à ravir, observe exactement la cadence, joue très bien de quelques instrumens, danse à merveille, & chante fort agréablement, cens fois

fois il nous est arrivé de former un petit concert, autant de fois entre deux Soleils, qu'il y a de jours à la semaine, où elle me surmontoit tellement, que j'étois souvent le premier à rompre la partie, & que je me trouvois sur les dents, au moment qu'elle étoit encore aussi fraîche que si nous avions été dans l'inaction toute la journée; maintenant nous ne saurions aller jusqu'à la moitié de ce nombre, qu'elle ne crie haro de toute sa force; la moindre agitation l'altére, l'incommode, la tuë.

Après tout, cela ne m'est pas nouveau, feu ma femme a toûjours été de même, mais cela n'est pas surprenant, elle étoit incessamment valétudinaire, & d'une si prodigieuse maigreur, que nous faisions feu, comme deux cailloux, pour peu que nous nous heurtassions: celle-ci au contraire, est charnuë, grasse & vigoureuse, & à en juger par l'extérieur, il semble qu'il n'y ait rien, capable de l'incommoder: de sorte que ce n'est pas merveille si ce changement subit me surprend, & il me surprend d'autant plus que j'en ignore la cause, à moins qu'elle ne vienne de ce que notre Vivier, où elle a autrefois nourri du poisson, à tari,

&

& que l'arbre, qui est planté au milieu de son jardin, ne fleurissant plus (qui lit l'entende) cette perte la renduë à quelques égards insensible, & beaucoup moins complaisante.

Je lui en fais souvent des reproches en prose, auxquels elle ne répond qu'en soupirant; en voici en vers, composez au sujet de l'accomplissent de sa cinquante-deuxiéme année, j'espere qu'ils seront assez forts pour la porter à son devoir, & vous, à rendre des jugemens qui ayent plus de raport à la constitution de celui, qui ne desespere pas de se dire dans trente ans &c.

## LETTRE LXXXXVI.

*à l'Avocat Domis.*

Comme diable ces Messieurs-là y vont, dites vous! faire mourir une pauvre femme d'Officier, parcequ'elle aime la danse, & qu'elle fait des cabrioles au son du violon de deux ou trois intimes amis de son Epoux, on hayroit la Suisse pour des exécutions semblables. Vous avez ma foi raison, Monsieur le Jurisconsulte, mais il n'étoit pas nécessaire faire d'être si prolixe à l'égard d'un sujet, dont le Mercure nous a fait une relation fort circonstanciée.

J'avoüe comme vous, que cela est cruel, & il l'aura dû paroître d'autant plus à cette infortunée, qu'elle étoit Hollandoise, & que l'on n'est point accoutumé de traiter les Dames si rigoureusement en ces quartiers, où il y en a qui ne font aucun scrupule d'avoir ouvertement un petit commerce de galanterie.

On a beau avoir des maximes rigides, que l'on croit parfaitement bien fondées, il est sûr qu'il est de la prudence d'un Juge d'examiner à la rigueur un fait de tous les côtez, à l'égard duquel on doit moins considérer la loi que la nature.

Si une femme, convaincuë d'infidelité, avoüoit que les caresses d'un seul homme lui sufisent, je la traiterois comme une débauchée, mais si elle me prouvoit que son mari & ses galants ne sauroient ensemble qu'à peine satisfaire à ses petites nécessitez, & qu'ils lui font même souvent faire des abstinences de vingt quatre heures & davantage, je vous jure que je pencherois fort, dans de semblables conjonctures, à dissoudre un tel mariage, & à permettre aux parties

de

de s'alier avec quelque autre, dont le tempéramment convint mieux avec le leur.

Graces au Ciel, je suis à couvert de tels désastres avec ma Blonde, comme vous l'aurez pû remarquer par l'anniversaire que je lui ai fait sur sa cinquante deuziéme année; nous sommes fort contens l'un de l'autre, & je m'imagine que Madame *Tyssot* a tous les sujets imaginables de l'être: pour vous le démontrer mathématiquement, voici la somme que je lui ai presenté à l'issuë du dernier jour d'Avril de cette année 1723. en plantant un mai à la porte d'un petit jardin, qu'elle a dans l'enceinte de mes murailles.

Je n'y dis rien que de vrai, c'est dequoi je la prens elle-même à témoin; cependant la Doüairière G... qui a eu trois differens maris n'en veut rien croire, elle me traite de Gascon ou de sorcier; j'ai meilleure opinion de vous, & dans cette persuasion, je reste &c.

LET-

## LETTRE LXXXXVII.

*à Monsieur Charran de St. Germain.*

MONSIEUR,

COme vous avez la réputation d'être un peu libertin, je ne m'étonne pas que vous abondiez en stratagémes pour débaucher les jeunes filles, & tâchiez de les attirer chez vous, sous prétexte de tenir compagnie à Madame votre Epouse, ma fille ainée, qui vous croit sincére, prend cela pour argent comptant; elle n'a pas cru devoir examiner à la rigueur les conséquences d'un voyage de Borkelo, qui la va exposer à la merci des bêtes féroces d'un Pays aussi desert qu'est l'Arabie pétrée, & qui, seule comme elle est, n'est pas moins exposée aux régles de la bienséance, qu'à celles de la charité, laquelle ne permet pas à un enfant de quiter son pere, lorsqu'il a besoin de son secours, en l'absence de sa chére Epouse. Tel que vous soyez, je vous croi plus équitable qu'elle, & je m'imagine fortement que si vous aviez su cette circonstance, quelque empressé que vous

vous paroissiez de la voir, je doute que vous me l'eussiez voulu enlever avant le retour de sa mére.

Oui, Mr. ma femme m'a quité, & il faut que vous en sachiez la cause; il y a autour d'un mois que Mr. *Rumpf*, venant de Suéde, accompagné de son train, & de la Nimphe qu'il idolâtre, me fit la grace de rester chez moi une matinée toute entiére pour me donner le tems d'examiner à loisir les qualitez des deux personnes les plus polies & les mieux faites, après Monsieur & Madame *Charon*, que Cibéle ait jamais fabriquées de ses artistes mains; c'est assurément un assemblage digne, à tous égards, de mon admiration; ils partirent, à mon grand regret; il étoit impossible qu'ils restassent davantage. Madame *Tyssot*, qui est charmée de ce beau mâle, comme je suis enchanté de son incomparable femelle, le suivit quelques jours après, nonobstant mille instances réitérées pour la retenir, & cela, sous couleur de porter ce Ministre d'Etat, à employer son crédit auprès de Messieurs les *Bewinthebbers* d'Amsterdam en faveur de son fils, Mr. van *Oostbroek*, qu'elle voudroit bien voir pourvû d'un emploi honorable avant que

que de l'envoyer à son Neveu *Rumpf*, Gouverneur de Ceilon & Conseiller des grandes Indes, qui est en état de lui faire sa fortune.

Une grande consolation pour moi, c'est que ce Résident est logé *in de Here Logement*, au lieu que ma femme & deux de nos filles, se sont retirées chez Mr. *Gril*; s'ils restoient là, cela iroit le mieux du monde, mais, Monsieur, ce qui me met martel en tête, c'est qu'à la Haye, où ils doivent se porter dans peu de jours, ils s'iront fourrer sous un même toit, chez la *Douairière Rumpf*, propre sœur de ma compagne, & belle mere de l'homme que j'ai lieu de redouter si fort.

J'ai ouï parler de Mr. *Rumpf*, me direz-vous, d'une maniere qui lui fait honneur; on prétend qu'il est civil, honnête, libéral, communicatif, intégre; qu'il va par tout la tête levée, & outre cela ils sont parens. Tant pis, ce sont ces gens-là qui sont les plus redoutables de tous, surtout, lors qu'ils viennent casuellement à rencontrer dans quelque coin, une femme franche, attirante & ouverte, comme la mienne; le danger est évident, & il n'y a pas besoin de grands

grands préparatifs; ceux qui sont retirez, mous, & qui n'osent pas lever le nez, ne sont pas, à beaucoup près, tant à craindre: & pour ce qui est du parentage, on passe aisément par là dessus; Abel, qui étoit si honnête homme, ne conversoit-il pas avec sa sœur, & saint Lot avec ses filles? Cela étant, jugez, Monsieur, du juste & légitime sujet de mon apréhension, & si ma jalousie n'est pas bien fondée; elle ne l'est ma foi pas moins, que j'ai lieu d'apréhender pour ma fille, de la confier à un dégouté comme vous, & ainsi vous ne devez pas être surpris si je vous dis que je ne serai point content que je ne les voye ici l'une & l'autre.

Je gage après tout, Monsieur, de l'humeur, que je vous connois, que mes plaintes vous sont suspectes, & que vous ne pensez pas que je parle sérieusement; il n'est pas fort nécessaire de faire des efforts pour vous en convaincre; il sufira que je vous envoye les copies de deux longues épitres en vers, que j'ai fait tenir à ma coureuse, peut-être vous aprendront elles plus précisément la véritable cause de mon inquiétude, & le desir que j'ai de la revoir. Vous en rirez sans doute, au lieu de

parti-

participer à mon chagrin, mais je n'y saurois que faire, quelque mal fondées que vous les trouviez, elles ne laisseront pas d'être inserées dans le recueil d'une partie de mes œuvres poëtiques, que j'ai fait relier en veau dans deux volumes in quarto, écrits de ma propre main.

Mais il est tems de mettre fin à mes sornettes; permettez-moi, avant que de vous quiter, de vous prier d'assurer de ma part, le plus précieux de vos bijoux de mes très humbles respects, & d'être persuadé que je suis &c.

## LETTRE LXXXXVIII.

### à Madame de Patot.

**MADAME,**

JE suis ravi que nonobstant vos veilles continuelles, & les peines que vous prenez à soigner ma sœur *Rumpf*, dans sa dangereuse maladie, vous ne laissez pas de vous bien porter, & de vous divertir entre deux, avec vos bons amis; mais je ne saurois m'empêcher de vous dire en même tems, que je suis extrêmement sensible aux airs magistrats & imperieurs, que vous vous donnez. Non seulement vous vendez, vous achetez & gouvernez à votre fantaisie; mais voilà le second voyage, depuis dix ans que nous sommes ensemble, que vous faites en Hollande, sous prétexte d'aller voir vos parens, mais dans le fond pour me mortifier, en me privant de votre compagnie, qui est le seul plaisir que j'aye au monde, & enfin ne sachant plus de quel biais vous y prendre pour me pousser à bout, vous en voilà venuë jusqu'à disposer des volontez de votre maître, en me donnant par testament à une jeune imprudente, qui vous en prie.

Assurément je n'aurois jamais pensé qu'une femme eût été capable d'une si noire & si dangereuse résolution. Comme il ne me seroit point venu dans l'esprit qu'une fille née dans le Christianisme, qui sait la Loi & les Prophéres, & qui n'ignore pas les châtimens épouvantables, dont sont menacez ceux qui convoitent le bien de leur prochain, s'ose ingerer de porter une innocente femme, comme vous êtes, à lui faire un legat de son mari en mourant; cela fait dresser les cheveux. Et vous appellez cette coquette Mademoiselle *Rumpf*, une grosse se Courtaude, bien faite, agréable, qui porte deux torches ardentes à la tête, dont Archimede auroit plus aisément brulé les vaisseaux de marcellus, que de ses consumans miroirs, qui parle mieux qu'un livre, qui a de l'esprit comme un démon, que nous avons vue chez elle, & dont je vous dis d'abord que j'étois charmé; oui, oui, il m'en souvient: c'est fort bien fait à elle. Un homme bien pris, de belle taille, enjoué, galant, qui chante, qui fait des vers, qui est plein de feu, de vigueur, de force; qui donne tous les jours le bon jour & le bon soir à sa femme, & l'éveille toutes les nuits pour lui dire des douceurs; elle n'est, ma foi, pas dégoûtée: ce n'est pas la premiere qui a eu envie à ce beau visage. Non, je prétens faire casser ce testament là, qui ne sera sans doute pas dans les formes; quelque méchante, grondeuse & froide que soit Louison, je ne m'en défais point à ce prix-là; je la veux garder encore au moins une trentaine d'années, peut être qu'alors je n'aurai pas tant besoin d'elle qu'à present; si entre ci & là, elle me sert bien, je verrai par récompense, ce que je ferai pour elle,

elle, & si je pourai me résoudre à aller ronfler avec Mademoiselle *Rumpf*.

Après tout cependant, quand j'y pense bien, je ne sai si par là je ne cours pas risque de me mettre mal avec le beau sexe, moi qui ai toûjours fait profession de l'idolatrer. En effet, quelle aparence y a-t'il de reculer, quand une femme franchit le premier pas, & de la renvoyer à vuide au moment qu'elle vous fait de si favorables avances? Il faudroit être un Joseph pour cela, si tant est qu'il y ait eu un tel Joseph dans le monde; car je me donne à Dieu, si cette circonstance ne feroit quasi douter un Philosophe de la vérité de son histoire.

N'y auroit-il pas moyen de trouver ici un milieu, Louïson, qu'en dites vous? Si pour vous contenter l'une & l'autre, je la prenois dès aujourd'hui avec vous? Pour moi, il me semble que l'honnêteté le voudroit; car après tout, il n'est pas de la charité, ni de la bien-séance, d'éconduire des gens, qui semblent ne rien exiger de vous, que par un principe d'amitié. Et si les saints du Paradis nous en faisoient autant, lors que nous les prions de même à mains jointes, de nous procurer là une bonne place, que dirions-nous?

nous ? Si vous m'en voulez croire, vous l'amenerez avec vous; ce fera là juftement votre affaire & la mienne. Etant devenuë glaçon, & incapable d'être plus d'aucune utilité à un homme; au lieu que cette chére enfant eft tout de braife, & entierement difpofée à fe facrifier pour la fatisfaction de celui qui la poffédera. Quoique je ne fois rien moins que Voetien, je vous aurai tout le dimanche auprès de moi, afin d'obferver à la rigueur le faint jour du repos, & je prendrai Mademoifelle *Rumpf* le refte de la femaine, ou tous les jours de travail. Vous favez ce que je fai faire, je fuis fans vanité, bon ouvrier, affurez l'en vous même, & dites-lui que, pour peu qu'elle me feconde, nous ferons tant de befogne, qu'elle en fera ravie, & ne manquera pas, pour m'exciter à l'ouvrage, de me donner tous les matins une bonne taffe de chocolat. Voyez fi vous pouvez l'une & l'autre, vous réfoudre à cela.

En attendant je l'embraffe en idée, & lui fais une profonde révérence. Comment, que dites vous ? Il me femble que vous branlez la tête à cette favorable propofition. Je vous connois, vous êtes jaloufe de votre temperament, & vous avez tant de sufisance que vous aimerez mieux succomber sous le poids incommode, dont par les dures loix de l'Himen, vous êtes obligée de vous charger tous les jours, que de soufrir qu'une autre diminue ce fardeau de la pesanteur d'une once. Hé bien, j'en suis bien aise, c'est avoir une généreuse ambition ; cela me fait croire que vous m'aimez plus que je ne pensois. Si cela est, prenez tout de bon mes intérêts à cœur, ouvrez enfin les yeux, & considérez que vous êtes là parmi des personnes, dont l'une a assez de fierté, pour ne pas vouloir que j'aproche ma bouche de la sienne, de peur que mon haleine ne flétrisse les émaux, dont sont chargées les Graces, qui l'environnent, & ne ternisse un teint, qui fait véritablement honte aux roses & aux lis, cela ne peut venir que de mépris. L'autre a assez d'inhumanité pour pousser sa haine jusqu'à me vouloir priver de la source de mes plaisirs, du jardin de mes délices, & de ce que j'ai de plus précieux ici bas, pour se voir seule en possession d'un bien, qui n'apartient proprement qu'à vous. Cela donne si fort la gêne à mon esprit, que je suis digne de pitié, & ai besoin d'une consolation

toute

soute extraordinaire. Si vous m'en voulez croire, vous planterez là ces redoutables ennemies de mon repos, & me viendrez joindre à l'instant, de peur que vous ne me trouviez plus en vie.

Pour moi, si j'avois le malheur de vous perdre, je ne serois point en peine de trouver une autre femme; vous voyez qu'en voilà qui s'ofrent d'elles mêmes avant le tems. Mais je tremble pour vous que je vienne à mourir le premier, puisque vous auriez toutes les peines du monde à recouvrer un autre homme; du moins je suis persuadé que vous n'en trouveriez jamais un, qui fût avec autant de droiture & de sincerité, que je le suis &c.

## LETTRE LXXXXIX.

### à la Doüairiere Rumpf.

Madame ma très chère sœur,

JE hai si fort l'ingratitude, qu'encore que j'aye pris par son occasion, la liberté d'emprunter les organes de deux de Messieurs vos fils, pour vous répéter ce que je vous ai dit de bouche au sujet des civilitez, que vous m'avez témoignées durant le tems que j'ai eu l'honneur de séjourner dans votre maison, je ne pense pas avoir satisfait à mon devoir, que je n'aye aussi employé ma plume pour vous en témoigner mes actions de grace. Oui, Madame, elles m'ont engagé dans une dette, ces civilitez, dont je ne saurois m'aquiter, & pour lesquelles je vous resterai obligé toute ma vie.

Connoissant mon impuissance, & sachant que vous êtes d'une générosité à toute épreuve, j'ose me flater que vous n'en viendrez jamais jusqu'à prétendre une juste rétribution, mais que vous voudrez bien me faire la faveur de venir passer quelque tems chez moi, pour achever

chever de me rendre infolvable. Il me semble que la porte du Paradis m'en feroit plus librement ouverte, fi je m'y préfentois chargé des bienfaits d'une fi généreufe Créanciere; parceque ce feroit une marque que vous m'auriez trouvé digne, comme d'autant d'indulgences, d'un fi agréable fardeau.

En attendant je vous remercie très humblement, ma chére fœur, de la part que vous prenez à l'avancement de deux de mes enfans à la fois. Je fouhaite que les charges de Capitaine & de *Onder-Koopman*, dont on les a honorez, leur puiffent donner occafion de vous rendre quelque fervices proportionnez à vos mérites.

Affurément il faut avoüer que j'ai lieu de rendre de grandes graces à Dieu, des avantages qu'il a la bonté de faire à ma nombreufe famille. Je fuis vieux, il eft vrai, & il m'a falu avoir de la patience; mais enfin j'ai le plaifir de voir, avant que de mourir, mes trois fils à la tête d'une Compagnie d'Infanterie, & le fils de ma femme revêtu d'une place, qui le va conduire à des emplois capables de l'enrichir en peu de tems. C'eft beaucoup pour un pauvre Gentilhomme étranger;

j'en

j'en connois de ce Pays, qui seroient fort contens d'en avoir autant.

Je vous félicite de même de la dignité d'Envoyé, à laquelle Mr. *Rumpf*, votre beau fils, vient d'être élevé par l'Etat. Je prie Dieu qu'il vous en donne joye à l'un & à l'autre, & qu'il ne discontinuë point à être autant favorable à tout ce qui vous apartient, que je suis. &c.

## LETTRE C.

*à Monsieur W. Rumpf.*

Monsieur mon cher Neveu,

Quoiqu'à proprement parler, je n'aye point connu Mr. *Hamerster*, je ne laisse pas de le regreter fortement, tant parce qu'au témoignage de la voix publique, & de la lettre lugubre, que je viens de recevoir de votre part, il étoit éxtrémement civil, équitable, parfaitement honnête homme, & d'un âge à vous flater avec fondement, de le voir vivre encore bien du tems, qu'à cause que le triste décès d'un beau-pere acrédité, du Chef d'une famille distinguée, dans laquelle

quelle vous avez été incorporé avec l'aplaudiſſement des membres qui la compoſent; qui vous chériſſoit, ni plus ni moins, que lui même, & que vous aimiez comme vos yeux, ne ſauroit manquer de vous avoir jetté dans un deuil profond, & menacé d'alterer ſenſiblement votre ſanté.

Je déſire pourtant, mon cher Neveu, que ce revers fatal, quelque terrible qu'il vous paroiſſe, n'ait de funeſte pour les enfans que les ſimples aparences, & que la Providence, qui vient de vous priver pour jamais de la préſence de ce ſage Conſeiller, vous donne la force de rentrer en vous même, de faire de ſérieuſes réflexions ſur les infirmitez qui le tenoient ſouvent alité, ſur les décrets irrévocables de celui qui préſide à nos deſtinées, & de vous conſoler de cette perte par les biens, dont il ne ceſſe éternellement de vous combler d'une maniere ſi éclatante.

Je ne prétens pas faire ici le dénombrement de ces rares avantages, vous êtes trop reconnoiſſant, pour ne les pas avoir profondément imprimez dans votre mémoire, & lui en rendre tous les jours des actions de graces. Les derniers qui conſiſtent dans l'avancement de mes

Neveux, Isaac & Constantin *Rumpf*, méritent seuls que vous oubliez les incidens fâcheux qui viennent de vous arriver. Ils sont sans contredit d'un grand poids, & d'un revenu extraordinaire; je vous en félicite de tout mon cœur, je souhaite que vous & ces Messieurs en ayez de la joye, & que celui qui en est véritablement l'Auteur, bornant ses coups à ceux dont il lui a plu de vous visiter en la personne du petit fils, & ensuite en celle du grand pere, continuë à vous bénir, & à vous faire ressentir les doux effets des vœux ardens, que ne cesse de former pour tout ce qui vous regarde, Monsieur &c.

## LETTRE CII.

### à Mr. *Charles Rumpf*.

**Monsieur mon cher Neveu,**

Vous savez sans doute, que Mr. de *Montarque* a passé quelques jours au printems, dans nos quartiers, où nous avons souvent parlé de vous, & bu plus d'une fois à votre santé; mais j'ignore si vous savez de même, que ce Général

par-

parloit de votre personne, comme d'un très galant homme, & comme d'un Ministre généreux, honnête & fort accommodé selon lui. Vous êtes parfaitement bien logé, vous avez beaucoup d'ornemens précieux, un beau carosse, des chevaux de prix, une bonne table au service de vos amis, & des Domestiques proportionnez au rang que vous tenez dans le grand monde. Ce récit me plaisoit beaucoup, j'étois charmé d'aprendre d'un témoin oculaire, que vous vivez dans une si grande abondance de toutes choses ; & je l'étois d'autant plus, que j'avois déja apris ces bonnes nouvelles d'ailleurs. Cependant au moment que j'aurois fait dificulté d'en révoquer la moindre partie en doute, je voi par une lettre signée de votre propre main, que, nonobstant tout ce que l'on m'avoit dit de l'afluence de vos biens, il vous manquoit la piéce la plus utile & la plus commode, que je connoisse dans un ménage; un Meuble, dont je ne conçois pas que l'on se puisse passer, en un mot, ce qui fait les délices de la vie, je veux dire un bel & bon Lit.

Je ne m'informe point précisément de quelle maniere vous êtes parvenu à la possession de cet inestimable ustencile, puisque je ne doute pas que vous ne l'ayez aquis légitimement. Je ne vous demande point non plus s'il est de vieille ou de nouvelle date, cela n'est non plus nécessaire, que d'en savoir le prix & la grandeur. Ce qu'il y a de constant en cela, comme je l'ai apris par l'expérience, c'est que s'il est vieux, il ne sauroit manquer d'être usé & décousu en quelque endroit; & s'il est neuf, comme je me l'imagine, d'autant que cette sorte de marchandise se fait ordinairement à tems perdu, à la hâte, & souvent même dans l'obscurité, sous prétexte que le jeu ne vaut pas la chandelle, & que suivant le sage Socrate, *Non est de pane lucrando*, il n'est pas possible que l'Ouvrier n'y ait laissé quelque ouverture, qui, quand elle ne seroit que d'un demi quartier de long, ne laissera pas de vous terriblement occuper.

Mais enfin, quel reméde? Après avoir tant rodé, il n'est pas aparent que la nécessité où l'on se trouve quelquefois, ne vous ait apris à manier l'éguille; il faudra prendre patience, & faire ce que j'ai fait depuis plus d'un demi-siécle, recoudre & reboucher éternellement; car

c'est

c'est une étrange affaire, & qui a cela de particulier, que l'ouvrage n'est pas plutôt achevé, qu'il faudroit le recommencer, il y a toûjours quelque chose à rapetasser. Cependant quelque nécessité qu'il y auroit souvent d'avoir un bon aide, on ne veut point qu'un autre y mette la main; & l'on fait même scrupule de faire voir ces délabrures à personne. Voilà tantôt une douzaine d'années que je travaille comme un perdu à un meuble semblable, que l'on me livra à Alkmaar, & qui m'étoit venu de Suéde, bien loin de l'avoir remis en son entier, on diroit que la breche que j'y remarquois d'abord a plûtôt augmenté, diminué. Ce qui me console en cela, & qui dans mon imagination, récompense en quelque façon mes peines, c'est qu'au lieu d'une paillasse ou d'un matelas assez dur que j'avois auparavant, j'ai une machine mole, douce, délicate, & sur laquelle je puis m'étendre à ma fantaisie, sans en recevoir aucune incommodité.

Assurément, Monsieur, vous avez fait là une aquisition, qui vous étoit bien nécessaire; je ne saurois comprendre comment vous n'y avez pas pensé plutôt. Quel changement cela va aporter dans votre maison, quelle satisfaction n'en allez vous pas recevoir tous les jours? Il me semble vous entrevoir, à l'aide du Téléscope, dont je me sers à examiner la conjonction, ou selon vous, la Copulation de mars & de venus, couché sur ce précieux Lit, en admirer les charmes, en mesurer toutes les dimentions, & après bien des mouvemens & des actions réiterées, à l'exemple des autres Rumpfs, enseveli tout d'un coup dans les délices de la ronflerie, ronfler là comme le meilleur ronfleur que l'artificieuse compagne d'Erébe assoupit jamais de ses pavots.

Comme j'en étois là, mon cher Neveu, votre Tante, qui est aussi folle de son Grison, qu'un gueux l'est de sa besace, est entrée dans mon Cabinet, pour voir, suivant sa louable coutume, s'il n'y avoit rien de mon service. N'ayant point de secrets pour elle, je lui ai fait entendre jusqu'où j'en étois venu dans la lettre que je vous écrivois. Quoiqu'elle ait beaucoup de modestie, elle n'a pu s'empêcher de rire, & de me reprocher en même tems mon ignorance. Votre pensée, quoiqu'un peu obscéne, est assez jolie, m'a-t-elle dit, mais vous vous trompez visiblement au sujet de la signification du terme ; Lith, s'il n'y avoit point d'h, vous pourriez en quelque façon avoir raison de prendre le change, & de vous divertir à ce petit jeu d'esprit; mais ce nom s'écrivant de la manière qu'on vous l'a marqué, il doit à mon sens plutôt signifier un membre. Oh! je n'y regarde pas de si près, mon enfant, lui ai-je répondu, il est assez ordinaire dans notre langue, d'omettre ou d'ajouter une lettre dans un mot, & sur tout aux Dames, qui généralement parlant, ne se piquent pas d'entendre bien l'ortographe; mais après tout, continuai-je, ne voyez-vous pas, vous, qui vous ingérez de me corriger, qu'il n'y auroit pas moins sujet de plaisanter, & de s'étendre sur le terme de membre, que sur le précédent; si l'on vouloit aller rechercher la nécessité qu'il y a qu'un membre détaché, n'étant seul d'aucune utilité, doit être absolument joint aux autres, dont il est une partie, pour faire ensemble un corps complet & parfait, comme va être celui de Mr. le *Résidant Rumpf*, par la jonction de ce charmant & précieux L th avec les siens. Croyez moi sur cela & sur les autres circonstances d'un si beau sujet, il y auroit de la matiere pour long tems, mais je ne suis point opiniatre, & marque que je

veux

veux bien profiter de vos avertissemens, je quite ces allusions, & ce stile figuré, pour me servir du litéral & du propre.

Sur ce pié-là, vous voulez bien, mon cher Neveu, qu'après vous avoir félicité du glorieux Emploi auquel vous a apellé notre République, en vous donnant le titre de son Ministre dans une des premières cours de l'Europe, je vous souhaite toute la prosperité, & tout le bonheur que vous pouvez raisonnablement espérer dans votre nouveau mariage. Mademoiselle de *Lith*, avec laquelle vous vous alliez, ne m'est point du tout connuë, mais n'étant pas d'un âge à vous laisser maitriser par vos passions, je ne doute nullement que vous n'ayez fait choix d'une personne dont la naissance, les facultez & les mérites, n'ayent du raport à vos excellentes qualitez: Et ainsi vous pouvez l'assurer de ma part, que, comme elle me fait l'honneur de me traiter d'Oncle, je me fais un plaisir tout particulier de la mettre au nombre de mes plus chéres Niéces. Je prie la Providence qu'elle vous bénisse ensemble, & vous donne une posterité qui cultive avec soin vos vertus, & ne déroge en rien aux mérites de vos Ancêtres.

Ma-

Ma femme & mes enfans vous font la révérence, & après vous avoir assuré l'un & l'autre, de la continuation de mon estime, & de ma plus tendre amitié, je reste. &c.

## LETTRE CIX.

### à Mr. Pierre Corneille Tyssot.

Mon cher fils,

Votre Maître d'hôtel, ou tel que vous voudrez l'apeller, est enfin heureusement arrivé en cette Ville, quatre semaines après qu'il a mis pié à terre à Amsterdam, où il prétend avoir eu des affaires qui l'ont empêché de venir plûtôt. Le coffre qu'il nous a rendu de votre part, étoit bien conditionné; mais la pourcelaine qu'il contenoit, étoit en assez mauvais ordre; il y avoit dix assiéttes, neuf soûcoupes & un drageoir par morceaux, le reste étoit entier; & il est certain que si vous aviez eu soin de mettre quelque chose entre deux, comme un coin de mouchoir, que vous y aviez joint, ou seulement un morceau de papier brouillard, il n'y au-

auroit eu rien de cassé. Nous ne laissons pas de vous remercier de votre beau présent; tout en est précieux, jusqu'à la moindre piéce; mon bassin du Japon, sur tout, est admirable, & je l'admirerai encore plus s'il me sert seulement une trentaine d'années à me raser. Madame *Tyssot* aura soin d'ajouter à ce compliment, des réalitez, qui ne vous seront pas moins agréables.

Je suis ravi de ce que vous avez recouvré une seconde Epouse, jeune, & en meilleur état que l'autre n'étoit; j'espére que vous passerez d'heureux jours ensemble, & que supléant au défaut de vos fréres, qui ne se marient point faute de trouver une femme telle qu'ils la voudroient, c'est à dire, de qualité, belle, riche, vertueuse & bienfaite, vous me donnerez la joye de vous voir bientôt des héritiers.

Je vous marque dans une autre lettre, toutes les nouvelles, générales & particuliéres, dont j'ai cru vous devoir faire part, je les omets dans ce duplicat, afin de vous y pouvoir en quelque façon, satisfaire, sur les questions que vous me proposez, & ausquelles vous vous intéressez plus que je ne l'aurois désiré. J'aurois

rois mieux aimé que mon Neveu le Gouverneur *Rumpf*, avec lequel je m'en suis entretenu, en lui faisant tenir quelques livres de Critique, qu'il m'avoit demandez, ne vous en eût fait aucune part. C'étoit un homme d'étude, de génie, & de beaucoup de fermeté. Je ne puis pas dire cela de vous, vous êtes un peu mathématicien, mais je doute que vous soyez Philosophe; la moindre proposition abstruse est capable de vous démonter, & ce qui nous étoit un sujet de divertissement, pourroit vous faire considérablement de la peine. En effet, j'aprens que ce que je lui ai marqué à l'occasion de l'infaillibilité du vieux & du nouveau testament, vous étourdit ni plus ni moins qu'un Siamois paroitroit extrémement surpris, si un Talapoin s'avisoit de lui soutenir que les loix & les ordonnances que Sommonocodom leur a laissées écrites dans un gros volume, que le monde adore, avant qu'il quitât la Terre, pour aller régenter dans les Cieux, sont de véritables chiméres, indignes de la crédulité des femmelettes & des plus petits enfans : mais je ne voi pas quelle raison vous avez à cela, car quand même ce que les Théologiens de Hollande, au

sujet

sujet de l'Histoire critique du R. Pere Simon, en disent seroit véritable, & que ces livres ne seroient dans le fond, d'inspiration divine, qu'en ce qu'ils ont été composez par des personnes sages, pieuses & honnêtes, dont le but principal a vrai-semblablement été de nous exciter, par de bons préceptes, & des exemples d'humanité, à travailler soigneusement à notre salut, il vous doit sufire qu'un nombre infini de Conciles, de sinodes & d'assemblées, de personnes de probité se déclarent pour l'affirmative ; comme ce doit être assez à un Capitaine que son Général lui ait ordonné de défendre un certain poste jusqu'à l'extrémité, pour être obligé d'y hazarder le dernier de ses soldats, sans se mettre en peine de ce qu'il en pourra arriver. Combien y a-t-il eu & y a-t-il peut être encore de savans, qui croient que la Justice en soi même n'est rien, & que les vertus & les vices ne different entre eux qu'en la signification des noms qu'on leur a imposez, lesquels ne laissent pas de relever l'excellence de celles-là jusques au Ciel, & de rabaisser ceux-ci jusqu'au centre de l'Abime, à cause des avantages qui en reviennent à la société.

Quand

Quand la Loi divine ne seroit qu'humaine, c'est assez qu'elle défende d'aspirer à la moindre des choses, qui apartiennent à notre prochain, pour rendre odieux & criminels ceux qui les convoitent; & il est constant que, lorsque des Magistrats, de leur propre mouvement, sont convenus de certains réglemens pour l'avantage de leur ville, les habitans sont dans une obligation indispensable de les observer à la rigueur, sous peine du châtiment imposé aux Refractaires.

En posant cette regle pour constante, tout ce qu'on peut dire de l'ame, & qui donne de même la gêne à votre esprit, savoir si elle est spirituelle ou matérielle, si elle peut vivre seule, sans le corps, ou si elle ressuscitera seulement avec lui; si le monde a été fait en six jours naturels, ce que je nie dans une oraison faite exprès sur ce sujet, & qui se trouve dans le Journal litéraire de 1722. si le déluge a été universel par raport au petit nombre d'hommes, qu'il y avoit alors en quelque coin de la terre, ou s'il a couvert toute la surface du globe que nous habitons; si la Providence gouverne l'Univers directement par elle même,

ou

ou indirectement par les causes secondes; tout cela ne doit nullement vous embarasser, ce sont des sentimens des particuliers, qui tachent pour la plupart à faciliter l'intelligence du texte, sans prétendre l'éluder, ou en révoquer la moindre partie en doute. Du moins, pour ne repondre que de moi, ce n'a jamais été que dans cette vûë, qu'en qualité de mathématicien, & non de Dogmatiseur, je me suis ingéré d'en communiquer mes sentimens à mes amis, pour entendre ce qu'ils en diroient. Ces recherches curieuses ne sont point de la portée de tout le monde. Apliquez-vous seulement, mon fils, à vous bien aquiter de vos emplois, & à vivre d'une manière irréprochable; il ne peut vous en arriver que du bien, au lieu que les doutes, par raport à la Religion, peuvent avoir des suites funestes.

Je ne saurois assez m'étonner de voir des gens scrupuleux, jusqu'à ne pouvoir souffrir qu'une homme de Lettres & de probité donner l'essor à ses pensées, & raisonne conséquemment des ouvrages de la Nature, & des sentimens des autres, au sujet des differentes sectes, qui ne sont nullement scandalisez de voir des hipocrites

crites, couverts du manteau de la dévotion, s'abandonner à toutes sortes de crimes, sous prétexte qu'ils donnent les mains à tout ce que leur Eglise impose à la crédulité des membres qui la composent. Je ne veux point vous representer ce qui se passe parmi nous, vous avez été Officier dans ce pays, & vous n'ignorez pas de quelle maniere on s'y emporte, mais jettez les yeux par exemple, sur l'Italie il est constant que la superstition y est montée jusqu'au suprême degré, cependant ses habitans sont la plûpart enclins aux vices les plus enormes.

Il ne faut sinon qu'un tartufe y ait une dent contre un malheureux, d'ailleurs de bonnes mœurs, pour l'aller accuser d'impiété à l'Inquisition, & déclarer qu'il lui a entendu proférer des paroles injurieuses contre le Purgatoire, une Image de papier, ou quelque chétive Relique, pour obliger ce Tribunal à s'en saisir incontinent, & sans aucune forme de procès, le condamner aux Galéres, ou à être brulé tout vif: ce qui est si exorbitant, que le souverain Pontife, vient suivant le témoignage du Gazettier, d'ordonner aux Chefs du St. Office de ne plus rendre de sentence définitive contre qui que ce soit, sans lui en donner connoissance, & après avoir permi à chacun des accusez d'avoir un Avocat, qui prenne sa cause en main & plaide ouvertement pour lui.

Nous sommes batis comme les autres, nous nous flatons d'être de la Communion la plus pure qu'il y ait sous le firmament, c'est dommage que nos actions ne répondent pas à cet auguste témoignage, & que les Barbares, généralement parlant, vivent d'une maniere qui nous devroit faire rougir de honte.

Votre homme d'affaires Schaal, m'a protesté que les Chrétiens sont si pervertis dans vos quartiers, que l'on n'ose plus se fier à eux, il semble qu'ils ne soyent plus sujets à aucunes Loix, & que le passage de la Ligne les ait même exentez des devoirs ausquels nous engagent l'humanité. Les Orfévres, entre autres, y avoyent autrefois de la pratique, mais on a enfin découvert qu'il n'y en avoit pas un qui n'altérât tellement les métaux qu'on leur confioit pour les mettre en œuvre, qu'à peine alloient ils à la moitié de leur valeur intrinséque, de sorte que l'on est contraint presentement de se

servir

servir de Mores, qui quoi que Payens, sont incapables de tromper qui que ce soit.

Un autre abus, qui me choque prodigieusement, c'est que nous sommes assez inhumains pour faire ouvertement commerce d'hommes, en les enlevant ou achetant d'un côté pour les aller vendre de l'autre; & que vous-même, qui faites si fort le délicat, en tenez une fourmillere chez vous, pour vous servir comme de bêtes de somme, & ce qui fait dresser les cheveux, c'est qu'à cause que les loix de ces pauvres ignorans, qui sont purement naturelles, ne leur défendent point de paillarder, leurs maîtres leur permettent de se mêler les uns avec les autres, afin de leur procréer des enfans, qui augmentent le nombre de leurs esclaves. Ces maximes qui devroient nous faire horreur, & que j'apréhende bien qui ne soient contagieuses, puis qu'il est assez dificile de permettre à un autre la jouissance d'un bien qui nous apartient en propre sans y vouloir participer, sont en effet si bien établies, que bien des gens qui devroient travailler à abolir ne font aucune dificulté d'avoir de ces Moresque chez eux, qui leur servent de Concubines, remplissent leurs maisons d'enfans, sans qu'ils soient sujets à aucun chatiment.

Si j'étois souverain je permettrois à chacun de penser & de croire ce qu'il voudroit, mais je l'obligerois tellement à observer les Loix politiques de ma jurisdiction, qu'il seroit traité sévérement s'il les transgressoit en la moindre de leurs circonstances.

J'ai été toûjours assez libertin pour suivre ma pente naturelle dans mes discours familiers, mais c'est en restant dans les bornes de l'honnêteté. Si mon langage est libre, mes actions sont retenuës, & je serois au desespoir de rien faire qui put servir de mauvais exemple à mon prochain. Imitez moi en cela, ne vous acrochez point à l'extérieur, à l'écorce, à ce qui n'a que de l'aparence, attachez vous à l'essentiel, allez au solide, ne dites pas, mais faites, c'est ce que je recommande fortement.

Au reste vous voulez bien que je vous aprenne que votre Cousin Jean *Tyssot* vient d'acheter dans les troupes Fritonnes une Lieutenance, pour la somme de trois mille quatre cents francs, dans la vûë de se pourvoir de la même maniere d'une Compagnie, aussitôt qu'ille pourra, je suis &c.

# TABLE

*Des Lettres contenuës dans ce second Tome.*

I. Lettre écrite de l'autre monde par les manes de Mr. le Capitaine de Blois, à Mad. D: de R. dans la maison de laquelle il avoit été Gouverneur des jeunes Messieurs, jusques à ce qu'il mourut d'une assiétée de champignons, préparez avec de la Créme, qui manqua de faire crever toute la famille. 1

II. Lettre à Mr. *Domis* Avocat à Amsterdam, où l'on prétend démontrer que les hommes n'ont pas plus vécu avant, qu'après le déluge. page 25

III. Lettre à Mr. *de Schimmelpenning*, sur son mariage avec Mad. *Becker*, qui l'avoit obligé de quiter les armes, pour devenir Receveur, au sujet de quoi l'auteur y avoit joint un Genethliaque, qui est fort joli, & qui se trouve dans ses œuvres poëtiques. 39

IV. Lettre à Mr. *Keppel de Djux Hof*, au sujet de la guerre de 1702. à l'occasion de laquelle l'auteur avoit formé des conjectures, qui ne se sont trouvées que trop véritables. 40

V. Lettre à Mr. *Fiersen*, Conseiller à la Cour de Frise, au sujet de la bataille d'*Hogstede*, où les françois avoient été mis en capilotade, & sur quoi il lui envoye un poëme burlesque qui mérite d'être vû. 47

VI. Lettre à Mr. *Enktil*, Gentilhomme Irlandois, qui avoit étudié sous l'Auteur, au sujet de son bagage, qui avoit été pris par

# TABLE

un Capre, dans un vaisseau marchand, &
& de son heureuse arrivée dans son pays,
où il fut porté par un autre. 49

VII. Lettre, à Mr. *Hibelet*, au sujet d'une dissertation que l'auteur avoit fait imprimer, par laquelle il demande mathematiquement que nous ne pouvons nous servir que de l'un de nos sens à la fois. 52

VIII. Lettre de civilité à Mr. le Professeur *Gurtler*, qui ayant été appellé à Franiker, fit savoir à l'Auteur, son grand Ami, comment il s'y trouvoit, & le desir qu'il avoit de contribuer à lui faire avoir une vocation dans la même Academie. 56

IX. Lettre à Mr. le Docteur *Nilant*, à l'occasion de ses remarques sur Phedre & Esope, & dont il avoit fait present d'un exemplaire à l'Auteur. 59

X. Lettre à Mr. l'Officier *Grovenbuys*, sur les changemens du Gouvernement en ce pays, après le décès du Roi *Guillaume*. 62

XI. Lettre à Mr. *Unia*, où l'Auteur lui avoüe que pour intrépide & Pironien qu'il se crût, il avoit été un jour saisi d'une terreur panique à l'occasion d'un incident tres extraordinaire, lui n'avoit pourtant rien de véritable que les aparences. 64

XII. Lettre à Mr. le L: *Colonel de Patot* frère de l'auteur, où il lui raconte un songe Misterieux qu'avoit fait Mad. sa mére & qui se trouva avoir son accomplissement. 72

XIII. Lettre Galante à Mad. la *Doüairiere d'O.* qui, en renvoyant à l'Auteur sa montre, qu'elle avoit mise par mégarde en poche le soir auparavant, dans une assemblée qui se tenoit chez Mad. D: de R: pré-

# TABLE

tendoit qu'il s'expliquât sur une douceur qu'il lui avoit dite. 80

XIV. Lettre à Mr. *de Kappelle de Boelhof*, sur ce qui s'étoit passé le jour précédent chez Mr. de *Coeverde*, que l'Auteur étoit allé voir à Ryssfelt, & où il étoit survenu une grande Compagnie, où étoit ce Gentilhomme, qui ne parloit que de bricoler, & Mad. la Baronne van *Wielk*, Epouse de Mr. *Fox*, belle par admiration, & qui étoit venuë d'Alllemagne pour voir ses parens: Elle partit deux jours après & emporta par force cette lettre, qu'elle faisoit lire à tout le monde. 89

XV. Lettre au L: C: de *Patot*, sur l'altération que causa à la famille de l'Auteur le bruit de la bataille d'Audenarden, où l'on craignoit que cet Officier & ses Neveux n'eussent été tuez. 93

XVI. Lettre à Mr. *Wynbergen du Pol*, où l'Auteur à son retour de chez ce Gentilhomme, lui apend comment il a été reçû chez lui. 100

XVII. Lettre à Mr. de *Patot*, pour lui recommander Mr. *Crye*, qui portoit le Mousquet sous ses ordres dans le Régiment *de Keppel*. 102

XVIII. Lettre à Mad. le Baronne de C. chez le frère de laquelle l'Auteur avoit été le jour précédent, & où après s'être bien divertis ensemble, il avoit tiré l'horoscope à plusieurs Dames qui étoient de la compagnie, parcequ'on lui avoit en secret fait part de plusieurs particularitez de leur vie, qui lui donnérent occasion de leur dire

des

# TABLE

des choses, qui les surprit extraordinairement. 105

XIX. Lettre de Complimens au Comte d'Albemarle, sur sa promotion au Générallat de Cavalerie, & où l'Auteur lui recommande son fils ainé. 111

XX. Lettre à Mr. *Keppel de Dinx hof*, auquel l'Auteur envoye par bateau jusqu'à Holst. un Globe terrestre, & un abrégé de la Géographie parce qu'il desiroit d'avoir une légère teinture de cette sience. 114

XXI. Lettre curieuse à M. *Keppel de Westerholt*, au sujet d'un voyage, que l'Auteur avoit fait en Nort-hollande, par Kampen & Amsterdam, où il avoit manqué trois fois de faire naufrage. 117

XXII. Lettre galante, à Mademoiselle D. de R. 130

XXIII. Lettre à Mr. *Keppel de Dinx-Hof*, au retour d'une visite que l'Auteur lui avoit rendue, & où ils s'étoient bien divertis, s'entretenant de la Géographie. 136

XXIV. Lettre de félicitation, au même, sur la naissance d'un nouvel enfant. 138

XXV. Lettre à Mr. l'Officier *Emmerik*, au sujet des Assimptotes commun du sens, des sens de la raison & de la vérité, dont l'Auteur lui donne l'explication. 140

XXVI. Lettre lugubre, à Mr. *Coeverde de Ryssellt*, pour lui aprendre la mort precipitée & tragique du Colonel Commandant de *Patot*, resté à la bataille de Malplaquet, 11 de Septembre 1709. 150

XXVII. Lettre au même, où l'Auteur raconte ce qui est arrivé à Messieurs ses fils dans la même bataille. 156

# TABLE

XXVIII. Lettre de Condoléance à Mad. la Doüairiere *Tyſſot*, ſur le décès de Mr. ſon Epoux. 169

XXIX. Lettre à Mr. *Coeverde de Ryſſelt*, ſur les moyens dont la Providence ſe ſert, dans le gouvernement de l'Univers. 175

XXX. Lettre badine à Mad: D: de R. qui avoit demandé à l'Auteur l'étimologie des noms de quelques pièces de poëſie. 184

XXXI. Lettre à Mr. *Faber*, Echevin à *Leeuwaarden*, ſur les changemens arrivez dans la Magiſtrature en pluſieurs villes de nos provinces. 185

XXXII. Lettre de félicitation à Mad. D: de R: ſur ſon heureux mariage avec Mr. le Général de F, Gouverneur de N. &c. 187

XXXIII. Lettre, à Mr. *Homma*, Avocat à *Kampen*, au ſujet des hommes Doctes, capables de parler ſur le champ en public, & d'un prétendu impromtu que l'Auteur avoit fait ſur Mad. ſon Epouſe. 193

XXXIV. Lettre à Mr. du Pré, ſur l'entêtement de la plûpart des François, au ſujet de leur monarque, avec un Rondeau aplicable à cela. 197

XXXV. Lettre à Mr. de *Coeverde*, ſur les differentes opinions des hommes par raport à Chriſt. 201

XXXVI. Lettre à Mr. de *Ryſſelt*, au ſujet de ceux qui parlent, ſe levent & danſent en dormant. 209

XXXVII. Lettre à Mr. *Crêmes* le fils, au ſujet des ſignes céleſtes, de la ſignification

tion de leurs noms, qui lui envoye tous en vers &c. 213

XXXVIII. Lettre, à Mr. l'Ingénieur *Emmerik*, au sujet des sentimens de Mr. *Leenhof*, de ceux que l'on a de l'âme &c. 221

XXXIX. Lettre, à Mad. la générale de F. sur le décès de la mere de l'Auteur. 232

XXXX. Lettre, à Mr. *Tyssot*, Médecin à Utrecht, sur ses conquêtes, à quoi l'Auteur ajoute ce qui est arrivé à son jeune fils, au tems du décès de Mad. sa mére, & son frère, comment l'Officier avoit chassé le Diable d'une maison, où l'on prétendoit qu'il régnoit à Brusselle. 239

XXXXI. Lettre à Mr. du Puis, Conseiller & Ministre du Roi de Prusse, pendant le congrès, qui s'est tenu à *Utrecht*, au sujet du voyage de Mr. Jaques *Massé*. 251

XXXXII. Lettre, à Mr. *Tyssot*, Etudiant en Médecine, sur ses études en Mathématiques. 254

XXXXIII. Lettre à Mr. du *Puis* de sa Majesté Prussienne, ou Congrès *d'Utrecht*, où il est parlé des cinq differens endroits, où les Catholiques Romains prétendent que vont les ames des trépassez au sortir de cette vie, & du nom de celui qui préside en chaque endroit. 259

XXXXIV. Lettre, à Mr. *Tyssot de Patot*, fils ainé de l'Auteur, au sujet de son extruction, & de son arbre généalogique. 265

XXXXV. Lettre à Mr, *Tyssot*, second fils de l'Auteur au sujet d'une bataille, qui selon

# TABLE

feloit le bruit qui en couroit, venoit de fe donner entre le Turc & le Mofcovite, où l'on prétendoit que le dernier ayant été entierement défait, ces deux Puiffances avoient fait la paix fur le champ de bataille. 268

XXXXVI. Lettre, à Mr. *D.* de *Wynbergen*, fils ainé de Mr. du *Pol*, qui s'étoit ouvert la jambe, en voulant d'une faux effayer de faucher de l'herbe. 276

XXXXVII. Lettre, à Mr. *Tyffot*, frere de l'Auteur, au fujet de fon fils ainé, qui avoit paffé quelque tems à *Deventer* pour voir fon Oncle, & s'exercer dans les Mathématiques. 280

XXXXVIII. Lettre de Suplication à Mr. *Els de Swaenenburg*, Confeiller à la Cour de Gueldre, & Curateur de l'Académie *d'Harderwyk*, en faveur de Mr. le Docteur *Nilant*, que l'auteur auroit bien voulu voir là devenir Profeffeur en Eloquence. 289

XXXXIX. Lettre, à Mr. *Keppel de Dinx-Hof*, fur le décès du dernier frere de l'Auteur. 290

L. Lettre, fur la converfion, à l'âge de plus de cinquante ans. 296

LI. Lettre, à Mr. W*m* du *Pol*, par laquelle l'Auteur fe trouvant court d'argent, le prie de lui envoyer à compte de ce qu'il lui doit, dequoi payer le Receveur des cheminées, qui ne donnoit pas beaucoup de quartier. 301

LII. Lettre, à Mad. de *Fraiquin*, propre fœur de l'Auteur, pour lui aprendre le décès de Mad. fon Epoufe. 303

LIII.

# TABLE

LIII. Lettre à Mr. de *Dinx-hof*, où l'Auteur lui raconte ce qui lui est arrivé pendant son voyage des vacances. 310

LIV. Lettre, à Mr. *Hibeler*, Pasteur à Boisseduc, par laquelle il le prie de lui procurer une femme. 317

LV. Lettre, à Mr. *Toullieu*, Professeur en droit à Lingen, au sujet de Mr. *Nilant*, qui par la direction de l'Auteur, venoit d'être apellé là, pour y remplir une Chaire, qui vaquoit, en Histoire, & dont il devoit lui-même être le porteur. 322

LVI. Lettre à Mr. de *Pator*, fils ainé de l'Auteur, Capitaine d'une Compagnie d'infanterie, pour lui faire savoir son second & heureux mariage. 326

LVII. Lettre à Mr. *Gril*, Essayeur de la Banque d'Amsterdam, avec des vers que Madame *Tyssot* avoit composez en Hollandois, sur l'anniversaire de l'Auteur son mari. 334

LVIII. Lettre à Mr. *Trip*, Bourguemaître d'Amsterdam, par laquelle l'Auteur lui recommande son plus jeune fils, qui ayant eu le malheur de tuer dans un duel en forme, un Officier de ses camarades, est obligé d'aller chercher sa fortune aux Indes orientales. 341

LIX. Lettre, à Mr. *Bréant d'Igesont*, beaufrère de l'auteur, au sujet de Madame de *Gougard*, sa belle mere, qui étoit décédée depuis peu de jours. 343

LX. Lettre, à Mr. *Tyssot*, Chanoine & vicaire Général à St. Omer, que l'Auteur avoit cru de ses parens & pourquoi 346

LXI. Lettre, à Mr. Charles *Rumpf*, Secrécrétaire, où l'Auteur lui fait part d'un sonnet qu'il a composé sur l'accomplissement de la 44 année de Mad. son Epouse, sa propre Tante. 352

LXII. Lettre, à Mr. *Keppel*, Docteur en Médecine, à Alkmaar, au sujet de l'endroit où les Cigognes & les Bécasses se retirent tous les hivers. 354

LXIII. Lettre, à Madame la Comtesse de *Coningsmarc*, qui avoit écrit à l'Auteur une lettre extrémement obligeante, & à l'avantage de Madame son Epouse, à laquelle elle est aliée, pour l'inviter à être la marraine de l'enfant, qui lui devoit naître dans peu. 362

LXIV. Lettre à Mr. d'*Ozanne*, major d'un Régiment de Cavalerie en Brandenburg, où il lui indique un moyen pour conserver la vie à ses cavaliers à peu de frais. 367

LXV. Lettre à Mr. *Tyssot* Docteur en Médecine à Utrecht, où l'auteur l'entretient du rétablissement de sa santé, qui avoit été chancelante, & d'un meurtre commis proche des portes de Deventer. 370

LXVI. Lettre, à Mr. *Rumpf*, Ministre de leurs Hautes Puissances à la Cour de Suéde, au sujet de la lenteur des Postes de Hollande à Stocholm, de l'avancement de Mr. Isaac *Rumpf*, aux Indes Orientales, la naissance, du premier enfant de l'auteur avec sa seconde femme, de l'extraction de cette Dame &c. 373

LXVII. Lettre de félicitation à Mr. G: *Rumpf*, sur sa vocation de Pasteur à Heysden. 380

LXVIII.

LXVIII. Lettre de complimens, écrite au nom de Mad. *Tyssot*, qui étoit alors en couche, à Mademoiselle de *Geer*, *in 't huys met de Hoofden* à Amsterdam, avec un Levraut, & un sonnet de l'auteur, sur l'accomplissement de la 45. année de son Epouse, & l'heureuse arrivée de l'enfant qui leur étoit né. 382

LXIX. Lettre, à Mr. *Domis*, par laquelle l'Auteur lui fait voir que comme l'origine de l'homme est d'une ancienneté inexprimable, sa fin est aussi infiniment éloignée du tems où nous existons, mais qu'elle doit pourtant arriver, & comment. 384

LXX. Lettre à Mr. Louis de *Geer*, Sieur de *Leenbec*, beaufrére de l'Auteur, où il l'accuse de négligence à écrire, il l'entretien du doute où il est, si c'est lui qui lui a fait tenir un baril de poisson, du Genévre & de la conserve, &c. 390

LXXI. Lettre à Mr. *Rumpf*, Ministre de Hollande en Suéde, ou l'auteur lui donne, en abrégé, un journal de ce qui étoit arrivé à Mr. son fils, en passant du Tessel à Ceilon, où il alloit trouver son Cousin *Rumpf*. 393

LXXII. Lettre, au même: où l'on voit la continuation du voyage des Indes Orientales du fils de l'Auteur, & autres particularitez assez curieuses, & à quoi l'on peut ajouter foi. 405

LXXIII. Lettre à Mr. *C. Rumpf*, sur les moyens de rétablir en quelque façon les finances, & sur tout d'une fort favorable Loterie, que l'Auteur avoit inventée pour
ce

# TABLE

ce sujet. 415

LXXIV. Lettre, à Mr. *Keppel de Dinx-Hof*, sur la superstitieuse opinion que le vulgaire a des songes, & quel effet cela fait même souvent sur l'esprit des gens les mieux sensez. 426

LXXV. Lettre d'excuses à Mr. *Wynbergen de Horsen*, de ce que l'Auteur ne l'avoit pas été voir, comme il le lui avoit promis, & pourquoi. 435

LXXVI. Lettre de Civilité à Madame la *Doüairiere Rumpf*, belle sœur de l'Auteur, avec des vers sur l'anniversaire de Mad. *Tyssot*, sa cadette, âgée de 46. ans. 437

LXXVII. Lettre à Mr. *G. Rumpf*, sur le décès de Mr. *N.* ennemi Capital de l'Auteur, & de Madame la Générale d'Itersum, qui étoit au contraire sa grande Amie. 440

LXXVIII. Lettre à son Excellence, Madame la Comtesse de *Coningsmarc*, Doüairiere de la Gardie, avec une Acrostiche sur l'accomplissement de sa quatre-vingtiéme année. 445

LXXIX. Lettre, à Mad. la *Doüairiere Rumpf*, laquelle roule sur plusieurs sortes de sujets, & principalement sur l'un de Mrs. ses fi.. 450

LXXX. Lettre à Mr. le Capitaine de *Patot*, pour le rassurer de la crainte où il étoit d'être mis à la pension, & sur d'autres sujets. 454

LXXXI. Lettre à Mr. *Wynbergen du Pol*, au sujet d'un Officier de sa connoissance, qui s'étoit tué lui-même d'un coup d'épé

# TABLE

d'épée; avec un Généthliaque fort étendu, fait de l'Auteur sur l'accomplissement de la 47. année de Mad. son Epouse. 457

LXXXII. Lettre, à Madame *Rumpf*, pour la féliciter de l'avancement du seul de ses fils, qui n'avoit encore rien de fixe. 467

LXXXIII. Lettre, à Mr. le Docteur *Keppel*, où l'Auteur fait voir qu'on ne peut pas à la rigueur, juger de l'intérieur d'un homme par sa mine, & ce qui paroit de lui en dehors, avec un Rondeau aplicable à ce sujet. 476

LXXXIV. Lettre à Madame la *Douairiere Rumpf*, pour lui aprendre l'avancement & le mariage du plus jeune des fils de l'Auteur à Ceilon. 482

LXXXV. Lettre, à Mr. de *Geer de Leerbek*, sur le mauvais état de la Suéde, & un Rondeau redoublé que l'Auteur a composé sur l'anniversaire de Mad. son Epouse. 485

LXXXVI. Lettre à Mr. *C: Rumpf*, premier Commis du *Gréfe*, & directeur des dépêches dans les Cours étrangéres, pour le féliciter de son heureux mariage avec Mademoiselle de la *Portee*. 489

LXXXVII. Lettre, à Mr. le Médecin *Keppel*, sur le décès de Mr. Mattheus, Professeur en *Droit à Deventer*, & au sujet du legat qu'il a fait dans son testament au village de *Dievenveen*, pour en rebatir l'Eglise, qui étoit détruite. 492

LXXXVIII. Lettre à Mr. le Gouverneur *Rumpf*, où l'Auteur lui rend comte d'une commission qu'il lui avoit donnée

à

# TABLE

à Amsterdam, & l'entretient des desastres de la Suéde où ses parens ont beaucoup soufert. 496

LXXXIX. Lettre à Mr. le Lieutenant *Tyssot* à Ceilon, sur quelques presens qu'il a envoyez à Mr. son frere, qui l'entretient de plusieurs curiositez qu'il a vûes chez Mr. *Gril*, Essayeur de la Banque. 502

LXXXX. Lettre à Mr. le Docteur *Keppel*, où l'Auteur indique la raison pour laquelle il fait plus chaud en été qu'en hiver, quoi que dans cette saison là, le Soleil soit quelques miliers de lieuës plus éloigné de la terre qu'en celle-ci. 508

XCI. Lettre, au même Docteur, pour répondre à l'objection, qu'il avoit faite, pourquoi c'étoit donc que nonobstant la quantité de rayons qui nous viennent en été du Soleil, & qui embrasent les valées, la nége reste indissoluble sur le coupeau des montagnes qui les avoisinent. 518

XCII. Lettre, à Mr. Pierre *Tyssot*, Conseiller de la Cour de Justice à Ceilon, Lieutenant &c. pour servir de réponse à celle que l'Auteur en avoit reçûe un peu auparavant, & qui roule principalement sur la régle qu'observent Mrs. les *Bewinthebbers* de faire partir leurs vaisseaux à trois diverses fois pour les Indes Orientales, au lieu qu'il n'en revient qu'une seule fois par an, à quoi étoit joint un Génetliaque sur la 50. année de Madame *Tyssot*. 523

XCIII. Lettre au même, sur le décès précipité de Madame son Epouse, avec un Anni-

# TABLE

Anniversaire de l'Auteur sur l'accomplissement de la 51 année de Madame *Tyssot*. 534

XCIV. Lettre de Consolation à Mr. *D: Wynbergen* du Pol, avec des vers lugubres sur le décès de Mr. son Pere. 537

XCV. Lettre à Mad. *Becker*, sur le décès de Mr. son mari, autrefois Gouverneur de Ceilon, qui étoit mort d'un cancer, qu'il avoit à la bouche. 538.

XCVI. Lettre à Mr. l'Avocat *Domis*, ou l'Auteur se vante d'être encore aussi vigoureux qu'il étoit à trente ans, & se plaint de la froideur précipitée de Madame son Epouse, à quoi il a ajouté un Géhétliaque sur sa 52. année, qui est fort aplicable à cela. 542

XCVII. Lettre à Mr. *Domis*, sur l'éxécution que le Mercure nous a apris que l'on avoit faite en Suisse d'une Hollandoise, femme d'un Lieutenant, qu'on avoit convaincuë d'Adultére, avec un sonnet extrémement bourru, composé pour Madame *Tyssot*. 546

XCVIII. Lettre, à Monsieur de St. *Germain*, ou d'une manière burlesque l'Auteur l'entretient d'un voyage que sa fille ainée étoit sur point d'aller faire à Borkelo pour voir Madame *Charron* & de celui que Madame *Tyssot* étoit allé faire en Hollande. 549

XCIX. Lettre à Madame de *Patot*, qui étoit en Hollande, ou l'Auteur en badinant, lui faite de sensibles reproches de ce qu'à la prière d'une Demoiselle, elle s'étoit engagée lors qu'elle viendroit à mourir, de le lui donner par testament &c. 553

C.

# TABLE

C. Lettre de civilitez à Madame la *Doüairiere Rumpf*, pour la remercier de la part qu'elle prend à l'avancement du second fils de l'Auteur, qui vient de devenir Capitaine, & de son beaufils *Ooßbroek* à qui l'on a donné une place de *Onder-Coopman* pour passer aux Indes, & pour la féliciter en même tems de ce que son beaufils Mr. *Rumpf*, de Résident qu'il étoit, est devenu Envoyé à la même Cour de Suéde. 560

CI. Lettre de condoléance à Mr. le Capitaine *Rumpf*, sur la mort de Mr. le Conseiller *Hamerstar*, son beau pere, & de son fils unique. 562

CIII. Lettre à Mr. Pierre Corneille *Tyssot* Capitaine & Commandant de toute la garnison, Conseiller &c. à Jafanapatnam, au sujet de son second mariage, & des mœurs de ce pays-là, que l'Auteur, son pere n'aprouve pas. 571

www.ingramcontent.com/pod-product-compliance
Lightning Source LLC
Chambersburg PA
CBHW070404230426
43665CB00012B/1230